GUIDO NEUBERT

DER KAMPF
DIE BUBI SCHOLZ STORY

Die packende Lebensgeschichte des Boxidols

Originalausgabe

WILHELM HEYNE VERLAG
MÜNCHEN

HEYNE ALLGEMEINE REIHE
Nr. 01/20030

Herausgeber: MTM west Andreas Bareiß

Umwelthinweis:
Das Buch wurde auf
chlor- und säurefreiem Papier gedruckt.

Redaktion: Rolf Thissen

Copyright © 1998 by
Wilhelm Heyne Verlag GmbH & Co. KG, München
Printed in Germany 1998
Umschlagillustration: Vorder- und Rückseite MTM west
Umschlaggestaltung: Katharina Franz
Satz: Pinkuin Satz und Datentechnik, Berlin
Druck und Bindung: Ebner Ulm

ISBN 3-453-15485-1

http://www.heyne.de

Für meinen Großvater, der jeden Kampf verfolgte

Warum bin ich vergänglich? o Zeus! so fragte die Schönheit.
Macht dich doch, sagte der Gott, nur das Vergängliche schön.

Und die Liebe, die Blumen, der Tau und die Jugend vernahmens,
Alle gingen sie weg, weinend, von Jupiters Thron.

Leben muß man und lieben! Es endet Leben und Liebe!
Schnittest du, Parze, doch nur beide die Fäden zugleich.

Goethe

Die Zitate sind entnommen aus:

Goethes gesammelte Werke, Bd. 18, Die Gedichte,
Deutscher Klassiker Verlag, Frankfurt am Main, 1987

»Klage der Schönheit«, S. 563 (Der Xenien-Komplex; die
Sammlung von 1796

»Alles geben die Götter«, ebda., S. 250

Inhalt

KAPITEL 1:
Familie und Kindheit 1930–1938

Willi war früher aus der Firma gegangen. Ungewöhnlich in dieser krisengeschüttelten Zeit. Aber er verstand sich gut mit seinem Chef. Weitsichtig, klug und fleißig, wußte Willi bereits mit 27 Jahren genau, wann er was wie erreichen konnte. Schon früh Vollwaise, erwarb er sich außerordentlich gute Menschenkenntnis, die ihm und seiner Familie noch viel nutzen sollte. Bis letzten Oktober hatte er oft bis tief in die Nacht an der Lackpresse gestanden. Damals war die Nachfrage nach den runden schwarzen Scheiben noch groß. Das war vor dem Schwarzen Freitag. Seither sind auch bei Lindström viele seiner Kollegen entlassen worden.

Heute aber war etwas völlig anderes geplant: die erste eigene Wohnung in Berlin. Endlich sollte diese viel zu lange Übergangslösung ein Ende finden, die ihn zwang, mit seiner Frau bei der Schwester zu leben und die Tochter zur Schwiegermutter nach Ostpreußen zu schicken. Sein Leben in Berlin sollte ein Fundament erhalten. Pfeifend radelte Willi in Richtung Prenzlauer Berg. Dort, in der zukünftigen Wohnung, lag der Mietvertrag zur Unterschrift.

Als er vor einigen Jahren aus Breslau gekommen war, fand er Unterschlupf bei einem Freund. Kurz darauf lernte er seine jetzige Frau kennen. Sie zog in die Wohnung, die er mit seiner Schwester Gertrud teilte. Zwei Landpomeranzen trafen sich in Moabit. Sie verstanden sich gut. Ihr Äußeres hatte sich bereits verändert, ihre seidig glänzenden, langen Haare hatten beide schon vor Jahren der Mode geopfert. Beide nähten viel für sich und für einen festen Stamm von Zwischenhändlern. Es war gemütlich in der Wohnung, aber zu eng. Am 1. Mai, das mußte er noch seinen Gewerkschaftskollegen sagen, sollte der Umzug stattfinden. Während Willi Scholz am Fundament baute, leistete Grethe, seine Frau, einen nicht unerheblichen Beitrag für das neue gemeinsame Heim.

Grethe brachte einen Sohn zur Welt. Hätte sie gewußt, was einmal aus ihm werden sollte, hätte sie die zusammengeballten kleinen Kinderfäuste mit anderen Augen gesehen. Sie wollte Willi in der Arbeit Bescheid geben, aber seine Schwester hatte ihn um fünf Minuten verpaßt. Erschöpft und hochzufrieden blickte sie der Krankenschwester hinterher, die gerade den Kleinen neben sie gelegt hatte. Sie fühlte, jetzt würde alles gut werden: Endlich wird die Familie wieder zusammen sein. Die kleine Hilde kann sie nach Berlin holen. Ein Bad hat diese Wohnung auch. Und überhaupt ist das eine ansehnliche Straße, diese Hochmeisterstraße.

Grethe wußte nicht, daß der Familie noch schwere Zeiten bevorstanden. Daß der kleine Wurm neben ihr eine unglaubliche Sportlerkarriere einschlagen sollte: Vorbild einer zerbrochenen Stadt und Idol einer ganzen Nation. Im Glücksrausch an einer offenen Tuberkulose erkrankt, sollte er sich danach wieder aufraffen, um in Berlin mit diesen jetzt noch kleinen Fäusten nach dem Weltmeistertitel zu greifen.

Als Willi mit dem schweren Schlüsselbund der neuen Wohnung glücklich das Treppenhaus in der Birkenstraße hinaufeilte, erwartete ihn seine Schwester schon in der Tür: »Es ist ein Junge!« In Gedanken bei ihrer kleinen Wohnung, blickte sie besorgt in Willis strahlende Augen. Er machte auf dem Absatz kehrt, vergaß völlig, den Mietvertrag zu erwähnen, und rannte noch schneller, als er schon gekommen war, die Straße hinunter zum Krankenhaus. Durch das Treppenhausfenster rief sie ihm noch nach: »Haus drei, Station fünf.« Das hörte er aber schon nicht mehr. Er ging intuitiv den gleichen Weg, den er bereits zwei Jahre zuvor bei der Geburt Hildegards gegangen war. Der Regen hatte nachgelassen, aber der Wind blies ihm noch frisch ins Gesicht. Es war ein typisches Aprilwetter, kühl und grau. Er spürte nichts davon an diesem Tag. Die Backsteine dieses ältesten städtischen Krankenhauses verschluckten ihn.

Atemlos blickte er in die blauen Augen eines blassen runden Gesichtes: »Ich hab' sie – die Wohnung«, keuchte ihr Willi entgegen.

»Und ich hab ihn – den Bub«, sagte Grethe mit müder Stimme. Beide mußten lachen. Neben ihr lag in Leinen gehüllt das kleine Paket. Der überglückliche Vater beugte sich zu ihm hinunter. Er küßte Grethe liebevoll: »Was meinst du, was wird aus ihm werden?«

»Ich weiß nicht. Wenn er nach dir kommt, irgendwas mit Finanzen. Was du so den ganzen Tag zusammenrechnest. Du hättest halt doch was mit Buchhaltung machen sollen.«

»Ich konnte es mir nicht aussuchen, das weißt du doch. Na, wenn er nach dir gerät, wird er ein kleiner Besserwisser und Schneidermeister.«

»Man kann mit seinen Händen und seinem Wissen ja auch etwas anderes machen«, entgegnete Grethe amüsiert.

Die Krankenschwester kam mit einem Tablett herein und Willi mußte die Neugeborenenstation verlassen. Es war schon halb sechs, Zeit zum Abendessen. Er umarmte seine Frau, schob das Leinen vorsichtig ein wenig hoch und küßte seinen Bub vorsichtig auf die Stirn: »Gustav, paßt doch!«

»Ich weiß nicht.«

»O nein, bitte Grethe, keine neue Debatte über den Namen. Mir zuliebe. Laß ihn uns auf den Namen meines Vaters taufen. Grethe, Gustav – bis morgen.«

Ein paar Gewerkschaftskollegen hatten den 1. Mai in einen Umzugstag verwandelt und der Familie Scholz auf dem Weg ins neue Heim geholfen. Auch wenn es nicht viel war, was die junge Familie besaß, die Wohnung war recht schnell voll. Die Kinderbetten kamen neben die Badewanne. Während die Erwachsenen bei Kartoffelsalat und Bier um den neuen Tisch in der engen Küche saßen, schliefen die Kinder im kombinierten Bade-Kinderzimmer.

Schon nach kurzer Zeit fühlte sich Grethe in dem neuen Kiez heimisch. Der Wörtherplatz war fast vor der Tür. Dort saß Grethe oft in der wärmenden Maisonne, den Kleinen auf dem Arm. Hildegard spielte auf dem Platz. Sie war stolz auf die eigene Wohnung. Die Atmosphäre war angenehm. Ab und zu schlugen sich zwar Rechte und Linke gerade in diesem Eck die Köpfe ein, aber zum Glück meistens nur nachts. Wenn Willi jedoch wieder auf einer der Gewerkschaftsversammlungen war, blickte sie sorgenvoll auf die schwach beleuchtete Straße.

Ihre Schwägerin Gertrud hatte für heute ihren Antrittsbesuch angekündigt. Bevor die Sonne hinter der Häuserfront versank, rief Grethe Hildegard und ging mit beiden Kindern zum nahegelegenen Fleischer. Schlesische Weißwürste liebte Gertrud. Und dazu wollte sie Kartoffelbrei und Sauerkraut servieren. Spät würde es heute nicht werden, das wußte sie. Willi hatte am nächsten Tag ein Spiel beim FC Weißensee. Und da gab es nichts Wichtigeres für ihn, als ausgeschlafen zu sein.

Sie stand in der Küche, die Blümchenschürze von ihrer Mutter umgebunden, als Willi mit den Kohlen und der Siffonflasche Bier aus dem Keller heraufkam. Schon hatte jede der täglichen Plichten ihren Ablauf gefunden. Innerhalb kürzester Zeit war der Alltag organisiert. Der kleine Gustav lag auf der Küchenbank und schlummerte, Hilde turnte zwischen den Beinen der Mutter, bis Willi sie auf den Arm nahm, um sie vorm heißen Herd in Sicherheit zu bringen. Sie ließ es sich gefallen.

»Ja, es ist jetzt richtig leer in meiner Wohnung«, sagte Gertrud und stellte Brot und Salz, das traditionelle Geschenk zum Einzug, auf den Tisch. »Ich werde mir wahrscheinlich einen Untermieter suchen müssen, wegen dem Geld.«

»Über Untermieter brauchen wir uns keine Gedanken zu machen«, antwortete Willi, »nun haben wir zwar ein schönes Bad, aber da stehen ja die Kinderbetten. Es ist auch schon wieder verdammt eng.«

»Willi, beklage dich nicht, sei froh, daß wir endlich eine eigene Wohnung haben, auch wenn sie klein ist.« Grethe wollte aufkommendem Mißmut schnell etwas entgegensetzen. »Und sie liegt in einer schönen Straße.«

Die Straße, die damals noch Hochmeisterstraße hieß, war in den 70er Jahren des letzten Jahrhunderts als erste Straße Berlins mit industriell vorgefertigten Bau- und Schmuckelementen aufgebaut worden. Später stieß der Bezug zum Deutschen Orden im Namen auf Unbehagen, und der Widerstandskämpfer Walter Husemann, der 1943 in Plötzensee hingerichtet worden war, wurde der neue Namenspatron. 1987, zur 750-Jahr-Feier der Stadt, wurden gerade die Häuser dieser Straße instandgesetzt und modernisiert.

»Wer hätte gedacht, daß wir überhaupt in diesem großen Berlin richtig seßhaft werden?«, fuhr Grethe fort.

»Na, Grethe, du kannst doch froh sein, daß du aus dem Hof im Samland weg bist.«

»So viel besser war es aber bei dir auch nicht, Willi, wie heißt doch gleich das Dorf …?«

»Neukirchen, bei Breslau, immerhin!«

»Oh! Und ich hab' vor Berlin in Königsberg gelebt.«

Gertrud saß dabei und schwieg, sie kannte diese kleinen Sticheleien. Sie wußte, daß sich jeder der beiden insgeheim mehr vom großen Berlin erhofft hatte, als sie Mitte der 20er Jahre aufbrachen, wie so viele andere auch, um hier ihr Glück zu finden. Aber sie wußte ebenso, daß es keinen Weg zurück gab. Nicht auf Vaters verwaiste Kutsche in Breslau und auch nicht in die Meierei von Grethes Eltern.

»Und ich glaube doch«, sie blickte auf ihren Bruder, »daß es Vater freuen würde, uns hier sitzen zu sehen.« Dabei wanderte ihr Blick auf sein Foto, das er 1915, kurz vor seinem Tod bei der Winteroffensive in den Karpaten, heim nach Breslau geschickt hatte.

»Ja, leider kann er es nicht«, sagte Willi. »Den Krieg wollten nicht die kleinen Arbeiter, den wollten die hohen Herren. Und jetzt rühren sich schon wieder solche Kriegstreiber. Ich bin gespannt, wieviel Stimmen sie diesmal bei der Reichstagswahl bekommen. Hier im Kiez prügeln sie auch schon fast jeden Tag.«

»Warst du wieder dort?« fragte Grethe erschrocken.

»Nein, ich bin aus der Versammlung gegangen, bevor die Schlägertrupps kamen.«

»Ich glaube dir kein Wort. Wenn du so weitermachst, wird unser Bubi auch bald keinen Vater mehr haben.«

»Grethe«, versuchte Willi sie zu beschwichtigen, »ich habe dir versprochen, daß ich den Saal verlasse, sobald es brenzlig wird. Gustav soll es nicht wie mir ergehen. Er wird seinen Vater behalten. So, und jetzt ist Schluß. Ich gehe ins Bett. Ich muß morgen in Form sein. Wir haben ein schweres Spiel.«

Die beiden Frauen saßen noch eine Weile beisammen und redeten über vergangene Zeiten. Der Küchenherd gab behagliche Wärme ab.

General Eduard Friedrich Fransecky erlangte vor allem im Krieg von 1870/71 gegen Frankreich Bekanntheit. Als Anerkennung benannte man eine Querstraße zur Hochmeisterstraße nach dem erfolgreichen General. Die deutsch-französischen Gegensätze sollten erst 80 Jahre später ansatzweise überwunden werden. In der Phase der Aussöhnungsbemühungen der 50er Jahre machte die latente Rivalität aus dem Boxkampf Scholz – Humez um die Europameisterschaft ein zwischenstaatliches Ereignis besonderer Art.

In der Franseckystraße, die später nach dem Widerstandskämpfer Sredtzky benannt wurde, herrschte eine Mischung aus Arbeiter-, Fabrik- und Landleben. An manchen windstillen Tagen stand der Geruch von süßlich stechendem Treber und bitterem Hopfen der Schultheiss-Brauerei in der Straße. Dazu gesellte sich der Duft der Pferdeäpfel über die, ein wenig benebelt, Schulklassen in das nahegelegene Schwimmbad strömten. Ein paar Häuser weiter zeigten Strohreste, die von einem Wagen gefallen waren, den Weg in den Hof der Molkerei Schwanebeck.

»Hildegard, vergiß nicht, nach der Schule die Milch für Bubi mitzubringen«, sagte die Mutter nun jeden Morgen, seit Hildegard in die Schule ging.

Sie packte die Flasche in ihren Schulranzen und marschierte los. Nach der Schule beeilte sie sich. Sie wollte mehr Zeit in der Molkerei haben. Dort erinnerte sie sich an ihr erstes Zuhause bei ihrer Großmutter auf dem Land. Natürlich war hier weit und breit kein Acker zu sehen, aber Schwanebeck hatte sich hier ländlich eingerichtet. Hinter dem ersten Hof mit dem Verkaufsstand lagen zwei weitere Höfe mit den Ställen. Die Kinder durften, wenn nicht viel los war, zu den Tieren. Oft vergaß Hildegard darüber die Zeit, und sie mußte sich sehr beeilen, um zum Mittagessen zu Hause zu sein.

Seit ein paar Tagen war der Weg nicht mehr ganz so weit. Willi hatte eine andere Wohnung schräg gegenüber der Molkerei gefunden. Sie war ein wenig größer und preislich günstiger. Viele Möbel hatten sie immer noch nicht, und so trugen sie alles an einem Vormittag in die Franseckystraße. Jetzt konnte Hildegard länger den kleinen Ferkeln zusehen, wie sie sich um die Zitzen der Muttersau drängten.

Für alle war der Umzug ein Gewinn. Willi konnte bei Regen vom Bahnhof Danziger Straße zur Arbeit fahren, Mutter hatte mehr Platz für ihre Nähmaschine, und die Kinder schliefen nicht mehr im Badezimmer. Wenn das Geld knapp wurde, rückten sie in alter Gewohnheit enger zusammen und vermieteten ein Zimmer, meist an einen der Berlin-Neulinge, die immer noch in der Hoffnung auf Arbeit in die Hauptstadt kamen.

»Hindenburg ist tot, jetzt hält Hitler nichts mehr« – Mit diesen Worten war Willi von der Arbeit nach Hause gekommen. Grethe sah ihn fragend an. Die Kinder spielten im Flur. »Jetzt gibt es keinen Reichspräsidenten mehr. Ab morgen sagt man dann Führer und Reichskanzler.«

Grethe schwieg, sie wollte nicht über Politik reden. Der Untermieter war in seinem Zimmer. Er hatte immer noch keine Arbeit gefunden, seine Ersparnisse gingen zur Neige, und er war am Abend vorher mit einem Blatt der NSDAP ins Haus gekommen. Hitler (der Sohn eines Zollbeamten), schon über ein Jahr an der Macht, hatte auch in diesem Kiez seine Spuren hinterlassen.

»Laß uns essen. Hildegard, Bubi, Hände waschen, es gibt Abendbrot. Hildegard hat heute in der Schule zwei Fleißbildchen bekommen«, flüsterte sie noch schnell Willi zu, der seine Tochter auf den Schoß nahm und sich die Bildchen zeigen ließ.

»Papa, kommst du morgen mit zu Oma und Opa?«
»Ich komme nach, ich habe morgen noch ein Spiel.«
»Versprochen?«
»Versprochen!«

Grethes Eltern waren kurz nach Bubis Geburt nach Berlin gezogen. Es gab ein paar beengte Wochen in der Hochmeisterstraße, dann zogen sie in eine befestigte Laube nach Treptow in unmittelbarer Nähe zu ihrer Tochter Helena, die dort mit ihrer Familie lebte. So wurde die Laube in der Nähe des Treptower Parkes der Sonntagstreff für die Familie Scholz/Salomon.

Oma hatte wie immer einen Kuchen gebacken. Die Kinder tobten durch die Gärten. Allen voran Bubi, der jeden Winkel erforschen mußte und Opa Löcher in den Bauch fragte. Hildegard dagegen war eher still und suchte oft die Nähe zur Oma oder spielte mit ihrer Cousine Betti. Helena brachte den Kaffee.

»Setz dich zu mir«, begann Grethe. »Stell dir vor, Hildegard bekam gestern die Hausaufgabe, Ahnenforschung zu betreiben. Die Lehrer beginnen sich für die Eltern, Groß- und Urgroßeltern zu interessieren.«

Helena setzte die Kanne langsam ab. »Du meinst wegen unserem Namen?«

»Sicherlich, deshalb auch. Machen müssen es alle, seit es diese Blutschutzgesetze gibt. Aber in der Schule als Hausaufgabe!«

»Und, hast du Oma schon gefragt?«

»Ja ja, aber sie meint, wir brauchen uns keine Sorgen zu machen, wegen dem Namen.«

Grethe verscheuchte die Wespe, die sich auf ihren Pflaumenkuchen gesetzt hatte. »Einige aus Hildegards Klasse kommen schon nicht mehr. Sie gehen jetzt in die Rykestraße, in die jüdische Schule.«

»Na ja, da sind sie dann wenigstens unter sich.«

Grethe atmete tief ein. »Es hat sich viel verändert in den zehn Jahren, die ich jetzt in Berlin bin. Und nicht nur zum Guten. Es ist lange nicht mehr so schön wie damals. Wie sieht es bei dir mit der Näherei aus?«

»Es könnte besser gehen.«

»Bei mir auch«, seufzte Grethe, »wenigstens haben wir noch einen Untermieter, der etwas Geld bringt.«

»Denkst du daran zurückzugehen?«

Grethe schwieg lange und überlegte. »Manchmal denke ich, es wäre besser. Man muß ja nicht zurück aufs Land. Königsberg ist sicher auch nicht schlecht, um dort in einer Schneiderei zu arbeiten oder in der Marzipanproduktion. Aber Willi wird Berlin nicht verlassen wollen, zumindest nicht in Richtung Ostpreußen.«

Vielsagend zog Helena die Augenbrauen hoch und legte ihre Stirn in Falten. »Rudolf bringen hier auch keine zehn Pferde weg.«

»Jetzt sind wir extra nach Berlin gezogen«, Oma schob sich zwischen die beiden, »und ihr redet vom Weggehen.«

Mit den dicken schweren Landkleidern, in denen noch das ganze ostpreußische Landleben steckte, setzte sie sich zwischen ihre beiden Töchter. In ihren selbstgenähten leichten Sommerkleidern, die elegant bis zu den Knöcheln fielen, waren sie ganz Berliner Damen geworden.

»Es wird auch wieder besser, ihr werdet schon sehen. Und wenn erst die Olympiade kommt …«

Die beiden sahen sich an, Grethe noch mit der alten Bubikopffrisur. Helena trug schon die Rolle.

»Oma, ich kann dir gar nicht sagen«, antwortete Grethe, »wie froh ich bin, daß ihr diese Laube hier habt. So ganz ohne dieses Grün würde ich unsere dunkle Wohnung nicht ertragen. Für die Kinder ist es ein Paradies. Die wollen ja nie weg hier.«

Von Ferne hörte man sie toben. Opa kam mit Rudolf von einem Spaziergang zurück. Willi, die Haare noch naß vom Duschen, bog mit seinem Rad in den Sandweg ein.

Kaum hatte er sein Fahrrad an den Gartenzaun gelehnt, rief Oma vom Gartentisch: »Willi, Kaffee?«

»Später«, rief er zurück.

Die Kinder kamen von hinten angerannt. »Papa, habt ihr gewonnen?«

Willi griff Bubi unter den Armen und wirbelte ihn durch die Luft. »Hallo kleiner Mann! Nein, leider verloren, aber beim nächstem Spiel gleichen wir das wieder aus. So, jetzt ab mit dir und iß ein Stück Kuchen. Ich komme gleich, ich will nur noch ein bißchen mit Onkel Rudolf reden.«

Beide blieben unter dem Kirschbaum stehen. Rudolf steckte sich eine Zigarette an. »Was meinst du?«

»Was soll ich sagen, wenn die Kinder schon Ahnenforschung betreiben! Ab nächsten Monat bin ich dann in der Einheitsgewerkschaft Deutsche Front, Stalin hält seine Schauprozesse ab …«

»Die allgemeine Wehrpflicht nicht zu vergessen«, meinte Rudolf.

»Röhm«, Willi fuhr sich mit dem Zeigefinger über die Gurgel, »ich sag's dir, ich hätte damals, so wie ich es vorhatte, nach Amerika gehen sollen. Berlin war nicht der Weg in das Land der unbegrenzten Möglichkeiten.«

»Na, nun mach mal halblang, so groß kann der Fehler

18

auch nicht gewesen sein, wenn ich Grethe und die Kinder sehe.«

Hildegard stopfte sich gerade ein großes Stück Kuchen in den Mund. Keiner in der Runde ahnte, daß sie später Vaters Traum, in Amerika ein neues Leben zu beginnen, verwirklichen sollte.

»Es wäre halt alles anders gekommen. Jetzt sitze ich in einem Land, in dem die Möglichkeiten immer enger werden.«

»Hast du die neue Fahne gesehen?«

»Klar, und weißt du, daß sie jetzt vorhaben, die Fußbälle mit Hakenkreuzen zu bemalen?«

»Nein, das ist nicht wahr.«

»Doch, doch.«

»Du willst mich auf den Arm nehmen, Willi.«

»Nein, wirklich.«

Plötzlich mußte er doch anfangen zu lachen. Sein Schwager schüttelte den Kopf.

»Sag das bloß nicht zu laut, die bringen es fertig und machen das auch noch.«

Beide gingen lachend zum Tisch.

»Was gibts zu lästern?« fragte Grethe.

»Ach nichts, Fußball« antwortete Willi.

»Fußball und Boxen, wenn es das nicht gäbe« – Helena schenkte Willi einen Kaffee ein. »Wenn der Schmeling boxt, stellt ihr nachts sogar den Wecker«.

»Und ihr hört auch zu!«

Grethe nickte: »Aber nur das eine Mal. Das war auch wirklich was Besonderes. Ich weiß es noch genau! Auf den Tag drei Monate nach Bubis Geburt wurde Max Schmeling Weltmeister. Was für eine Nacht, was haben wir gejubelt! In der ganzen Hochmeisterstraße war Licht.«

»Wie gerne hätte ich den Kampf in New York gesehen.«

»Willi!« Grethe hatte plötzlich ihren strengen Blick.

»Ach, das verstehst du nicht«, entgegnete Willi.

Sie verstand seine Amerika-Anspielung sehr gut, sagte aber nichts weiter.

Die Bäume warfen bereits lange Schatten auf die Kaffeetafel, als Willi seinem Schwager zunickte. Beide standen auf und schlenderten durch den Garten.

»Amerika! Mit der ganzen Familie, das geht nicht. Erst recht nicht, seit Grethes Eltern hier sind. Das hätte ich viel früher machen sollen. Bevor mir Grethe über den Weg gelaufen ist – sie wollte damals nicht und sie wird auch heute nicht wollen.«

»So toll ist es in Amerika auch nicht«, sagte Rudolf. »Hast du nicht gelesen, wie tief der Dollar gefallen ist? Sieh doch mal die schönen Seiten hier in Berlin: Du hast Arbeit, eine liebevolle Frau, gesunde Kinder, die Familie ist beisammen. Also, manchmal verstehe ich dich nicht.« Rudolf zog an seiner Zigarette und blies den Rauch in die Abendsonne.

Inzwischen waren auch die anderen vom Tisch aufgestanden.

»Ihr wollt schon gehen?«

»Ja, Oma. Willi muß morgen wieder früh raus und Hildegard hat doch jetzt Schule.«

»Kinder, paßt auf euch auf!«

Mit seinem tiefen Baß kam Opa aus der Laube. Er trug Bubi auf den Schultern, der den Ästen vor ihm geschickt auswich.

»Kann ich nicht über Nacht bei Oma bleiben?« bettelte Hildegard bei ihrer Mutter.

»Heute nicht Hildegard, du hast Schule, vergiß das nicht, vielleicht nächsten Samstag.«

Die Familie brach auf: Willi, den Korb mit dem Kuchen von Oma auf dem Gepäckträger, schob das Rad. Bubi saß drauf, die Füße baumelten hoch über den Pedalen. Grethe und Hildegard drehten sich nochmals um und winkten.

»Sie sollten sich hier etwas suchen, mehr im Grünen«, meinte Opa, »und wenn es nur wegen der Kinder ist.«

»Vielleicht wollen sie einfach etwas Abstand«, sagte Helena. »Es ist doch schön so, wir sehen uns ja fast jedes Wochenende.«

Auch Helena verabschiedete sich. Die Großeltern setzten sich noch kurz an den leeren Kaffeetisch und dachten wehmütig an die Sommerabende in Ostpreußen.

1935 begannen auch die Bauarbeiten auf einem Grundstück im äußersten westlichen Zipfel von Charlottenburg, einem idyllischen Fleck am Stößensee. Dort hatten in den vergangenen Jahren schon viele bedeutende Architekten – wie Mendelssohn und Bertsch – Wohnhäuser errichtet. Ludwig Hilberseimer, von 1929 bis 1933 Lehrer am Bauhaus, baute ein doppelstöckiges Wohnhaus mit einem Flachdach. Die Anschrift: Am Rupenhorn Nr. 9. Dort sollte dieser jetzt noch verspielte, kleine Bubi in seinem Matrosenanzug 25 Jahre später mit seiner Frau Helga sein Glück suchen und seinem Leben eine tragische Wendung geben.

Ludwig Hilberseimer emigrierte, bevor überall in Deutschland die Synagogen brannten. Auch am Prenzlauer Berg marschierte an jenem 9. November 1938 die SA und brüllte »Juden raus«. Bubi und Hildegard knieten auf der Fensterbank der vor kurzem bezogenen Wohnung in der Choriner Straße und blickten auf die uniformierten Männer, die die rechte Hand in den Himmel reckten.

Daß sich seit einiger Zeit eine neue Art der Begrüßung auch im Arbeiterkiez eingebürgert hatte, wußten sie aus eigener Erfahrung. Auf ihr regelmäßiges »Guten Tag, Frau Schmidt«, bekamen sie genauso regelmäßig ein »Heil Hitler« zur Antwort. Die rechte Hand war so weit oben, daß an ein Händeschütteln sowieso nicht zu denken war.

»Wenn ihr guten Tag sagen wollt«, bellte die Blockwartin eines Tages, »braucht ihr mich überhaupt nicht zu grüßen.«

In der Straße befand sich ein Schuster mit einer Kleiderkammer. Dieses jüdische Geschäft war das Ziel der grölenden Menge. Grethe zog die Kinder von der Fensterbank weg: »Geht ins andere Zimmer spielen.« Sie schloß die Tür zur Stube. Willi saß vor dem Volksempfänger, beide sahen sich schweigend an. Von draußen drangen Parolen, Schreie und das Klirren von splitterndem Glas in die Wohnung. Willi hatte im Radio Musik gefunden und erhöhte die Lautstärke.

Die Synagoge in der nahegelegenen Rykestraße wurde kein Opfer der Flammen. Die Furcht vor einem Übergriff des Feuers auf die angrenzenden Häuser war größer als der Haß.

Kurz nach der ›Reichskristallnacht‹ leerten sich Hildegards und Bubis Klassen. Jüdische Kinder wurden aus den öffentlichen Schulen ausgeschlossen. Sie gingen jetzt in die neue jüdische Volksschule in der Choriner Straße. Auf den Spielplätzen und den Straßen waren seit einiger Zeit weniger Kinder zu sehen. Die kleine Thea aus dem Nachbarhaus kam auch schon nicht mehr zum Spielen herunter.

Ganz anders Bubi. Er entdeckte die Straße als Spielplatz. Hier war weniger Verkehr als in der Franseckystraße. Dort war ihm einmal eine Brauereikutsche über den Fuß gefahren. Blaß und mit blutenden Zehen hatte der Vater ihn ins Krankenhaus gebracht, wo der Fuß wieder zusammengeflickt wurde. Hier fand er endlich seine Spielwiese – quer über die Straße und die Haustüren waren die Fußballtore.

Blondgelockt, mit schmalem Gesicht, war Bubi insgesamt eine schmächtige Erscheinung, machte so seinem Namen alle Ehre. Wenn in der Straße wieder einmal keiner einen Ball hatte oder die anderen ihn nicht mitspielen ließen, nahm ihn sein Vater mit zum FC Weißensee. »Heute haben wir Turnier, und du überreichst den Pokal.«

Stolz bewegte Bubi sich durch die Reihen der Erwachsenen am Spielfeldrand, warf ab und zu einen Ball zurück ins Feld und schaute gespannt zu, wie die Spieler mit dem Ball umgingen. Ganze Spielzüge und Tricks prägte er sich ein, um sie irgendwann, da war er sich ganz sicher, auf dem Exer, dem Fußballplatz in seinem Viertel, selber anzuwenden.

Immer seltener fuhren Vater und Sohn nach Treptow zum Familientreffen, außer wenn besondere Ausflüge geplant waren etwa zu Zenner, dem beliebten Ausflugslokal im Treptower Park, oder mit einem Schiff über die Havel.

Fußball wurde Bubis Leidenschaft. Schon als Vierjähriger war er einem der ›Großen‹, die einen Ball besaßen, hinterhergelaufen. Er setzte sich neben das Spielfeld und schaute zu. Als die Spieler nach Hause gingen, saß Bubi immer noch da und wußte nicht, wie er heimfinden sollte. Seine Mutter mußte ihn auf der Polizeiwache einsammeln.

Inzwischen wußte er den Weg zum Exer ganz genau, dem alten Exerzierplatz an der Cautianstraße. Dort, unter einer hohen, alten Pappel, markierten die ›Großen‹ die Tore. Während sie spielten, beachteten sie den kleinen Jungen am Rand noch nicht. Für ihn war mit seinen acht Jahren kein Platz. Das ärgerte ihn. In den Pausen lenkte er die Aufmerksamkeit auf sich, indem er von seinem Vater, dem Schiedsrichter, erzählte und über den FC Weißensee fachsimpelte. »Ganz zu Recht haben die letzten Sonntag den Pokal gewonnen. Und ich hab den Pokal überreicht.«

Schweigen. Er wollte sich gerade wieder abwenden und in der Choriner mit seinem Freund Dieter gegen die Haustore schießen, da neckte ihn einer der Spieler amüsiert: »Bubi, wenn du willst, kannst du ja mal mitspielen.«

Sollte sein Traum wahr werden? Er blickte fast erschrocken in das Gesicht über ihm: »Klar Mann,« antwortete Bubi selbstbewußt.

Das war seine Chance.

Endlich nicht mehr auf Haustüren schießen, immer mit der Angst, eine Fensterscheibe zu treffen. Er war noch nicht einmal auf dem Spielfeld, schon sah er sich als festen Betandteil der Mannschaft vom Exer. Unerschrocken stellte er sich unter die mindestens einen Kopf größeren Spieler. Er war geschickt und schnell. Trotz seiner dünnen Beine hatte er eine ungeheure Beweglichkeit. Mit dem, was er beim FC Weißensee abgeschaut hatte, trickste er die ›Großen‹ ein ums andere Mal aus. Sogar im Tor war er ein kleiner Held. Er war reaktionsschnell, er schien zu ahnen, in welche Ecke der Ball ging. Es dauerte nicht lange, da war der kleine Bubi anerkanntes Mitglied der Kicker vom Exer.

Schon damals zeigte sich sein Drang nach Anerkennung. Unerschrocken verfolgte er mit eisernem Willen sein Ziel. Er riskierte dabei Kopf und Kragen. Ein Abwehrmanöver als Torwart brachte seiner Mannschaft zwar den Sieg im Lokalderby gegen die Jungs aus der Eberswalder Straße, beförderte ihn aber in die Notaufnahme des Krankenhauses. Kopf und Auge verbunden, stolperte er aus dem Behandlungszimmer. Die gesamte Mannschaft stand draußen. Alle Schmerzen waren wie weggeblasen, weil er wußte, er hatte mit seinem Einsatz ein Tor verhindert und so den Sieg gerettet. Sämtliche Mitspieler waren mächtig stolz auf ihn. Später sollte er sagen, daß er in dieser Zeit viel gelernt hat – daß es sich lohnt, etwas zu riskieren, die Rübe hinzuhalten.

Noch etwas anderes, das sein Leben ständig begleiten sollte, lernte er in diesen Jahren: Das süße Leben, in dem vom Taschengeld alles, was das Herz begehrte, finanziert werden konnte, Kino, Süßigkeiten und so weiter, nahm ein abruptes Ende.

»Ich werde alles dafür tun, wieder einen Ball zu haben«, verriet er seiner Schwester am Abend.

Am selben Tag war durch eine Unachtsamkeit der Ball, den er zu Weihnachten bekommen hatte – sein ganzer Stolz – unter die Räder gekommen. Mit ihm war er über Nacht zum gefragtesten Spieler in der Choriner geworden.

»Paß auf Ede, ein Wagen!« – doch es half nichts. Ede schoß und der Ball landete unter dem Auto.

Seine Eltern hatten lange gespart für dieses Geschenk. Bubi traute sich nicht, etwas zu sagen. Tags drauf fand seine Mutter den Haufen Leder, versteckt unter Bubis Bett. Geld für einen neuen Ball war natürlich nicht da. Von Vater gab es keine erlösenden Prügel. Er sagte nur: »Es ist dein Ball.« Bubi war klar, er mußte selber sehen, wie er das Geld für die Reparatur zusammenbekam.

Seine Fantasie bekam Flügel. Mit seiner Schwester übernahm er die Zeitungstour der Mutter. Zwischen vier und fünf Uhr morgens bewegten sich zwei kleine Gestalten durch die Winsstraße und legten die Berliner Volkszeitung vor die Türen. Natürlich hatte er in den dunklen Hausfluren Angst. Manchmal bewegten sich dort langsame Schatten, betrunkene Spätheimkehrer, die versuchten, ihre Wohnungstür zu öffnen. Doch der Reiz des Geldes, die Aussicht, wieder einen heilen Ball zu bekommen, war stärker. Am Wochenende wurde kassiert. Und durch seine mühselige Suche nach Wechselgeld wurde der eine oder andere Sechser erlassen: »Schon gut, der Rest ist für dich.« Jeder dieser Sätze ließ seinen Fußball ein Stück runder werden.

»Gehst du mit zu Konnopke auf 'ne Wurst?« fragte ihn Hildegard nach der Tour.

»Ne, muß sparen«, war seine knappe Antwort.

Die Hand auf der klimpernden Hosentasche ging er glücklich nach Hause. Ein plötzliches Ende fand diese Einnahmequelle, als der Lehrer die Mutter nach dem Grund der Müdigkeit fragte, die ihn in der Schule immer schläfriger werden ließ.

Bubi versuchte sich als Gepäckträger auf dem Stettiner Bahnhof, bis ihn die wirklichen Gepäckträger vertrieben. Er verzichtete auf den einen oder anderen Sonntagsfilm im Kino. Tom Mix, Micky Maus oder Dick und Doof bescherten den Eltern scheinbar kinderfreie Stunden. Trotz all seiner Bemühungen war er aber seinem Ziel noch nicht sehr viel näher gekommen. Die Kasse füllte sich nur langsam.

Da hatte er eine grandiose Idee. In den höheren Klassen wurden Autogrammkarten von Prominenten für viel Geld gehandelt. Bis zu einer Mark brachte eine Karte. Endlich wußte er, wie er zu dem nötigen Geld kommen konnte. Systematisch suchte er die Adressen der Stars und Sternchen aus den Filmzeitschriften und Adreßbüchern heraus, radelte – Vater hatte ihm zum Geburtstag ein Fahrrad geschenkt – durch die feineren Bezirke und sammelte Autogramme der Berliner Prominenz. Darunter Johannes Hesters, Ilse Werner, Anny Ondra, Max Schmeling und Adelheid Seeck.

Es waren aufregende Begegnungen, die Bubi aber nicht von seiner ökonomischen Marschrichtung abbrachten. Er blickte völlig unsentimental auf die erreichten Ergebnisse und verhökerte sie an den Meistbietenden. Einzig bei Adelheid Seeck, die ihm mächtig imponierte und wunderbare Zeilen für ihn schrieb, erlaubte er sich, das Geschäftliche hintan zu stellen. Er wurde der professionellste Autogrammhändler der Schule. Endlich hatte er das Geld zusammen. Der Ball wurde wie neu. Er war wieder wer im Kiez, ein gefragter Spieler und Ballbesitzer.

Jetzt ging es nach der Schule noch schneller nach Hause, noch schneller wurde gegessen, um so früh wie möglich auf den Exer zu können.

»Mutter, kann ich zum Fußball?« Bubis Frage war so leise, daß die Mutter sie oft nicht einmal hörte. »Gut, bis später«, flüsterte er noch, schlich zur Tür, die er meistens nur anlehnte, um Geräusche zu vermeiden.

Wenn überhaupt, hörte die Mutter noch die Schritte im Treppenhaus, lief dann zum Fenster und rief ihm hinterher: »Und die Hausaufgaben?«

»Schon gemacht«, schwindelte Bubi.

»Paß auf, bis der Papa nach Hause kommt.« Bubi wußte, das bedeutete nichts Gutes.

Solange Vater nicht zu Hause war, war die Freiheit größer. Die Mutter kümmerte sich nicht so sehr um die Erziehung. Regelmäßiges Essen war für sie wichtiger. Meist verlegte sie mit ihrem ›Paß auf, bis der Papa nach Hause kommt‹ die Strafe auf eine spätere Stunde und in härtere Hände. Selten kam es vor, daß auch ihr die Hand ausrutschte. Sie hatte ein ruhiges Wesen und war nicht daran interessiert, ihren Standpunkt mit Druck durchzusetzen. Doch egal, von wem es Haue gab, Bubi schrie wie am Spieß.

»Hat es denn arg weh getan?« fragte ihn besorgt die Schwester.

26

»Nee, überhaupt nicht, aber dann hör'n sie eher auf. Keile vergeht, Arsch besteht,« sagte er ungerührt.

Zu dieser Zeit hatte sich Bubi mit seiner Welt gut arrangiert. Er entwickelt sich zu einem notorischen Morgenmuffel. Damit konnte er bis zum letztmöglichen Moment im Bett bleiben, schlang dann das Frühstück hinunter und rannte Hildegard hinterher, die er kurz vor der Schule einholte. Mittags stürzte er sich auf den Milchreis mit Zimt und Zucker. In der Pause zwischen zwei Fußballspielen kaufte er sich vom Taschengeld Schweinsohren beim Bäcker nebenan. Er verschlang alles Süße. Sogar seine Schwester konnte da nicht mithalten.

Bevor Vater von der Arbeit zurück war, mußte Bubi wieder in der Wohnung sein. Nach dem Abendessen sprach Vater das energische ›Zähne putzen und ab ins Bett‹. Im Bett spielten sich vor Bubis Augen ganze Spielzüge vom Nachmittag ab. Im Halbschlaf trat er unter der Bettdecke, als ob er gerade jemanden austricksen wollte. Manchmal warf ein vorbeifahrendes Auto monströse Schatten in das Zimmer.

Vater wurde strenger und stiller. Über Politik wurde kaum noch geredet – nur manchmal, draußen in der Laube, wenn er mit Onkel Rudolf durch den Garten spazierte. Einmal die Woche gab es einen vaterfreien Abend. Mittwochs spielte Vater immer Preisskat beim dicken Gramsch, der Kneipe im Nachbarhaus, oder bei Rechenberg eine Ecke weiter. Besorgt verabschiedete ihn Grethe jedesmal mit den Worten: »Paß auf, was du sagst.« Ihre Gedanken gingen dabei zu Ernst Thälmann, Willis politischem Vorbild, der seit über fünf Jahren im Gefängnis saß. An diesen Abenden leisteten Bubi und Hildegard der Mutter lange Gesellschaft, und Hildegard legte meist eine der Schallplatten auf, die der Vater von der Arbeit mitgebracht hatte.

Es gab aber auch Abende, an denen die Geschwister ganz unter sich waren. Dann hatten sich die Eltern schick gemacht und gingen in Erinnerung an die Zeit, in der sie sich kennengelernt hatten, zum Tanzen in den Prater. »Wenn du nicht so ein guter Tänzer gewesen wärst ...«, sagte Grethe und lachte ihn an, wie sie es nur noch selten tat. Willi lächelte ein wenig verlegen zurück. Diese Abende wurden immer weniger. Der Prater war inzwischen zu einem Lichtspielhaus umgebaut worden, und Tanzveranstaltungen fanden kaum noch statt.

Zu Hause ließ Vater keinen Boxkampf aus. Für den letzten, den Weltmeisterschaftskampf von Max Schmeling gegen den ›braunen Bomber‹ Joe Louis, hatte er sich den Wecker gestellt. Bubi wachte später vom Knacken des Volksempfängers auf. Der Reiz des Verbotenen: Er schlich sich in die Stube und hörte – wie schon vor zwei Jahren, als Schmeling überraschend gegen Louis gewonnen hatte – heimlich mit. Diesmal war die Übertragung schon nach fünf Minuten zu Ende und er mußte zusehen, daß er unbemerkt wieder ins Bett kam.

Hildegard, die inzwischen auch aufgewacht war, fragte: »Und, hat er gewonnen?«

»Ich weiß nicht,« sagte Bubi, »es ging so schnell.«

Kurze Zeit später sollte er auf einer seiner Autogrammjagden dem Boxer persönlich gegenüberstehen. Sein Ziel war die Schauspielerin Anny Ondra. Daß sie mit Max Schmeling verheiratet war, wußte zu dieser Zeit fast jeder, nur Bubi nicht, der dankend, aber unwissend, das Autogramm dieses großen Mannes mitnahm. Es verkaufte sich ausgesprochen gut.

Die ersten Berührungen mit dem Boxen weckten nicht im geringsten sein Interesse für diesen Sport. Und dennoch, 24 Jahre später war es dieser kleine Autogrammjäger, der im Olympiastadion mit Harald Johnson um die Weltmeisterschaft boxen sollte.

Morgens saß Vater wieder vor dem Volksempfänger. Die Nachrichten vermeldeten den frühen K.O. von Max Schmeling. Vor dem Wetter berichtete der Sprecher von einer Massenpanik, die Orson Welles in Amerika mit einem Hörspiel ausgelöst hatte. In *Der Krieg der Welten* ging es um eine Invasion vom Mars.

»Wir brauchen keine Marsinvasion, die Kriegstreiber sind von dieser Welt«, sagte Willi zu Grethe.

»Aber mit dem Münchener Abkommen ist doch jetzt alles auf einem guten Weg«, meinte Grethe.

»Das mag glauben, wer will, ich traue diesem Frieden nicht.«

Inzwischen verwandelten sich die Keller der Häuser in Baustellen. Ganze Kellerabteile mußten geräumt werden. Fluchtwege zu den Nachbarhäusern wurden in die Mauern gebrochen und mit einer dünnen Ziegelschicht wieder verschlossen. Ein großer Hammer – für den Notfall – hing daneben. »Luftschutz«, antworteten die Maurer auf die erstaunten Fragen der Bewohner.

Im Volkspark Prenzlauer Berg legte man eine unterirdische Zisterne mit Löschwasser an. 1937, ein Jahr zuvor, wurden eine Woche lang Luftschutzübungen im gesammten Stadtgebiet von Berlin durchgeführt – sechs finstere Verdunklungsnächte, in denen sich nicht nur Familie Scholz ihre Gedanken machte. Für die Kinder war es ein Spiel – ein Spiel, aus dem bald blutiger Ernst werden sollte. Die Vorbereitungen zum Krieg liefen auf Hochtouren.

KAPITEL 2:
Überlebenstraining

Im Sommer 1943 wütete der Krieg seit fast vier Jahren. Die Welt stand in Flammen. Im Zentrum der Verblendung herrschte noch scheinbare Ruhe; die Ruhe vor dem Sturm, der ein Land in den Abgrund reißen sollte.

Willi Scholz saß nachdenklich am Tisch. Im Volksempfänger sang Zarah Leander. Er wartete auf die Sieben-Uhr-Nachrichten. Hildegard, mit ihren 15 Jahren und den langen Haaren, strahlte etwas Damenhaftes aus. Sie nähte den Saum ihres neuen Sommerkleides und hielt fürsorglich die kleine Schwester Heidi im Auge, die gerade ihre ersten Gehversuche unternahm.

Grethe zauberte aus den kärglichen Zuteilungsresten ein Abendbrot. Sie war erleichtert, daß Bubi seit ein paar Wochen im Ermland war – gar nicht so weit von ihrer alten Heimat entfernt. Seine zweite Kinderlandverschickung hatte ihn auf einen Bauernhof nahe Springborn verschlagen, wo eine Bäuerin mit zugewiesenen Kindern die Landwirtschaft aufrechthielt. Die Kinder ersetzten die Männer, die nicht mehr auf dem Feld, sondern im Feld waren.

»Willi, heute kam wieder ein Paket von Bubi. Ich wüßte nicht, was wir machen sollten, wenn er uns nicht immer wieder etwas vom Hof schicken würde.«

»Wenn das rauskommt, gibt es Ärger«, dämpfte Willi die Freude seiner Frau. »Die Sachen sind alle geklaut, wenn ich das richtig sehe.«

»Er muß ganz schön hart arbeiten. Im letzten Brief stand, daß er jeden Tag um fünf Uhr geweckt und auf die Felder geschickt wird.«

»Und wann steh' ich auf?«

»Sei doch nicht so. Es ist Krieg, und er ist doch erst drei-
zehn.«

Hilde kam mit Heidi an den Tisch.

»Ach, Bubi wird schon dafür sorgen, daß er nicht allzu-
viel abkriegt. Wenn es ihm zu dumm wird, steht er eh wieder vor der Tür – wie das letzte Mal«

*»29. Oktober, 19 Uhr: Die Nachrichten. Im Osten ist die Kraft
der Sowjetunion noch ungebrochen. Sie bedeutet heute die größte
Bedrohung für das Reich. Die Gefahren des Luftkrieges sind überwindbar …«*, sprach die Stimme aus dem Volksempfänger.

»Wenn der Russe weiter so Druck macht, dann steht er
bald in Ostpreußen, und Bubi wird noch viel früher wieder
zu Hause sein. ›Überwindbar!‹ Daß ich nicht lache! Mein
Chef hat mir heute angekündigt, daß wir wegen der Luftan-
griffe verlegt werden – in die Tschechoslowakei. Er meint,
die Herstellungsbedingungen seien dort sicherer. Ich soll
die Härterei leiten.«

Willi war seit längerem als Schlosser für den Fluggeräte-
bau dienstverpflichtet worden.

»Kommst du ab und zu nach Hause?« fragte Grethe.

Die Nachrichten sprachen von schweren Kämpfen im
Raum Gomel und südwestlich Newel, von Durchbruchver-
suchen im Gebiet von Kiew und Shitomir.

»Sie sagen, ich bekomme Urlaub. Wenn ich mir aber die
militärische Lage so anhöre, glaube ich, daß sie mich dort
keinen Tag weglassen werden. Von Berlin gehen nur drei
mit, der Rest sind wieder Zwangsarbeiter, diesmal Tsche-
chen.«

»Wenigstens scheinst du so wichtig zu sein, daß sie dich
nicht an die Front schicken.«

Ein kleiner Trost in dieser schweren Zeit.

Daß Hunger, Trennung und Leid in ihre gute Stube eindrin-
gen würde, hatten sie zu Beginn des Krieges nicht gedacht.
Damals hatte Grethe, wie alle, die ersten Vorratseinkäufe
gemacht. Willi, dienstverpflichtet, arbeitete weiterhin in

Berlin, und damit blieb die Familie zusammen. Für Hilde und Bubi hatte sich kaum etwas geändert. Der erste Schrekken fuhr allen in die Glieder, als eine Bombe direkt vor das Haus fiel und einen gewaltigen Krater in die Straße riß. Der Karton, der das geborstene Glas ersetzte, wurde zu einem Mahnmal einer in ihrer Furcht gefangenen Bevölkerung. Aus Fenstern wurden Mauern, die den Blick auf den alltäglichen Faschismus versperrten. In zunehmender Angst und Sorge um die eigene Existenz wurde alles Beunruhigende aus dem Bewußtsein verdrängt.

So pflegte auch die Familie Scholz weiter ihre Gewohnheiten: In den Skatrunden wurden Naturalien begehrte Preise. Einmal kam Willi sogar mit einer Gans nach Hause. An den Wochenenden wurde irgendwie ein Kuchen gezaubert und in die Laube nach Treptow gefahren. Später, als nach einem Luftangriff von der Laube nur noch ein paar Steine übrig blieben und die Großeltern auf ihren Hof ins Samland zurückkehrten, war auch die Zeit der Sonntagsausflüge und Familientreffen vorbei.

Die erste größere Neuerung für Bubi und Hilde war der Schulumzug. Von der Kastanienallee, wo die Wehrmacht eingezogen war, ging es in die Eberswalder Straße. So waren Bubis Fußballgegner zu seinen neuen Klassenkameraden geworden. Allmählich und schleichend veränderte sich der Alltag für die Kinder. Immer noch gab es das Kindersommerfest im großen Hinterhof gegenüber, dem alle schon monatelang entgegenfieberten. Doch dann gab es auf einmal ›Dienste‹. Zehnjährige Knirpse machten ihre ersten Exerzierübungen, sammelten Altmetall und füllten Sandsäcke.

Bubi mußte, wollte er weiterhin in seinem Fußballverein Weißensee spielen, an diesen organisierten ›Übungen des Jungvolks‹ teilnehmen. Dafür bekam er die notwendigen Stempel in sein Dienstbüchlein. Es dauerte jedoch nicht lange, bis Bubi den Trick herausfand, wie er mit einem Minimum an Dienstbeflissenheit dennoch seinen Stempel ergat-

BUBI SCHOLZ

Hildegard, die ältere Schwester von
Bubi Scholz, hat diese Fotos aufgehoben
und freundlicherweise zur Verfügung
gestellt: oben Mutter Grethe und Vater
Willi Scholz; das vergilbte und verknit-
terte Foto des kommunistischen Abge-
ordneten Ernst Thälmann fand Hildegard nach dem Tod ihres Vaters - er
hatte es immer in seiner Brieftasche mit
sich getragen. - Die rechte Seite zeigt
Bubi als Pimpf, als stolzen Fahrrad-
Besitzer, 1954 in New York und beim
Umbau seines zukünftigen Hauses.

R...tags-Ab...ordneter Thälmann
Kandidat der Kommunisten

Mutter Druck (Mitte) stand tatsächlich lange zwischen ihrer Tochter Helga (links) und Bubi, denn als die beiden sich kennenlernten, war Helga erst vierzehn Jahre alt.

Helgas und Bubis Hochzeit im November 1958; Trauzeugen waren Freund Hans Rosenthal (rechts hinter Bubi) und Manager Fritz Gretzschel (rechts neben Bubi). Schleichwerbung wurde auch gemacht (siehe oben links).

Im Garten ihres Berliner Hauses Am Rupenhorn 9: Helga bringt eines von Bubis Lieblingsgetränken: Whisky.

Ein Foto, in das man eine gewisse Symbolkraft hineindeuten könnte: rechts die Gewehre, links Bubi im Hintergrund, Helga dominant im Vordergrund …

Vor und nach der Katastrophe: Bubi Scholz mit seiner ersten Ehefrau Helga, gebore-
ne Druck, 1984 beim Presse- und Funkball (oben);
1992 mit Ehefrau Sabine Arndt, genannt Biene, die er ein Jahr später heiratet.

terte. Hatte er einmal seine Bringschuld erfüllt, durfte er spielen. Dann ließ er sich durch den Verein für Training und Vereinsspiele von weiteren Übungen freistellen. Seinen guten Willen hatte er gezeigt, und so blieben ihm die Folgeübungen erspart.

Zum neuen System gehörte auch eine neue Frisur. Der blonde Wirrkopf bekam eine geometrisch gezirkelte Kopfbedeckung: glatte Haare, wie an einer Schnur bis zum Hinterkopf gestutzt. Die Haare rechts vom Seitenscheitel fielen wie ein dreieckiges Toupet über die weit hochrasierten Seiten. Mit dieser neuen Frisur stapfte Bubi in aller Frühe auf seiner alten Route durch den Kiez und verteilte für Mutter die Deutsche Volkszeitung.

Im Herbst 1940 schlug der Krieg plötzlich mitten in den Kiez ein. In unmittelbarer Nachbarschaft zur Choriner Straße explodierten die ersten Bomben in der Kastanienallee und trafen das Schwimmbad in der Oderberger Straße – die 1902 eröffnete Volksbadeanstalt, in der Bubi und Hilde, wie so viele andere Kinder des Kiezes, das Schwimmen gelernt hatten und unermüdlich immer wieder ins Wasser gesprungen waren, bis sie mit blauen Lippen und verschrumpelter Haut nach Hause kamen.

Als wäre es eine Sensation, rannte Bubi am nächsten Tag sofort nach der Schule mit seinem Freund Johnny an den Ort des Geschehens. Johnny wohnte im gleichen Haus und hieß Karl-Heinz, aber sogar seine Mutter – die mit dem Hitlergruß – rief ihn mit dem ›undeutschen‹ Spitznamen. Beide kamen mit einer Handvoll Granatsplitter zurück.

»Mama, das Schwimmbad ist getroffen, und in der Kastanienallee steigt immer noch dicker Qualm auf. Ein Haus haben sie voll getroffen. Da steht kein Stein mehr auf dem anderen. In der Schule haben die Lehrer gesagt, daß wir jetzt aufs Land geschickt werden. Dort kann uns nichts passieren. Ich darf doch mit, oder? Hilde darf ja auch aufs Land.«

»Wir werden Papa fragen.«

»Also gut«, hieß es drei Stunden später.

Nicht nur die Eltern Scholz waren beunruhigt und froh, die Kinder wenigstens für einige Zeit in Sicherheit zu wissen. Für Hilde und Bubi war es wie für alle ein Abenteuer. Hunderte von Taschentüchern wehten im Fahrtwind, als sich der Zug langsam in Bewegung setzte. Endlich mal keine Eltern.

Hilde kam ins Allgäu und Bubis Klasse nach Thüringen. Dort trafen sie mit Schulklassen aus dem ganzen Land zusammen. Die ersten Monate verbrachten sie im Badeort Eisenach, im Hotel Zur guten Quelle, bis sie in ein Sammellager nach Friedrichsroda, einem Kurort, verlegt wurden. War Eisenach noch aufregend und neu, begann in Friedrichsroda der Drill. Kartoffeln schälen, Betten bauen, vor jedem Essen Aufstellung nehmen, und statt eines Morgengebetes brüllen 150 Münder ›Heil Hitler‹. Bis zum Zapfenstreich war alles vorgeschrieben. Die Fußballspiele wurden zu ernsten Kämpfen zwischen den Herkunftsorten der Klassen und, was noch viel einschneidender für Bubi war, er konnte sich keine Privilegien erspielen. Disziplinierungsmaßnahmen, getarnt als Übungen, nahmen überhand. Es dauerte nicht lange, bis Bubi sich eingeengt und bevormundet fühlte. Er wollte nur noch weg. Die erste Flucht endete nach zwei Stationen mit der Straßenbahn in den Fängen einer Hiltlerjugend-Streife. Zur Strafe hieß es statt Kartoffelschälen Koksschleppen von einer Ecke in die andere und wieder zurück. Sinnloser Drill, der seinen Trotz verstärkte.

Der zweite Ausbruch wurde geplant. Er bettelte in Briefen bei allen Verwandten um Geld für Süßigkeiten. Wer konnte sich solch einem Kinderwunsch verschließen? Schnell hatte er das nötige Geld für eine Rückfahrkarte zusammen. Diesmal stieg er nicht in die Waldstraßenbahn, die die Kurorte verband, sondern fuhr per Anhalter nach Gera. Dort kaufte er sich das Bahnticket nach Berlin. Die Flucht in die vermeintliche Freiheit war geglückt.

Froh, wieder zu Hause zu sein, mußte er natürlich gleich

zu Johnny, um ihm seine Leidensgeschichte zu erzählen. »Und als ich dann auch noch Wasser von einem Faß ins andere und wieder zurück schöpfen mußte, da hatte ich die Schnauze voll!«

»Laß uns runter auf die Straße nach den Mädels schauen, die müssen doch wissen, daß du wieder da bist«, sagte Johnny ganz im eigenen Interesse.

»Nee, laß uns lieber Indianer und Cowboy spielen.«

»Na guuut!«

Bubi steckte sich eine Feder hinters Ohr und Johnny ging zum Schrank, in dem die Uniform seines älteren Bruders hing, der gerade auf Fronturlaub war.

»Hände hoch oder ich schieße!« Johnny zielte mit der Dienstpistole seines Bruders auf Bubi, der mit großen Augen auf die Waffe starrte. »Keine Angst, das Magazin ist draußen. Außerdem, ich schieße nicht auf Kinder.«

Johnny war zwei Jahre älter als Bubi und fühlte sich schon richtig erwachsen. Er drehte sich zum Fenster und drückte ab. Ein ohrenbetäubender Knall ertönte. Dann herrschte Stille. Die Kugel war durch das offene Fenster geflogen. Beide standen wie versteinert im Raum.

»Johnny, jetzt hättest du mich fast erschossen«, stammelte Bubi.

»Das kann doch nicht sein. Das Magazin ist doch draußen.«

»War wohl ein Schuß geladen. Ich glaube, ich geh' doch lieber runter zum Exer.«

Schweigend, der Schock steckte ihm in allen Gliedern, verließ Bubi die Nachbarwohnung. Johnny legte die Waffe zurück. Natürlich verschwiegen sie ihren Eltern den Vorfall. Die hatten ohnehin genug Sorgen. Zur ihrer Entlastung ging Bubi wieder in die Schule, aß dort zu Mittag und übernahm wieder die morgendliche Zeitungstour seiner Mutter.

Auf seiner Tour häuften sich die für einen Zwölfjährigen unerklärlichen seltsamen Begebenheiten und Bilder. Im Morgengrauen bewegte er sich mit seiner Schwester durch die Winsstraße. Wohnungen waren von einem Tag auf den anderen verwaist. Transportwagen der SS standen in den Straßen. Riesige Planwagen, in die Menschen stiegen, bepackt mit ihrem nötigsten und wertvollsten Hab und Gut. Ein Mann hatte eine tragbare Schreibmaschine unterm Arm, ein Mädchen ihren liebsten Teddy. An Balkone geknotete Bettlaken wehten im Morgengrau – stumme Zeugen von verzweifelten Fluchtversuchen. Die Straßen beflaggt mit Spuren von Angst, Verzweiflung und Ausweglosigkeit. Ein kalter Schauer über diesen stillen, bestimmten Ablauf prägte sich in die Erinnerung des Zwölfjährigen.

»Die kommen alle in ein Arbeitslager.« Der Satz seines Vaters kam ihm in den Sinn. Dazu Goebbels' Hetzreden gegen Juden, die er sich im Kinderlager anhören mußte. Für ihn blieb es ein Rätsel, was da vor sich ging und warum auch die kleine Thea aus dem Nachbarhaus mit einem dieser Laster verschwunden war.

»Na, Kleiner«, Hilde war schon im Haus gegenüber verschwunden, »da gibt's nichts zu sehen. Geh mal schön weiter, in dem Haus brauchst du keine Zeitungen mehr zu verteilen.« Der Mann in der Uniform wies Bubi sehr bestimmt auf die andere Straßenseite. So verringerte sich die Zahl der Zeitungsempfänger. Das Leid der Deportierten verschloß sich vor den Augen der Kinder. Für Bubi und Hilde hieß es erst mal weniger Einnahmen.

Auch einer Familie Rosenthal konnte er die Zeitungen nicht mehr vor die Tür legen. Jahre später, als Hans Rosenthal und Bubi Scholz sich schon einige Zeit kannten, erfuhr Bubi das Schicksal der Familie: Den Eltern war die Deportation durch ihren frühen Tod erspart geblieben, und ihre beiden Söhne fanden im jüdischen Waisenhaus in der Schönhauser Allee Aufnahme. Als dann das ganze Haus geräumt und die Kinder deportiert werden sollten, tauchte Hans, der ältere von beiden, in einer Laubenkolonie unter. Mit Hilfe von drei tapferen Frauen konnte er so Krieg und Verfolgung überleben. Hans Rosenthal sollte Bubi schon zu Beginn seiner Boxerkarriere kennen- und schätzenlernen. Vor dessen steiler Karriere als Showmaster wurden sie enge Freunde, und Hans wurde Trauzeuge bei Bubis Hochzeit.

Fast alle jüdischen Bewohner des Kiezes wurden deportiert oder tauchten unter. In ungewohnter Entschlossenheit und mit Zivilcourage verhinderten Passanten und Bewohner mit ihrem spontanen Protest die Deportation des beliebten jüdischen Arztes Dr. Abraham Paradis, der dadurch die Nazidiktatur überlebte. Gleichzeitig suchten jüdische Spitzel wie Spürhunde nach untergetauchten Juden. Denunzianten verfolgten immer unverhohlener das wenige öffentlich Gesagte. Selbst in den eigenen vier Wänden herrschte eine beklemmende Stille über das, was vor aller Augen geschah. Stalingrad war bereits ein erschütternder Teil der Geschichte, wie auch der offene Ruf Goebbels' im Berliner Sportpalast nach dem ›totalen Krieg‹.

Inzwischen waren an diesem Sommertag des Jahres 1943 die Nachrichten beendet und Grethe hatte die Suppe auf den Tisch gestellt. Sie nahm Heidi auf den Schoß und fütterte sie mit Karottenbrei. Bis 1943 hatte sich das ganze Viertel verändert. Willi war fast der einzige Mann im Haus, der nicht eingezogen war. Die größeren Kinder waren, wie Bubi, auf dem Land in Sicherheit. Grethe versuchte, wie alle Frauen und Mütter, Essen für die Familie aufzutreiben, stand Stunden vor den Geschäften, um ihre Essensmarken einzulösen.

Grethe schnitt die Wurst, die mit dem letzten Paket gekommen war, in die Kartoffelsuppe, als es klopfte.

»Tag, Mama, Tag, Papa, ich wollte heim!«

Bubi stand völlig erschöpft in der Tür. Von der gezirkelten Seitenscheitelfrisur war nichts mehr zu sehen. Die Haare waren zerzaust und bis an die Ohren gewachsen.

»Na, da bist du ja wieder. War es denn so schlimm?«, fragte sein Vater.

Bubi nickte. »Diese blöden Bauern. Schwarzbuttern und mich wegen den Paketen auffliegen lassen.«

Die Bäuerin hatte Mutters Dankesbrief unter seinem Kopfkissen entdeckt und ihn verraten.

Auf dem zwar verbotenen, aber dennoch mächtig florierenden Schwarzmarkt konnte Bubi seine Fähigkeiten, Dinge zu organisieren, und sein Talent zum Handel entfalten. Sein wacher, aufmerksamer Blick und sein schnelles Reaktionsvermögen waren der ideale Nährboden, um seinen geschäftlichen Spürsinn, der sich schon bei dem Handel mit Autogrammkarten gezeigt hatte, zu entwickeln – Überlebenstraining für die Nachkriegszeit.

Hilde stellte noch einen Teller dazu. In der Mitte des Tisches breitete Bubi seine letzte Beute aus: Sonnenblumenöl und Speck, Mehl und Milch. Für lange Zeit die letzten frischen Lebensmittel vom Lande. Bubi schlang die Suppe hinunter. Nach dem Essen ging Willi runter zum dicken Wirt zum Skat.

Die Zeit, in der die Geschwister heimlich auf dem Dach das ›Feuerwerk‹ über dem Zentrum Berlins beobachteten, war vorbei. Im November 1943 erreichten die ersten großflächigen Bombardements den Prenzlauer Berg. Rings um die Choriner Straße 54 brannte alles. Nur das Haus selber blieb von einem Direkteinschlag verschont. Die Flammen drohten überzugreifen. Die Tür zum Keller wurde aufgerissen. Panische Angst stand in den Augen, und die Nägel gruben sich in die Oberschenkel. »Alles raus – Löschen!« Der Angriff war noch nicht vorbei, da bildeten sich schon die ersten Eimerketten. Die Brandhitze entzündete die Vorhänge, und die Dielen begannen sich zu biegen. Von den Scheiben waren nur noch die Splitter auf dem Boden übriggeblieben. Sie schütteten das Wasser über die stark erhitzten Teile des Daches und der Fassade.

»Gustav, hilf mir!« Bubis Vater hatte das Wichtigste, wie Papiere, Sparbücher und Schmuck, in Heidis Kinderbett gepackt. »Du hinten, ich vorne!«

Bubi legte seinen Fußballkoffer noch oben drauf. Er hob an und fürchtete, von der Last erdrückt zu werden, so schwer war das Bett. Aber irgendwie brachten Vater und Sohn das Bett die Treppe hinunter und in Sicherheit. Das Haus fing nicht Feuer. Und so konnten die beiden mit Hilfe zweier Nachbarn ihre Habseligkeiten am nächsten Tag wieder hinauftragen.

Kurz nach dieser verheerenden Bombennacht wurde Willi in die Tschechoslowakei versetzt. Immer öfter saßen jetzt die Menschen in den Kellern und beteten zu einem Gott, der sie scheinbar verlassen hatte, daß ihr Haus nicht getroffen würde. Grethe saß mit den drei Kindern eng aneinandergepreßt, Bubi immer mit seinem Fußballkoffer unter den Knien. Es war das einzige, was Bubi mitnahm. Hilde und Grethe mußten allein das Wichtigste nach unten schaffen. Wenn seine Schwester dann, die kleine Heidi auf dem Arm, Bubi fragte, ob er ihr beim Rauftragen nicht helfen wolle, antwortete er flapsig: »Was du runtergetragen hast, kannst du auch wieder rauftragen.«

Die Angriffe zehrten an den Nerven. Grethe immer in Angst vor den sogenannten Wohnblockknackern – 1800-Kilo-Bomben, die bis in die Fundamente der Häuser eindrangen und nichts mehr von ihnen übrig ließen –, flüchtete im November mit den Kindern für ein paar Tage in die Gewölbe der Schultheiss-Brauerei an der Schönhauser Allee, die sichersten Mauern des Viertels. Neben ihr unterhielten sich zwei Brauereiangestellte.

»Du Helmut, hast du schon gehört? Die Wehrmacht plant, hier Munition und kriegstechnische Instrumente zu produzieren.«

»Det ist ja wohl 'n schlechter Witz. Wie soll ma denn in unsern feuchten Kellern so'n Zeuch herstellen?«

»Nee du, ich sag's dir, das ist kein Witz! Das hat mir der Reger erzählt, sie arbeiten schon an Plänen zur Entwässerung und Trockenlegung der Keller.«

»Und wo sollen wir dann hin?« fragte Grethe.

»Ick sach Ihnen wat, jute Frau, ehe die Keller trocken sind ...«

»Sei still, Helmut!« Die hochgezogene Stirn und der strenge Blick sagten mehr, als Worte hätten ausdrücken können.

Der Boden vibrierte von den Detonationen. Angstvoll vergruben die Kinder ihre Köpfe im Schoß der Mutter. Die kleinen Kinderhände umklammerten ihre Knie. Grethe konnte sie kaum lösen. Zum Glück hatte sie noch Lebertran bei sich, den sie den Kindern gegen die Krämpfe in den Mund träufeln konnte.

1944 im Sommer, die Wohnung war noch intakt, kam Willi auf Urlaub. Bubi hatte gerade die Volksschule abgeschlossen und sich voller Energie in das Schwarzmarktgetümmel in der Gormannstraße gestürzt. Mit Johnny und Gerhard zog er durch die Straßen, immer auf der Suche nach Verwert- und Tauschbarem. Irgendwie hatte er es mal wieder geschafft, ein Kilo Mehl aufzutreiben. Stolz hielt er es Grethe hin. Sie deutete auf die Sitzbank, wo sein Vater saß, blaß, dünn und mit müden Augen.

»Gustav, morgen gehen wir aufs Amt und werden nach einer Lehrstelle für dich fragen. Du sollst was Anständiges lernen und nicht, wie man auf dem Schwarzmarkt Geschäfte macht.«

»Aber Papa, irgendwer muß sich doch um das Essen kümmern.«

Er verkniff sich gerade noch ›da du ja jetzt weg bist‹. Das, das wußte er, hätte eine Tracht Prügel zur Folge gehabt. Seit Willis Abwesenheit hatte sich Bubi, dank seines ›Organisationstalentes‹, zum heimlichen Familienoberhaupt entwickelt.

»Aber nicht du und nicht so! Ich habe keine Lust, dich irgendwann aus dem Gefängnis zu holen.«

So gingen die beiden Mitte 1944, als die westlichen Alliierten schon in der Normandie gelandet waren und sich auf dem Vormarsch auf Paris befanden, zur Berufsberatung.

»Also, ein gewisses handwerkliches Geschick können wir bei Ihrem Sohn feststellen. Ich habe hier eine Ausschrei-

bung der Nöckel-Werke in Charlottenburg für eine Feinme-
chanikerlehre.«

»Das ist aber weit, Papa.« Der letzte Versuch, das Unab-
wendbare abzuwenden.

»Wo ist das genau?«

»In der Fritschestraße.«

Noch am Nachmittag unterschrieb Willi den Lehrvertrag. Etwas befremdet sah sich Bubi in den Werkshallen
um. Da sollte er jetzt also jeden Tag hinfahren. Er spürte
eine innere Abneigung und hoffte, daß irgendwann
nachts einer dieser Knacker die Fabrik treffen würde. Natürlich war die Bedeutung für die Kriegswirtschaft, die
das Werk belieferte, wichtiger als die ›Eignung‹ des 14jäh-
rigen. Und trotzdem sollte die Beraterin mit ihrem Vorschlag gar nicht so daneben liegen. Die ›Lehre von Kräften und ihre Wirkungen auf Körper‹ hätte auch die visio-
näre Beschreibung seines späteren Berufes sein können:
der des Boxers.

Doch bald riß ihn die Hitlerjugend aus dem kaum begon-
nenen Berufsleben. Für Bubi war es der willkommene Anlaß, nicht in die Nöckel-Werke zu gehen. Vater war weit
weg, und von Mutter ließ er sich schon lange nichts mehr
sagen. Die sogenannten Schnellkommandos, die aus 14- bis
16jährigen rekrutiert wurden, retteten Verschüttete, lösch-
ten Brände oder schlüpften in die Rolle von Hilfspolizisten.
Von ihren um mindestens 50 Jahre älteren Vorgesetzten bekamen sie eine Uniform. Es waren die Kinder und die Alten,
die das Überleben in Berlin organisierten. Alle anderen
Männer waren im Feld. So war von dem Lehrbub im Betrieb
bald nicht mehr viel zu sehen. Mit zunehmender Bombar-
dierung Berlins rannten die Jungs nur noch von einem Feuer zum nächsten, bargen Tote und Verletzte und versuchten
zu löschen, was ging.

Bubi vergaß dabei nie seine Familie. Er organisierte wieder, fing von neuem an zu tauschen – vor allem mit Zigaretten. Seine Mutter schwieg. Die freute sich jedesmal, ihren

Bubi in die Arme schließen zu können und wieder etwas für die Mädchen zum Essen zu haben. Sein Vater sah sich die wenigen Male, die er noch da war, machtlos gegenüber dem Treiben seines Sohnes.

»Laß ihn, Grethe«, resignierte er. »Lange dauert es eh nicht mehr, bis dieses Grauen ein Ende hat. Wir müssen jetzt schauen, daß wir da irgendwie durchkommen. Gustav ist jetzt für sich selber verantwortlich.«

Es war sein letzter Abend, und er wußte, daß es immer unwahrscheinlicher werden würde, noch einmal für einen oder zwei Tage nach Hause zu kommen. Unter der über Kopf und Volksempfänger gezogenen Bettdecke hörte er ein letztes Mal den ›Feindsender‹, als plötzlich die Tür aufgerissen wurde.

»Papa ist es wahr, daß du morgen schon wieder …«

»Raus! Aber sofort!«

Hilde und Bubi zogen die Tür wieder zu und sahen Grethe erschrocken an.

»Laßt Papa, stört ihn jetzt nicht.«

Willi wollte nicht, daß die Kinder davon etwas mitbekämen und er durch ein unbedachtes Wort aus ihrem Mund im Gefängnis landete. Ihn interessierte der wahre Frontverlauf – aus Sorge um die Familie, von der er schon morgen wieder weit weg sein würde. Als überzeugter Gewerkschafter verhielt er sich besonnen, kritisch und vorsichtig. Viele Jahre später sollte Hilde nach seinem Tod ein vergilbtes zerknittertes Zeitungsbild von Ernst Thälmann in der Brieftasche des Vater finden.

»Ich bin's.« Grethe kam leise ins Zimmer. »Sei nicht so grob zu den Kindern, sie verstehen es nicht.«

»Auf Hitler wurde ein Anschlag verübt!«

Stille.

»Und!?« Grethe sah mit einemmal das Ende all des Elends vor sich.

»Er lebt und hat sich wie geplant mit Mussolini getroffen. Jetzt werden einige Köpfe rollen.«

42

Das kurze hoffnungsvolle Leuchten in Grethes Augen verschwand. Ihr starrer ausdrucksloser Blick heftete sich an die dunklen Dielen.

»Grethe, hör zu. Es kann sein, daß der Russe bald in Berlin steht. Wenn ich nicht da bin, hier hinter dem Schrank ist die Schallplatte versteckt, von der ich dir erzählt habe. Lege sie auf, wenn die Russen in die Wohnung kommen. Versprich mir das! Und sag das auch den Kindern!«

»Ja, Willi, versprochen. Wir kommen hier schon irgendwie durch. Paß du nur auf dich auf und rede nicht soviel.«

»Da unten versteht mich sowieso niemand«, versuchte Willi sie zu beruhigen.

Grethe wußte, daß ihr Mann zuweilen sein Herz auf den Lippen trug, seine Selbstbeherrschung verlor und sich damit in Gefahr brachte. Wie letztes Jahr, als er plötzlich mit zwei geflohenen französischen Zwangsarbeitern in der Tür stand.

»Die bleiben zwei, drei Nächte bei uns«, hatte Willi kategorisch erklärt.

»Nicht, daß es dir wie deinem Schwager in Breslau ergeht«, mahnte Grethe. Willis Schwager hatte sich für einen Moment nicht unter Kontrolle und mußte seine kritischen Äußerungen in einer Kneipe mit dem Leben bezahlen. Vor der Tür erwartete ihn die Gestapo, und er landete zwei Jahre im Konzentrationslager Sachsenhausen. Die vorrückenden Russen befreiten ihn zwar aus dem KZ, aber in Breslau griffen den ausgemergelten Heimkehrer andere Russen auf. Mit seinem Sohn mußte er nach Sibirien. Der geschwächte Mann, nach unendlich vielen Schreiben seiner Frau aus dem Arbeitslager entlassen, starb auf dem Rückweg in den Armen seines Sohnes bei Frankfurt an der Oder.

Es war nicht das einzige Leid für die Familie. Die Großeltern wurden nie so ganz heimisch in Berlin. Die Nähe zu den Kindern konnte die Herausgerissenheit aus ihrer überschaubaren ländlichen Heimat nicht kompensieren. Nachdem ihr Haus in der Laubenkolonie von Bomben zerstört worden war, kehrten sie 1943 nach Ostpreußen zurück. Im August 1945 begingen beide Selbstmord. Sie sahen keinen Ausweg aus den Erniedrigungen und Qualen, denen sie durch die russischen Besatzer ausgesetzt waren. Im Oktober las Grethe im Brief ihrer Schwester: *»Mutter hat sich die Pulsadern aufgeschnitten, und Vater hat sich erhängt.«* Hilde weinte fürchterlich um ihre geliebte Oma. Bubi schluckte.

Er hatte die Großeltern 1943 ein letztes Mal besucht und für Mutter die Wäsche in Sicherheit gebracht. Tonnen ›guter Wäsche‹ wanderten damals, neben den üblichen Bestekken und Services, aus den Städten auf das vermeintlich sichere Land zu Verwandten oder wildfremden Bauern.

Jetzt, im Herbst 1944, von Willi gab es schon länger keine Nachricht, war Bubi der Mann im Hause. Noch bewegte er sich hin- und hergerissen zwischen kindlichem Spiel- und Abenteuerdrang und der Angst und dem Verantwortungsgefühl für seine Familie. Er begann die Stadt mit anderen Augen zu sehen und lernte sehr schnell, das Chaos für sich zu nutzen. Er machte das, was alle machten in diesen seltsam anarchischen Zeiten während und nach den Bombenangriffen. Seiner Familie brachte er Essen, das bei der Verteilung an die Ausgebombten ›übrigblieb‹. ›Im Einsatz‹ holte er neben Verletzten und Toten aus den zerstörten Häusern auch Tausch- und Eßbares. Er machte das, was er bei seinen ersten Sondereinsätzen von den anderen gelernt hatte. Inzwischen bewegte er sich fast täglich zwischen den sich ausbreitenden Ruinen.

Die Familien verharrten tagelang in den Kellern und Brauereigewölben. Bubi führte gerade einen verletzten alten Mann über die Schönhauser Allee, als dieser plötzlich stehen blieb.

»Sie sind in Berlin, die Russen!«

»Was?« Bubi stockte der Atem.

»Horch Junge! Die Einschläge. Das sind keine Fliegerbomben, das kenne ich aus dem letzten Krieg. Das ist Artillerie. Jetzt gnade uns Gott, wenn er uns noch nicht vergessen hat.«

Die Russen waren also schon in der Stadt. Am nächsten Tag schlich das eingespielte Katastrophenteam Bubi, Gerhard und Johnny in einer Einsatzpause in die Richtung des Kanonendonners.

»Heh, ihr da, kommt mal her!«

Ehe sie sich versahen, hatte sie ein Leutnant für seine verstreute Restgruppe als Meldejungen und Beobachter verpflichtet. Jetzt saßen sie da, ausgestattet mit Panzerfäusten, die sie kaum heben konnten, an einer Panzersperre am Nordbahnhof. Die aufgetürmten Hindernisse, hinter denen sie sich verbargen, hätte auch ein Kübelwagen wie nichts weggeschoben. Zu Bubis Geburtstag hockten sie dort zusammen, die viel zu großen Helme auf ihren Kinderköpfen. Zur Feier des Tages steckten sie sich, wie die richtigen Soldaten, eine Zigarette an. Vor lauter Husten hätten sie beinahe ihre Helme verloren.

Zwei Tage später, Johnny war noch nicht gekommen, meinte Gerhard: »Kommste mit Bubi, 'ne kleine Beobachtungstour über die Gleise?«

Es waren schon lange keine Schüsse mehr zu hören.

»Nee, bin doch nicht verrückt, auf der anderen Seite sitzt der Russe.«

»Traust dir ja nur nicht!«

Das saß. Als feige wollte er nicht dastehen. Kaum waren beide losgelaufen, zischten auch schon Schüsse durch die Luft. Bubi grub sein Gesicht in das Kiesbett zwischen den Gleisen. Als die Schüsse verstummten, hörte er Gerhard neben sich stöhnen. Er hob den Kopf und sah, wie ein dünner roter Faden unter Gerhards Helm herausfloß.

»Bleib ganz ruhig, Gerhard!«

Bubi versuchte, sich seine Angst nicht anmerken zu lassen. »Ich hol' Hilfe.«

Das war leichter gesagt als getan. Bubi rannte im Zickzack zurück in die schützenden Häuserzeilen. Keiner der dort versammelten Männer war bereit, ihm zu helfen, seinen Freund Gerhard zu retten. Wütend und verzweifelt kehrte er alleine zurück und zog den schwerverletzten Freund aus der Gefahrenzone. Hinter der Feuerlinie standen die Helfer dann da. Von dort trugen sie Gerhard in das provisorische Krankenhaus. Ihn hatten sie durch den Kugelhagel rennen lassen. Keiner hatte einen Finger gekrümmt. Das erste Mal hatte er einen Freund beinahe sterben sehen. Und alle zuckten nur teilnahmslos mit den Schultern. Die Enttäuschung über die vielgelobte Kameradschaft grub sich tief in sein Herz.

Jetzt saß er nur noch mit Johnny an der Panzersperre. Beide schwiegen. Sie dachten an Gerhard. In diesen letzten Kriegstagen kam es vor, daß in einer Straße noch um ein Haus gekämpft wurde, während eine Straße weiter sich schon das Nachkriegsleben seinen Weg bahnte. So feierten russische Soldaten auf dem Wörtherplatz den 1. Mai, während sich ein paar Straßen weiter die letzten Reste eines Volkssturms sammelten. 2000 Soldaten, Kinder und Alte versammelten sich vor der Schultheiss-Brauerei. Sie bekamen den Befehl, sich in Richtung Bernau zur Armee Wenk durchzuschlagen. Die Aussichtslosigkeit dieses Befehls erkannte Bubi in den angstvollen Blicken der anderen, die an die Panzer vor sich und die Standgerichte hinter sich dachten. Die wenigsten sahen sich als die heldenhaften Verteidiger von Berlin.

Er wußte, jetzt konnte er sich nur noch selbst helfen, sich auf niemanden verlassen, nicht einmal auf seinen Freund Johnny. Wie unbeteiligt stand er am Rand der Gruppe, die sich langsam in Richtung Norden in Bewegung setzte. Schon fielen Schüsse. In der ersten Unruhe verschwand Bubi in einen Hinterhof. Als erstes stopfte er die bis an die Knie hängende Uniformjacke mit dem Gewehr unter die Reste einer zerborstenen Treppe. Die Pistole behielt er zur Sicherheit und kletterte über die Mauer in den nächsten

Hinterhof. Es erwies sich als lebensrettend, daß er in seinem Kiez jedes Haus kannte.

War er die Tage vorher, trotz des permanenten Ausnahmezustandes, noch gewissen Regeln unterstellt, die einem zerbrechenden Gemeinwesen Halt zu geben versuchten, befand er sich jetzt in einem vollkommen freien und anarchischen Raum. Mit seinen 15 Jahren spürte er diese trügerische Freiheit – vogelfrei in den Trümmern seines Kiezes. Die Mauern waren Schutz und Bedrohung zugleich. Er hörte auf jedes Geräusch, kroch unter zerschossene Kübelwagen, schlich von Hauswand zu Hauswand, vorbei an Aufgehängten seines Alters mit Schildern ›Ich war zu feig zum Kämpfen‹ um den gebrochenen Hals. Im Schutz der Dunkelheit erreichte er die Choriner Straße.

Grethe erkannte sofort die dünne Gestalt, die sich gegen helles Morgenlicht in der Kellertür abzeichnete. »Bubi!« Überglücklich schloß sie den verloren geglaubten Sohn in die Arme.

Am nächsten Morgen gingen die Russen mit schußbereiten Maschinenpistolen durch die Straßen. Die Schönhauser Allee bot ein Bild der totalen Verwüstung. Die Leitungen der Straßenbahn lagen auf der Erde, die Hochbahn war getroffen worden, zerschossene Militärfahrzeuge lagen herum – und immer wieder Gefallene. Dazwischen erhängte Soldaten, die ihr Leben retten wollten, mit Schildern um den Hals, worauf ›So ergeht es Deserteuren‹ zu lesen war.

Hunger und Neugierde trieb die Kellerbewohner auf die Straße. Sie plünderten Proviantlager und schlachteten verendete Pferde aus.

Für die meisten war die Kapitulation die langersehnte Erlösung. Für einige aber war die Angst vor dem Kommenden so groß, daß sie sich umbrachten, wie der Wirt, bei dem Willi immer Skat gespielt hatte. Es war die Angst vor der Vergangenheit, die einem wie ein Bumerang entgegenkam, und die Angst vor den grausamen Vergeltungen der Russen, worüber sich Gerüchte schon vorher wie ein Lauffeuer von der Ostfront bis nach Berlin verbreitet hatten. Keine Frau war auf der Straße zu sehen. Alle verhäßlichten sich. Grethe und Hilde schickten Bubi nach draußen. Mit seinen kurzgeschorenen Haaren sah er noch hungriger aus, als er eh schon war. Und so kam er immer mit etwas Eßbarem, meist einem Geschenk eines russischen Soldaten, nach Hause.

Mit ihrem Einzug suchten die Russen Quartier für ihre Vorgesetzten. Zwischen den zerschossenen und zerbombten Häusern bangte jeder, der eine intakte Wohnung hatte, sie würden bei ihm einfallen. Wie ein Lauffeuer gingen die Nachrichten von Vergewaltigungen durch die Stadt.

Jemand klopfte an die Tür.

»Bubi, mach du auf!«

Hilde versteckte sich im Schrank und Grethe ging zum Grammofon. Wieder mußte er seinen Kopf hinhalten. Ein Offizier, begleitet von zwei Soldaten, trat in die Wohnung. Sein kurzes Lächeln, das er dem Kind geschenkt hatte, verwandelte sich in einen konzentrierten Blick, mit dem er die Wohnung erfaßte. Die zweijährige Heidi hielt sich an der Schürze ihrer Mutter fest. Sie nickte dem Offizier zu und kurbelte gleichzeitig am Grammofon. Ein bekanntes Lied erfüllte die kleine Wohnung. Der Offizier sah erstaunt in das Gesicht von Grethe.

»Gute Deutsche.«

Die Russen mußten lachen.

»Nix Kapitalist«, sagte einer der Soldaten.

Der Offizier verbeugte sich. Sie verließen die Wohnung. Die ›Internationale‹ begleitete sie ins Treppenhaus – jene Platte, die Willi über all die Jahre versteckt hatte. Willi! An ihn, von dem sie schon so lange nichts mehr gehört hatten, mußte Grethe jetzt denken. Sie trocknete sich bei den letzten Tönen die Tränen mit der Schürze vom Gesicht.

Nachts verbarikadierten sie sich, so gut es ging, schoben Schränke vor die Türen und schliefen in Kleidern, um möglichst schnell die Flucht ergreifen zu können.

Sehr langsam normalisierte sich das Nachkriegsleben. Die Besatzer verhielten sich nicht mehr ganz so unberechenbar. Der ständige Hunger trieb die Leute wieder auf die Straßen. Nachdem die schlimmen Anfangswochen überstanden waren, entwickelte sich Schritt für Schritt ein öffentliches Leben. Dessen Basis kannte Bubi schon aus den Kriegsjahren: Tauschhandel und Schwarzmarkt. Vom Vater gab es noch immer keine Nachricht. Bubi sah sich in der Pflicht.

Seit Juli waren auch die anderen drei Besatzungsmächte in Berlin. Bubi hatte schnell mitbekommen, daß von den Amerikanern am meisten zu erwarten war. Schon hatte er einen Plan: Er holte von den G.I.s deren Wäsche und brachte sie seiner Mutter und anderen Frauen im Haus zum Waschen. Mehrmals die Woche lieferte er mit seinem Fahrrad die frischen Wäschestapel sauberer und gebügelter Uniformen ins Hauptquartier nach Zehlendorf. Die notwendigen englischen Worte hatte er sich schnell gemerkt. Bezahlen ließ sich der *laundry boy* von seinen *soldiers* mit *soap* und *Lukkies*. Die kostbare Seife verrechnete er mit seinen Wäscherinnen, und die begehrten Zigaretten, die ›Amis‹, verkaufte er oder tauschte sie für Lebensmittel.

Vom Stettiner Bahnhof fuhr pro Tag ein Zug, vollbeladen mit Menschentrauben, die auf dem Land irgend etwas zu essen finden oder tauschen wollten. Das Problem war, einen Platz im Zug zu ergattern. Einige Züge waren schon ohne ihn gefahren. An einem Montag standen Bubi und Hilde hilflos vor dem überfüllten und stöhnenden Eisenmonster, das sich langsam von ihnen entfernte.

»Komm schnell, Hilde, laß uns bis zur ersten Kurve laufen!«

Bevor Hilde antworten konnte, war Bubi über die Gleise aus dem Bahnhof gelaufen, um dem Zug den Weg abzuschneiden.

»Warte, Bubi!«

Hilde rannte so schnell sie konnte hinterher. Der Zug hatte den Bahnhof verlassen und schob sich in Schrittgeschwindigkeit um die erste Kurve.

»Komm schnell!« rief Bubi, der auf einen der Puffer zwischen den Waggons gesprungen war.

Da der Zug immer noch in der Kurve und deshalb sehr langsam fuhr, konnte Hilde auf den anderen Puffer springen. »Los, rauf!« Bubi kletterte die Leiter hoch aufs Dach.

»Das ist doch viel zu gefährlich«, schrie Hilde gegen den immer lauter werdenden Zug.

»Du mußt dich nur ganz flach auf das Dach legen!«

Bubi war schon oben. Als seine Schwester auf das Dach blickte, sah sie, daß sie nicht die einzigen waren, die dort einen ›Reiseplatz‹ ergattert hatten.

»Hinlegen!« schrie Bubi.

Hilde spürte knapp über sich die Brücke, unter der der Zug durchfuhr. Weiter hinten drang ein Schrei durch das Geratter.

»So geht es dir auch, wenn du nicht aufpaßt, Hilde. Dann fegt dich so eine Brücke vom Dach.«

Auf diese Weise fuhren sie jetzt zum Hamstern aufs Land, einmal sogar fast bis nach Rostock. Dieser weite Ausflug sah schon nach einem totalen Mißerfolg aus, als ihnen nach einer Nacht in einer Scheune der überraschte Bauer Tabakblätter schenkte. Wie immer war die Frage, wie sie die Beute durch die Kontrollen brachten, die die Alliierten um die Bahnhöfe gegen den Schwarzhandel eingerichtet hatten. Beide banden sich die frischen Blätter um den Körper und zogen ihre Kleider darüber. Keiner hielt sie beim Verlassen des Bahnhofs auf. Bei Garbatti verkauften sie die Blätter.

Ein andermal ging es nach Hamburg. »Laß uns nach Amerika abhauen!« Bubi war begeistert von dem Vorschlag eines Freundes, den er erst seit zwei Tagen kannte. Bubi kam aus einer zweiwöchigen russischen Haft, die ihm ein Kumpel eingebrockt hatte, den die Russen wegen Waffenbesitz in der Mangel hatten. Um sich zu retten, verriet er die Namen seiner Freunde. Damit brachte er Bubi zwei Wochen in ein Kellerverlies, in denen dieser nicht wußte, ob er gleich an die Wand gestellt oder nach Sibirien geschickt würde. Er hatte von allem und jedem die Schnauze voll. Da klang Amerika, wovon sein Vater so oft geträumt hatte, wie eine Verheißung. Hamburg – das Tor zur Freiheit. Das einzige Problem bestand darin, daß Bubi 15 war und wie 13 aussah. Kein Kapitän konnte so ein schmächtiges Etwas auf seinem Schiff gebrauchen.

Bevor der Traum vom fernen Amerika völlig von ihm Besitz ergreifen konnte, sattelte er auf Grenzschleuser um und brachte nachts Illegale über die grüne Grenze von der sowjetischen in die englische Besatzungszone und umgekehrt. Bald hatte er das Geld für die Rückfahrt nach Berlin zusammen, und sein Rucksack steckte voller Lebensmittel.

Die Geschwister waren mal wieder auf Hamstertour bei Hamburg. Sie saßen mit einem Eimer Äpfel und ein paar Heringen im Zug nach Berlin.

»Tag.«

Mit müden Augen und eingefallenen Wangen stand eines Tages, der Krieg war schon seit Monaten vorbei, Willi in der Tür. Grethe nahm die Hände vor den Mund und starrte in das ihr fremd gewordenen Gesicht. Sie wußte nicht, ob sie weinen oder lachen sollte. Mechanisch legte sie die gebügelte Hose eines amerikanischen Soldaten zusammen.

»Willi!«

»Papa, schön, daß du da bist.« Die kleine Heidi umarmte die schlabbernden Hosenbeine des Vaters. »Du lebst!«

»Ja – schön, daß ihr da seid – und daß das Haus noch steht. – Von wem ist die Hose?«

»Willi …« Fassungslos blickte Grethe in die bohrenden Augen ihres Mannes. »Das ganze Haus wäscht für die Army. Bubi hat das organisiert.«

»Ach so. Wo ist er und – Hilde?«

»Die sind beide auf Hamstertour. Komm her, laß dich umarmen.« Grethe konnte ihre Tränen nicht mehr halten. »Warum kommst du erst jetzt?«

»Einer unserer tschechischen Zwangsarbeiter hielt mich versteckt. Er meinte, es sei zu gefährlich für mich auf der

Straße. Sie hätten schon viele Deutsche erschossen oder verschleppt. Vor einem Monat habe ich es dann nicht mehr ausgehalten – die Ungewißheit über euch und das Eingesperrtsein. Ich bin nachts losgelaufen, immer nach Norden.«

Das war alles, was über diese Zeit aus seinem versteinerten Gesicht zu erfahren war.

»Schaut mal, was ich bekommen habe!« Hilde stand mit einer lebenden Gans unterm Arm in der Tür. Das Geschenk einer Bäuerin hatte sie, wie ein Wunder, heil in die Choriner Straße gebrachte. Die Familie war so aufgeregt wie die Gans. Im Hof vor den abgebrannten Fassadenresten des Hinterhauses hüteten Bubi und Hilde abwechselnd das Tier, das noch schön fett werden sollte. So gelang das Unvorstellbare: Das Tier ging nicht ein, und es wurde nicht gestohlen. Weihnachten 1946 saß die ganze Familie vor einer gebratenen Weihnachtsgans.

Das Tauschgeschäft erlebte eine enorme Blüte, und Bubi ging darin auf. Der Schwarzmarkt an der Ecke Gormann- und Lothringerstraße wurde seine Welt. Brot, Butter, Speck, Kaffee – alles organisierte er. Hauptsächlich mit Zigaretten, den Lucky Strike, die er für seine Wäschelieferungen in Zehlendorf bekam.

»Ich brauche ein paar Amis«, sprach ihn ein Freund an der Haustür an.

»Wieviel?« Bubi hatte die ganze Jackentasche voll.

»Kannst du mir bis morgen zwanzig leihen?«

»Nee, leihen is nich!«

»Morgen hab' ich wieder gutes Öl, da bekommst du dann einen ganzen Liter.«

»Nee!«

»Mensch, Bubi, sei doch nicht so. Nur bis morgen. Ich hab' dir doch auch schon oft geholfen.«

»Für nichts gibt's nichts. Klare Devise. Hast du nicht irgend etwas, das du mir als Sicherheit geben kannst?«

Die Verhandlungen auf dem Schwarzmarkt hatten ihre

Spuren hinterlassen. Bubi war zu einem richtigen Geschäftsmann geworden. Geld war das einzige, was zählte.

»Ich hab' nichts.« Verzweifelt dachte Bubis Bekannter an seine Schulden, die er heute noch begleichen mußte. »Doch Bubi, mir fällt was ein.« Er holte aus seiner Tasche ein Paar braune Boxhandschuhe und hielt sie Bubi vors Gesicht.

»Als Pfand. Morgen bring ich dir das Öl.«

»Na siehste mal, ist doch besser als nichts.«

Bubi gab ihm die Zigaretten und hielt etwas befremdet die Boxhandschuhe in der Hand. In den nächsten Tagen war weit und breit von dem Freund nichts zu sehen. Bubi blieb auf seinen Handschuhen sitzen und schmiß sie verärgert über das schlechte Geschäft unter sein Bett.

Es eröffnete sich ein weiterer Geschäftszweig. Sein Vater arbeitete wieder bei Lindtström. Von ihm ließ sich Bubi Schallplatten mitbringen, die er ähnlich wie die Autogrammkarten verhökerte oder gegen Naturalien tauschte. Auch diesmal hatte ihn seine Nase nicht getäuscht. Sie rissen ihm die Platten fast aus den Händen. Jeder sehnte sich nach etwas Musik, ein Heilmittel, bei dem sie den ganzen Mist vergessen konnten und sich ein bißchen in eine schönere Welt hineinträumen und tanzen konnten. Bubi lernte seine ersten Tanzschritte mit seiner Schwester auf dem Dachboden.

Immer öfter wickelte Bubi seine Geschäfte abends ab. Es war Sonntag nach 23 Uhr, als er leise in die Wohnung schlich. Er hatte gehofft, daß alles schon schlief. Aber in der Küche brannte noch Licht.

»Gustav!« Die strenge Stimme seines Vaters verhieß ihm nichts Gutes.

»Ja, Papa?«

»Setz dich her. Ich will nicht, daß du dich auf dem Schwarzmarkt und in Tanzlokalen rumtreibst. Irgendwann ist diese Zeit vorbei, und du hast außer Schachern nichts gelernt.«

Aha, daher wehte der Wind.

»In den Nöckel-Werken war ich schon, wenn du das meinst, aber dort haben sie alles abgebaut und fortgeschafft«, antwortete Bubi.

»Willst du warten, bis der Russe die Maschinen wieder hinstellt? Es gibt auch noch andere Betriebe und andere Lehren, falls dir das bei deinen Streifzügen durch die Stadt bisher entgangen ist. Nächste Woche möchte ich einen unterschriebenen Lehrvertrag sehen. Jetzt ist Schluß mit dem Herumgelumpe, hast du mich verstanden, Gustav?«

Bubi nickte. Er saß da wie ein begossener Pudel. Vater war wieder ganz der Alte. Er hatte so spannende Tage in der letzten Zeit verbracht, daß er sich wünschte, es würde ewig so weitergehen. Einzig der ewige Hunger ging ihm auf die Nerven. Vielleicht könnte er zwei Fliegen mit einer Klappe schlagen. Bubi dachte dabei an seinen Freund Roman, der bei Aschinger Bäcker lernte und seitdem wohlgenährt aussah. Das wollte er auch lernen. Doch der Personalchef konnte ihm nur eine Stelle als Kochlehrling anbieten. Auch gut, dachte sich Bubi, besser sogar. Er träumte von Essensbergen – und fand sich beim Kartoffelschälen wieder, wie damals in der Kinderlandverschickung. Doch es dauerte nicht lange, da formte er schon Bouletten, und von den frisch gebratenen landeten immer einige direkt in seinem Mund. So war zumindest Vater beruhigt und der knurrende Magen befriedigt. Jetzt mußte er nur noch etwas für sein Seelenleben tun.

Man ging wieder in den Prater, ins Pullmann-Kino oder auf den Rummel. Bubi war immer dabei. Die mahnenden Worte seines Vaters vergaß er so schnell, wie er sie gehört hatte. Immer öfter rannte Bubi nicht mehr nach der Arbeit zum Fußball, sondern ging mit seinen Freunden in den Prater zum Tanzen. Die heimlich geprobten Schritte mußten gezeigt und die Mädels verführt werden. Bubi verliebte sich. Wenn die Angebetete am Tisch saß, pochte sein Herz aufgeregt. Wenn sie ihn zum Tanz bat, vergaß er all die eingeübten Schritte.

KAPITEL 3:
Der Weg des Herzens

Daß er für sich und seinen Weg selber verantwortlich war, war Bubi in den letzten Jahren des Krieges und danach auf drastische Weise klar geworden. Oft hatte er die Verantwortung für die Familie auf seinen Schultern gespürt. Dank seines Einfallsreichtums und seines Geschicks konnte er immer etwas Zusätzliches für seine hungrige Familie organisieren.

In seinen Wäschereiservice hatte er schnell alle Frauen des Hauses einbezogen. Leider litt sein Geschäft schon im Sommer 1946 unter den neuen eigenen Wäschereien der Army. Seit sein Vater ihn in die Lehre gesteckt hatte, war kaum mehr Zeit für die langen Wäschefahrten zwischen Zehlendorf und Prenzlauer Berg. Um an die heimliche Währung, Seife und amerikanische Zigaretten, zu kommen, blieb ihm wieder einmal nur der Schwarzmarkt.

Mit dem Einbruch der Dunkelheit suchte Bubi Abnehmer für seine Ware: aus Aschinger im Hosenbein geschmuggelte Mehlbeutel und Vaters Schallplatten, die dieser bei Lindström mitgehen ließ. Für kurze Zeit wurden Vater und Sohn ein Team, das Butter, Speck und Brot für die Küche organisierte. Als er immer öfter nach seinem Vater nach Hause kam, zerbrach das Zweckbündnis an der wiedererwachten Strenge seines Erziehers.

Zum Fußballplatz zog es Bubi so gut wie gar nicht mehr. Sein Herz schlug für die alten Vereine. Doch die Traditionsvereine wie Meteor 06 oder Alemannia waren unter Kunstnamen wie SG Prenzlauer Berg reformiert worden. Weg war jede Identifikation und Begeisterung, mit der Bubi für seinen Verein gespielt hatte. Seine Augen und sein Herz sahen anderswohin. Seine Clique wollte

dem grauen Trümmeralltag ein wenig Lebensfreude ab-
trotzen.

In ihren Oasen, dem Kaffee Nord oder dem Prater, der
schon das Vergnügungslokal ihrer Eltern und Großeltern
gewesen war, tranken sie ihr erstes Dünnbier. Bei Regen saßen sie in der spartanisch eingerichteten Baracke des Praters, in der bunte Lampions ein paar Farbtupfer setzten,
und ansonsten im Garten unter den blühenden Kastanien.
Hier zeigten sie ihre ersten Tanzschritte zu der Musikkapel-
le, die die neuesten Songs aus Amerika spielten, Boogie-
Woogie oder den jetzt nicht mehr verbotenen Tiger-Rag von
Kurt Widmann. Zu jedem neuen Lied forderten sie eine andere Frau auf. Die Auswahl war groß. In schwindelerregen-
der Schönheit saßen viele junge Witwen da, die sich einfach
amüsieren oder sogar einen Neuanfang wagen wollten. Für
die Jungs mit ihren 16 Jahren waren diese erfahrenen Frau-
en das Ziel ihrer Träume. Den harten Kern, der das alles fast
sportiv betrachtete, bildeten Bubi, sein neuer Freund Erwin,
Johnny und Gerhard. Die Frauen wechselten.

Es waren entscheidende Monate dieses noch jungen Jah-
res 1947. In Berlin warf der aufsteigende Kalte Krieg seine
langen Schatten voraus. Zwar hatten noch Gesamt-Berliner
Wahlen stattgefunden. Aber schon begann die Einigkeit der
Siegermächte zu zerfallen. An der Gestaltung der Berliner
Parteienlandschaft und der Besetzung von Posten scheiter-
ten die Ansätze einer gemeinsamen Zukunftsgestaltung.
Auch in Bubis Leben geschah etwas völlig Unerwartetes.
Für beide, die Stadt und ihren Sprößling, wurden 1947 die
Wege bereitet, die auf Jahrzehnte beider Leben bestimmen
sollten.

Bubi ahnte davon nichts. Für Politik interessierte er sich
nicht. Frisch rasiert, sah er im Spiegel nachdenklich auf seine gerötete Haut über den Backenknochen. Er spürte, wie
sich seine früh erzwungene Selbständigkeit in Kartoffel-
schalen und Bouletten zu verlieren begann. Dem Traum des
Wäschegroßhändlers zerplatzte an Vaters letztem Erzie-

hungsversuch wie eine Seifenblase. Bei jeder Hamsterfahrt stand ihm sein Vater zur Seite. Er versuchte, das im Krieg verlorene Terrain wiederzugewinnen.

»In einer Stunde bist du aber wieder da«, hörte er ihn jeden Abend sagen, wenn er mit seinen Freunden im wiedereröffneten Prater den Tag beschließen wollte.

Auch für den Schwarzmarkt, seinen kleinen anarchischen Freiraum, blieb immer weniger Zeit. Vater hatte seine alte Strenge wiedergefunden.

»Hallo Bubi, hat dein Alter dich rausgelassen?!«, stichelnten seine Freunde, wenn er für eine Stunde im Prater erschien.

Er träumte von der Zeit, als er mit seinem Fußball noch wer war, als er durch sein geschicktes Verhandeln und seine so kecke Schnauze, trotz seiner schmächtigen Gestalt, marktbekannt und geachtet war. Noch hänselten sie ihn. Aber er würde es ihnen schon zeigen, dem Gerhard, dem Johnny und auch dem Erwin.

Mit seinem Charme, dessen Einsatz er bei den Amerikanern perfektioniert hatte, und seinem offenen Lachen eroberte er sich beim Tanz ein Herz nach dem anderen. Allen voran eines, das nicht nur er sich gewünscht hatte. Am nächsten Abend präsentierte er seine Freunden souverän seine Eroberung.

»Darf ich vorstellen: Inge, meine Freundin!«

Das saß. Lässig schob er sich wieder die Zigarette in den Mundwinkel und genoß die neidvollen Blicke der versammelten Runde. Inge war eine der vielen Kriegswitwen. Wenn man genau hinsah, erkannte man in ihren Gesichtszügen die Spuren, die eine jahrelange Ungewißheit hinterlassen hatte. Nach einem kurzen Tanz und einem Bier verabschiedeten sie sich vom Tisch.

»Kommst du morgen wieder, Bubi?« fragte Erwin.

»Mal sehen. Vielleicht habe ich was Besseres zu tun.«

Schmunzelnd ging das Paar aus dem Garten.

»Dich hat's ja ganz schön erwischt, Bubi, was!«

Bubi saß mit seinem Freund Erwin eine Woche später im Prater. Im Hintergrund spielte die Kapelle.

»Ach was«, überspielte Bubi seine Verliebtheit.

»Und grad die Inge, in die hat sich hier ja schon fast jeder verguckt. Wie du das nur geschafft hast.« Bubi grinste und schwieg. Er genoß die wiedererwachte Achtung seiner Freunde, seit er mit diesem begehrten Geschöpf zusammen war. Da hatte er, der kleine Bubi, es endlich seinen großen Freunden zeigen können. Als ›Boulettenkönig, der selbst bei Aschinger nicht zu Kräften kommt‹ hatten sie ihn verspottet.

»Hallo Bubi!«

Inge holte ihn aus seinen Gedanken zurück und zauberte ein Lachen in seine Augen. Bildhübsch, etwas zu kräftig geschminkt, stand sie vor ihm in einem geblümten leichten Sommerkleid. Die Hände in den Hüften sah man ihre muskulösen Arme, die von harter Arbeit zeugten.

»Tanzen wir?«

»Tag Inge, klar.«

Stolz wie ein Pfau, nicht ohne sich noch mal nach Erwin umzublicken, geleitete er Inge auf die Tanzfläche.

»Schau nicht so neidisch, du wirst schon auch noch eine finden.«

Sein Freund Dieter war inzwischen an den Tisch gekommen. »Je dünner, desto bessere Chancen hat man hier anscheinend!«

»Paß auf«, warnte ihn Erwin, der noch schmaler war als Bubi.

»Was los?« Johnny setzte sich neben Dieter. Er hatte noch Uschi und Anni mitgebracht.

»Ach, unser Boxer droht mir.« Der dünne Erwin war wirklich Boxer, und zwar im Fliegengewicht.

»Na ja«, meinte Johnny, »Erwin ist nicht ohne, da würde ich mich schon etwas vorsehen. Ist Bubi wieder mit seiner neuen Flamme da?«

Erwin nickte zur Tanzfläche.

»Inge! Nicht zu glauben.«

Im Prater war man eine Familie. Jeder kannte jeden. Da fiel es auf, wenn ›Kiezfremde‹ sich hierher verirrten.

»Oha.« Gerhards Blick fiel auf den Eingang. »Wer kommt denn da?«

»Die kenn' ich vom Sehen«, sagte Erwin ernst. »Die sind aus Pankow. Wo die mit ihren Kreissägen auftauchen, gibt es Ärger.«

Die Jungs waren auf Brautschau. Herausgeputzt mit knallbunten Hemden, eine Zigarette im Mundwinkel und einem Strohhut auf dem Kopf, der ihnen den Spitznamen eingebracht hatte, schlenderten sie durch die Tischreihen. Ihre prüfenden Blicke wanderten über Uschi und Anni zu Inge, die gerade mit Bubi zurückgekommen war.

Sie setzten sich an den Nachbartisch.

»Drei Korn für die Damen und vier Wasser für die Herren.«

Unsicher stand der Ober mit dem vollen Tablett an ihrem Tisch.

»Können Sie alles wieder mitnehmen«, sagte Gerhard.

»Ist aber doch bezahlt.«

Der Ober baute die Gläser am freien Ende des Tisches auf. Aufmunternd prosteten die Kreissägen den Frauen zu. Kaum war der Ober weg, kam einer von ihnen, der größte, an den Nachbartisch.

»Na, keinen Durst?« Und zu Inge: »Darf ich um den nächsten Tanz bitten?«

»Danke nein«, antwortete Inge knapp, »ist schon vergeben«.

Sie gab Bubi einen Stoß, und beide gingen wieder in Richtung Kapelle.

»Paß ma uff, daß dir det Handtuch bei ner Drehung nich wegfliecht!«

»Bubi, Vorsicht!«

Erwin sah, wie der Hüne ihm das Bein stellte. Zu spät, schon lag er im Dreck.

»Ach, Bubi heeßt der Kleene, wie niedlich. Muß wohl noch loofen lernen.«

Er grinste zu seinen Kumpels am Nebentisch, die sich vor Lachen kaum halten konnten. Eine ohnmächtige Wut stieg in Bubi auf, am liebsten wäre er diesem Kerl an die Gurgel gesprungen. Das hatte noch niemand gewagt, ihn so vor seinen Freunden und seiner Freundin lächerlich zu machen. Wütend grub er seine Finger in den festgetretenen Praterboden bis er den Schmerz unter den Nägeln nicht mehr aushielt. Er wußte, er war machtlos gegen dieses Kraftpaket. Langsam stand er auf, haßerfüllt blickte er dem Pankower ins Gesicht.

»Is was, Kleener?«

Da hörte er Erwins Stimme: »He, laß meinen Freund in Ruhe!«

Der Riese wandte sich von Bubi ab und ging höhnisch lachend auf Erwin zu.

»Mensch, du bist ja noch kleener als dat Bubi, darfst du überhaupt schon …«

Erwin schüttete ihm ganz ruhig eines der Wassergläser ins Gesicht. Der Bulle sah rot. Er ballte seine Faust, holte aus und schlug zu. Erwin duckte sich schnell weg, und die Faust flog an seinem Kopf vorbei ins Leere. Jetzt holte er selber aus und in den Schwung des anderen schlug seine Faust wie ein Blitz unter dessen Kinn. Verblüfft drehte der sich einmal um sich selbst und landete mit großen, aufgerissenen Augen auf dem Boden.

Bubi hatte alles mit offenem Mund und staunenden Augen verfolgt. Am Ende der unvermeidlich folgenden Schlägerei waren ein paar Gläser zu Bruch gegangen, Tische und Stühle umgestürzt, und die Pankower hatten Leine gezogen. Die Clique leckte ihre Wunden, Bubi war arg mitgenommen, Johnny hatte einen Zahn verloren, Gerhard jammerte still und hielt sich seinen Magen, nur Erwin sah aus wie der junge Morgen.

»Mensch, wie du den fliegen hast lassen, das war schon eine Nummer.« Bubi war immer noch ganz beeindruckt von der Vorstellung Erwins.

»Kannst du auch, wenn du willst, ist alles eine Frage der Technik und des Timings. Ich sag nur ›Boxen‹.«

Erwin war schon mit 14 Gebietsmeister von Berlin im Papiergewicht gewesen. Bubi kam es gar nicht in den Sinn, Profi zu werden wie Erwin, der sich jetzt auf das Profiboxen vorbereitete, das – anders als das Amateurboxen – von den Alliierten nicht verboten worden war. Er sah das Boxen unter einem anderen Gesichtspunkt. Hochallergisch gegen jede Art von Demütigung, meinte er darin das passende Mittel zu erkennen, sich zu wehren und Respekt zu verschaffen. Er wollte nie wieder hilflos im Dreck liegen. Da konnte die Frau, die ihn hochhob, so schön sein wie Greta Garbo.

Zu Hause sah er nach den Boxhandschuhen, die seit dem mißglückten Tauschgeschäft unter seinem Bett verstaubten. Sollte dieser Mißerfolg des jungen Geschäftsmannes doch noch einen Sinn bekommen? Mit einem feuchten Tuch wischte er die Staubschicht von dem braunen, schrumpeligen Leder. Fast andächtig zog er sie langsam über seine Hände und klatschte sie gegeneinander. Sie fühlten sich seltsam weich und ungefährlich an. Damit sollte man jemanden schlagen, sogar totschlagen können? Er wußte nicht, daß die Polster mehr zum Schutz der eigenen Handknochen als der Gegner dienten. Bubi fuchtelte mit den Fäusten in der Luft umher und sah eher aus wie Buster Keaton als wie Joe Louis, dessen Bilder aus der Wochenschau er vor Augen hatte.

Im Hinterhof steckte er aus Trümmerziegeln seinen Ring ab. Als Linkshänder war es für ihn nicht schwer, Übungspartner zu finden, denen er seinen rechten Handschuh lieh. Fußball war wie weggeblasen. Jetzt spielte er Max Schmeling, mimte den Ex-Weltmeister Adolf Heuser oder schlüpfte in die Rolle von Joe Louis. Es dauerte nicht lange, da hatte er alle Nachbarjungs grün und blau geschlagen. Seine Reaktionsschnelligkeit, die ihn schon als Torwart ausgezeichnet hatte, machten es den anderen fast unmöglich, ihn zu treffen. Bald winkten sie schon ab, wenn sie ihn mit seinen Handschuhen vor das Haus treten sahen. Er hatte es sich mit seinen Trainingspartnern verscherzt.

Was nun? Warum, fragte er sich, sollte er nicht, wie Erwin, in eine Boxschule gehen? Im Nachbarbezirk Weißensee befand sich die Schule von Carl Schwarz, dem ehemaligen Schwergewicht-Amateur. Er schluckte heftig, als er die Hälfte seines kargen Lehrgeldes auf den Tisch legen mußte. Dafür durfte er jetzt einen ganzen Monat in dieser kleinen Boxschule in der Gustav-Adolf-Straße trainieren. Schwarz steckte ihn sofort in Probekämpfe mit erfahrenen Boxern. Seine Schnelligkeit und sein Reaktionsvermögen verschonten ihn von üblen Haken. Für Bubi ging es erst einmal darum, irgendwie aus diesen Kämpfen heil wieder herauszukommen. Bald zog er Seilspringen vor, außerdem versuchte er, den Sandsack in Schwingung zu versetzen.

Es war eine einfache, mit dem Notwendigsten ausgestattete Boxschule in kleinen Kellerräumen, wie sie damals oft in Berlin zu finden waren. Obwohl er sich unter Gleichgesinnten wähnte, fühlte Bubi sich ziemlich allein gelassen mit seinem Wunsch, das Boxen wirklich zu lernen. Von Technik oder gar Taktik war nie die Rede. Treffervermeidung wurde Bubis Ziel, Ducken und Ausweichen das einzige, was er in diesem Monat lernte. Er mußte auch deshalb sehr darauf achten, keine sichtbaren Spuren davonzutragen, da zu Hause außer seiner Schwester Hilde niemand von seiner neuen Passion wußte.

An einem Montag war Bubi wieder auf dem Weg zu Aschinger. In der Prenzlauer Allee lief ihm Erwin über den Weg.

»Daß man dich auch mal wieder sieht! Was treibst du denn so? Immer noch bei Aschinger?«

»Hm, ja.«

»Was macht das Boxen? Bist ja offensichtlich noch dabei.« Erwin spielte auf das dicke blaue Auge an, das ihn anblinzelte.

»Ja, aber ich hör auf. Das macht keinen Spaß. Lernen tu ich auch nichts, da in Weißensee. Der Schwarz verheizt mich an seine Talente. Inge liegt mir in den Ohren, daß ich keine Zeit und kein Geld habe. Nee, das ist es nicht. Was machst du jetzt? So ein guter Anzug! Bist du bei der Bank?«

Erwin mußte lachen. »Nein nein, hab ich von meiner Gage aus dem letzten Kampf gekauft. Ich bin doch jetzt Profi: zweihundert Mark! Da staunst du, was! Das ist nichts gegen die ganz Großen. Die bekommen hunderttausend, wie der Kölbling oder der Hoff. Na ja, was nicht ist, kann ja noch werden.«

»Echt? So viel?«

Unter diesem Aspekt hatte Bubi das Boxen bisher noch nicht betrachtet. Das war ja dreimal soviel, wie er in einem Monat Buckelei bei Aschinger verdiente.

»Mensch Bubi, du warst doch so begeistert vom Boxen. Ich glaube, Weißensee ist das Falsche für dich. Komm doch mal mit. Ich bin in einer richtigen Boxschule. Da wirst du Augen machen. Und wenn du Lust hast, kannst du da ja mal vorboxen.«

Bubis Augen wanderten über Erwins Anzug, der ihn in einen richtigen Herrn verwandelt hatte.

»Das kostet ja auch wieder nur.«

»Erst mal müssen sie dich überhaupt nehmen. Dann mußt du zahlen, aber tageweise. Und dann kannst du ja der Prüfungskommission vorboxen. Bist du erst Profi, boxt du für richtiges Geld. So wie ich.«

Die Aussicht, mit anderen, bei weitem spannenderen Handgriffen als bei Aschinger auch noch mehr Geld zu verdienen, beflügelte Bubis Fantasie. Dann könnte auch Inge nichts mehr gegen das Boxen sagen. Jede Woche würde er ihr einen großen Strauß Blumen schenken und sie abends wieder in den Prater einladen.

»Gut Erwin, ich schau mal vorbei. Wann bist du wieder dort?«

»Morgen abend.«

»Wohin muß ich kommen?«

»In die Olympia-Boxschule Wilmersdorfer, Ecke Kant.«

»Das klingt ja schon ganz anders als ›Schwarz‹. Ist im Westen, was? Feines Eck.«

»Na ja, geht so.«

Kaum hatte Bubi die Tür zur Olympia-Boxschule hinter sich zugezogen, spürte er diese ganz andere Luft, diese positiv geladene Atmosphäre, die hier herrschte. Erwin stellte ihn dem Leiter der Boxschule vor und suchte ihm einen gleichrangigen Partner für das Vorboxen.

Nach einer passablen Vorstellung meinte der Chef: »Na, wenn du willst, kannst du hier trainieren. Für zwei Mark, bist ja Lehrling, kannst du dich hier vergnügen.«

Das Flair der Schule, die Klasse der Boxer, die hier trainierten, und die wesentlich bessere Ausstattung zogen ihn magisch an. Von nun an verbrachte er jede freie Minute in der Wilmersdorfer Straße. Erwin zeigte Bubi die kommenden Boxgrößen und wies ihn auf die Boxprominenz hin, die sich hier die Klinke in die Hand gab: Heinz Seidler, der ehemalige Meister, schaute immer morgens herein, bevor er seine Würstchenbude aufmachte; Gerhard Hecht oder Conny Rux, der Schwarm aller Teenager, sahen den Nachwuchs an.

»Bubi«, flüsterte eines Tages Erwin, »schau mal, der Bülow!« Und da stand er leibhaftig im Raum: Arthur Bülow, der Entdecker von Schmeling. Immer auf der Suche nach einem neuen Max.

Bubi trainierte, indem er seine Augen und Ohren offen hielt, wenn die Trainer ihren Schützlingen Anweisungen gaben und diese sie dann umzusetzen versuchten. Mit den Augen stehlen, nannte er sein Lernkonzept. Eine Taktik, die er schon ganz früh auf dem Fußballplatz eingesetzt hatte. Seine Augen waren seine wichtigsten Lehrer. Sie saugten alle Bewegungen, Finten, Körperhaltungen und Schlagkombinationen wie einen Schwamm auf. Im Augenwinkel sah er zwei im Trainingsring boxen, und gleichzeitig imi-

tierte Bubi am Sandsack die jeweiligen Angriffs- und Abwehrmanöver.

»Bubi!« Erwin hatte ihn eine Zeitlang beobachtet, wie er
schwer schnaufend den Sandsack bearbeitete. »Nächste
Woche ist Vorboxen. Vergiß nicht, dich anzumelden. Ich
drück dir die Daumen.«

›Vorboxen‹ – ein Kribbeln durchzog seinen ganzen Körper. Seine Gedanken schweiften ab, und der Sandsack ver-
schwamm vor ihm zu einer unscharfen braunen Masse. Für
einen Moment meinte er, den festgetretenen Weg im Prater-
garten vor sich zu sehen. Die Aussicht, seinen Freunden, die
ihm schon Löcher in den Bauch fragten, wann er endlich
seine Boxlizenz habe, und Inge, die schon immer mißmuti-
ger wurde, weil sie ihn gar nicht mehr sah, die Lizenz unter
die Nase zu halten, beflügelte ihn.

In den nächsten Tagen war Bubi fast nur noch in der Boxschule, bei Aschinger machte er blau. Es kam der große Tag.
Erwin begleitete ihn in die Bendlerstraße zur Boxschule
Müller. Vor fast vier Jahren waren ein paar Häuser weiter
im Hof des Oberkommandos der Wehrmacht die führenden Köpfe des 20. Juli hingerichtet worden. An Politik, vergangene oder gegenwärtige, verschwendete Bubi keinen
Gedanken. Sein Gesichtsfeld beschränkte sich auf das ein-
geseilte Viereck, und seine Gedanken konzentrierten sich
auf den Gegner vor ihm. Die Herren der Prüfungskommission unter ihm nahm er nur verschwommen wahr. Mit dabei waren der Schwergewicht-Europameister Arno Kölbling und der Veranstalter und Ringrichter Gerhard Seewald.

»Fein gemacht«, meinte Erwin nach dem Kampf.

Bubi, verschwitzt und müde, ging mit gemischten Ge-
fühlen nach Hause. Nach ewigen zwei Wochen, in denen er
unausstehlich war, hielt er den ersehnten Umschlag der
Boxkommission in den Händen. Ungeduldig riß er ihn auf
und überflog die Zeilen. Wie angewurzelt blieb er in der
Haustür stehen.

»Na, ham se in der Lotterie jewonnen?« fragte der Postbote, als er das Haus wieder verließ.

Er sei körperlich noch nicht genug entwickelt, mußte Bubi lesen. In einem Jahr könne er ja noch mal … Wütend knüllte Bubi das Schreiben zusammen. Mit einemmal sah er vor sich ein unendlich tiefes Loch, aus dem seine schlimmsten Fantasien hervorsprudelten: Er würde immer der kleine Bubi bleiben. Oh, wie sie spotten würden, seine Freunde. Inge mit einem spitzen ›außer Spesen nichts gewesen, was?‹ Alles hatte er auf diese gottverdammte Lizenz gesetzt.

Auf dem Weg zu Aschinger wühlte es in ihm. Jetzt mußte er diese elende Lehre zu Ende machen. Was sollte er den anderen sagen? Dem Johnny, dem Gerhard und nicht zuletzt Erwin. Wie sollte er jetzt auftreten? Keiner würde ihn mehr ernst nehmen. Was bildeten sich diese Herren der Kommission bloß ein? ›Nein, so schnell geb' ich nicht auf! Jetzt erst recht!‹ sagte er sich. Ab jetzt trainierte er wie ein Besessener. Seine Freunde vertröstete er, er habe noch keine Nachricht erhalten. Nur Erwin wurde sein Mitwisser.

»Ich bleib dran!«

Erwin, von der Ernsthaftigkeit der Vorsätze seines Freundes überzeugt, half ihm, so gut er konnte.

»Als Solist wird das nichts. Du brauchst Betreuung«, sagte er eines Tages, als Bubi sich wieder am Sandsack abquälte, und stellte ihn dem stillen, besonnenen Lado Taubeneck vor, der schon bei Bubis Probekampf ein entwicklungsfähiges Talent gesehen hatte. Er war bereit, ihn für sein nächstes Vorboxen zu betreuen.

Was Bubi fehlte, waren Zeit und Essen. Vor allem Essen, seit er seine Lehre geschmissen hatte und als Fahrradbote für die Nationalzeitung unterwegs war. Was beim Essen nicht mehr funktionierte, bei der Zeit klappte es: Er nahm sie sich einfach. Immer seltener quetschte er sich an den Wochenenden in die überfüllten Züge, um irgend etwas zu erhamstern. Inge ging mit anderen Männern zum Tanz. Auch das war ihm egal. Er hatte sein Ziel klar vor Augen. Er arbeitet hart an seiner Kondition. Einmal noch versuchte Inge, ihn zu bezirzen, und machte eine Riesenszene. Bubi ließ sich nichts anmerken, aber ihre Worte saßen, nährten vergessen geglaubte Zweifel.

Wie weggeblasen war alle Unsicherheit, als er vor der Pressewand in der Boxschule stand und in den Berichten über den Kampf Arno Kölbling gegen Hein ten Hoff die Traumgagen las, die bezahlt worden waren. Das wollte er auch! Erst die Lizenz und dann das große Geld. Dieser Traum wich nie mehr von seiner Seite. Dafür, das wußte er ganz tief in seinem Inneren, lohnte diese Schinderei. Lange vor der Jahresfrist, die ihm die Kommission für den körperlichen Aufbau empfohlen hatte, meldete er sich zum nächsten Vorboxen an. Mit seinem Betreuer Lado Taubeneck an der Seite lief er ein. Das war der Beginn einer langjährigen Zusammenarbeit.

Taubeneck war damals 40 Jahre alt und strahlte eine wohltuende Ruhe aus. Sein Vertrauen stärkte Bubis Zuversicht. Taubeneck wußte genau, wie er das Selbstbewußtsein seines Schützlings stützen konnte. Die Reaktionsschnelligkeit war es gewesen, die ihn an dem Burschen von Anfang an fasziniert hatte und die ihn intuitiv dazu brachte, Bubi wie einen Sohn zu betreuen. Bubi schien die Schläge, egal woher sie kamen, vorherzusehen. Diese Auffassungsgabe, verbunden mit einem solchen Reaktionsvermögen, hatte er noch nicht erlebt.

Taubeneck selber war Kreuzberger und lebte mit seiner Frau in einfachen Verhältnissen. Er hatte noch nie das große Geld verdient. Aber darum ging es ihm auch nicht. Er wollte sportliche Leistungen fördern und jungen Menschen helfen, aus ihren Begabungen etwas zu machen. Ein Herzensmensch, der seine Menschlichkeit auch im harten Boxgeschäft immer bewahrte. Solch ein zurückhaltender und bescheidener Mann versuchte jetzt diesen ungestümen, 22 Jahre jüngeren, ehrgeizigen Burschen vom Prenzlauer Berg zu bändigen.

Der Kampf vor der Kommission war besser als sein erster, aber aus den versteinerten Gesichtern der Juroren war nicht zu ersehen, was sie davon hielten. Wieder herrschte ein langes Schweigen. Kein Brief war an Herrn Gustav Scholz adressiert. Das Warten wurde für ihn unerträglich. Der Druck, seinen Freunden endlich diesen Wisch unter die Nase zu halten, wuchs in dem Maße, in dem seine Hoffnung auf einen positiven Bescheid schwand.

Bubi ging nur noch pro forma zum Training, um den Freunden und ihren quälenden Fragen aus dem Weg zu gehen. Er spielte mit dem Gedanken, wieder bei Aschinger vorzusprechen, um vielleicht doch die Lehre zu beenden.

In der Boxschule stand Bubi mit seinem Sportkoffer unterm Arm vor dem Schwarzen Brett. Auf einem Plakat las er die Namen zu einer Nachwuchsveranstaltung in der Boxarena. Die meisten kannte er. Sie waren auch nicht besser als er, bloß hatten sie die Lizenz. Veranstalter war Gerhard Seewald, den Bubi von der Boxkommission kannte. Lustlos zog er sich um und schlug sich am Sandsack warm. Mit einemmal stand Seewald im Raum. Auf seinem Streifgang erfaßte er mit seinem geschulten Auge die kleine Auswahl, die sich ihm bot.

»Scholz!«

Bubi blickte von der dunkelbraunen Sandbirne auf. Verschwitzt und etwas befremdet antwortete er: »Ja.«

»Zieh dich an und ab zum Wiegen. Heut abend gibt's einen Kampf für dich. Das ist doch was, oder?«

Diesen bestimmten Ton kannte Bubi nur von seinem Vater.

»Wie, wann, wo?« stammelte er.

»Na, haste nich jelesen, heute abend in der Boxarena!«

Bubi wurde heiß und kalt. Jetzt, wo er ihn hatte, traute er sich einen richtigen Kampf nicht zu. Halbherzig – innerlich war er mächtig stolz – kam sein Einwand.

»Aber ich hab' doch keine Lizenz!«

»Sag mal, hast du dich nicht umgeguckt, wer in der Kommission saß: Ich! Also mach dir mal um die Lizenz keinen Kopf.«

Bubi verschlug es die Sprache. Praktische Dinge schossen ihm durch den Kopf. Weder Mundschutz noch Tiefschutz. Klamotten hatte er auch keine für einen Kampf. Eigentlich war er überhaupt nicht auf dieses langersehnte Ereignis vorbereitet.

»Und wer betreut mich?« fragte er Seewald.

Seewald kannte diese Aufregung vor dem ersten Mal. Er sprach ganz ruhig. »Der Lado kümmert sich um dich. Der betreut sowieso die Hälfte der Boxer heute abend. Ein Schützling mehr oder weniger macht ihm nichts aus. So, jetzt ab in die Leibnizstraße zum Wiegen. Ach ja, zweihundert Mark gibt's.«

Bubi wußte gar nicht, wie ihm geschah. Beim Wiegen traf er seinen Gegner, Horst Eichler, den ehemaligen Jugendmeister von Berlin. Ziemlich beeindruckt von dem Anblick des durchtrainierten und muskulösen Körpers fuhr Bubi nach Hause.

Mutter hatte Schlesische Klöße mit Specksoße und Zwiebeln, sein Leib- und Magengericht, vorbereitet. Ein Luxus in dieser Zeit. Sein Magen knurrte, aber Bubi gab ihm nicht nach. Die schweren Klöße jetzt zu essen wäre später im Ring tödlich. So mußte er schon vor seinem ersten Kampf hungern, was ihm später – allerdings wegen Gewichtsproblemen – noch öfter blühen sollte.

»Mama, hebst du mir bitte das Essen für später auf!«

»Wo das nur hinführen soll, Bubi. Meinst du, das ist wirklich das Richtige für dich?«

Mutter wußte inzwischen von der ›Freizeitbeschäftigung‹ ihres Sohnes. Vater war Gott sei Dank auf Hamstertour. Seine Schwester Hilde hatte er schon vor langem eingeweiht. Zum Glück war sie zu Hause.

»Hilde, ich brauch eine Hose!«

In Windeseile nähte sie aus einem alten Kopfkissenbezug

eine weiße Turnhose. In seiner langen und zerrissenen Trainingshose konnte er unmöglich in den Ring steigen. Für darüber mußte Mutters Bademantel herhalten – rot mit weißen Notenschlüsseln. Immer wieder zwickte er sich. Vor einer Stunde hatte er den Vertrag unterschrieben. 200 Mark! Das Dreifache von dem, was er als Lehrjunge verdient hatte.

Das Zelt an der Leibnizstraße war bekannt als ›Boxarena des Westens‹. 2000 Leute paßten in das Zirkuszelt. Draußen in einem alten Wohnwagen zogen sich die Boxer um und warteten auf ihren Einsatz.

Zur gleichen Zeit, als Bubi an einer kleinen Käsestulle kaute und in der U-Bahn auf dem Weg zu seinem ersten Kampf durchgeschüttelt wurde, saß ein 13jähriges Mädchen beim Abendbrot in der Düsseldorfer Straße in Wilmersdorf, unweit der Boxarena, und bettelt ihren Vater an, sie doch mitzunehmen zu dem Boxkampf. Ihr Zimmer war tapeziert mit Bildern von Conny Rux, sie hatte sogar schon ein Autogramm von ihm. Oft hatte sie ihr Vater zu Kämpfen mitgenommen. Nach vielem Stirnrunzeln, einem ›sei doch nicht so‹ von seiner Frau und einem guten Wort, das das Kindermädchen Mille für ihren Schützling eingelegt hatte, ließ sich Herr Druck umstimmen. Offensichtlich hatte seine Begeisterung für das Boxen auf die Tochter abgefärbt. Wenn seine Frau schon keinen Sohn in die Welt gesetzt hatte, dann sollte seine Tochter, wenn es ihr Spaß machte, ruhig mit zum Boxen gehen. Eine zweite Karte hatte er von einem Kunden zum Weiterverkauf bekommen.

»Meinetwegen.«

Ein strahlendes Kinderlächeln belohnte ihn. Das glückliche Mädchen drückte ihm einen Kuß auf die Backe und versprach, am nächsten Tag ganz früh ins Bett zu gehen.

Währenddessen hatte Bubi die Szene beim Wiegen und den kompakten Eindruck, den Eichlers Körper bei ihm hinterlassen hatte, vor Augen. Für den war er ein kleiner Fisch. Selbstbewußt hatte er zu Bubi gesagt: »So schlimm wird es heute abend schon nicht werden.« Er, der am nächsten Tag seine Hochzeit feierte, wollte es kurz und schmerzlos machen. Bubi dachte an Schwarz. Der hatte ihn auch gegen solche Brocken kämpfen lassen. Nur heil wieder rauskommen, dachte Bubi.

Im Grunde hatten diese Rahmenkämpfe, die auf den Hauptkampf hinführten, nur eine dramaturgische Bedeutung. Allerdings nicht für jene, die diese Kämpfe bestritten. Bubi spürte, wie sein Puls schneller schlug und es bis in seine Stirn hinauf kräftig pochte. Voller Lampenfieber starrte er ins Leere, sah nichts und niemand und wünschte sich, daß er alles schon hinter sich hätte. Aus dem Zelt hörte er Johlen, Klatschen und Schreie. Das Volk rief seine Helden. Er war an der Reihe. So ähnlich mußten sich früher die Gladiatoren gefühlt haben, dachte Bubi. Gut, hier ging es nicht um Leben oder Tod, aber um seine Geburt als Boxer. Das wußte er genau.

Äußerlich vollkommen ruhig schritt er erhobenen Hauptes durch den Gang, an Seewald vorbei, dem er kurz zunickte, auf das magische Viereck in der Mitte des runden Zeltes zu. Die Luft war rauchgeschwängert. Schon brannten ihm die Augen. Eichler erwartete Bubi im Ring, die Arme bequem über die Seile gelegt. Es hatte etwas Anrührendes, und viele konnten sich ein Lachen nicht verkneifen, als sie den Kleinen in dem Musiknotenbademantel durch die Seile klettern sahen.

Taubeneck gab ihm noch ein paar Tips. Er kannte Eichler. Aber die Worte flogen an ihm vorbei. Es war warm unter den Lichtstrahlern, die so stark blendeten, daß er das Publikum überhaupt nicht sah. Auch das junge Mädchen, das ihn kaum aus ihren Augen ließ, bemerkte er nicht. Sein Blick fiel auf Eichler, der sich seinen Mundschutz über die Zähne schob und auf den Gong wartete.

»Ring frei!«

Für ein neues Leben – ein Boxerleben.

KAPITEL 4:
Freunde am Wegesrand

Der Ringrichter gab den Kampf frei. Konzentriert blickte Bubi auf seinen Gegner. Er versuchte sich an die Schrittfolgen zu erinnern und die Schlagkombinationen aus dem Training ins Gedächtnis zu rufen. Alles war wie weggeblasen. Dieser transparente Raum zwischen den straff gespannten Seilen, der fast die Form eines Würfels hatte, wurde von Scheinwerfern aufgeheizt, als ob sie die Akteure noch zusätzlich stimulieren wollten. Hier, wo Hunderte von Augenpaaren auf jede Bewegung achteten, war alles ganz anders. Die scharfen Blicke seines Gegenübers, die hinter den vorgehaltenen Fäusten eine Lücke suchten, ließen keine Zeit für Tips oder Korrekturen.

›Er oder ich‹ – für Bubi, das wußte er, war es nicht nur sein erster Kampf, es war ein Überlebenskampf. Wollte er weiter im Ring stehen, durfte er diesen Kampf nicht verlieren. Wenn doch, war er vergessen, bevor ihn überhaupt jemand bemerkt hatte. Er beobachtete den ringerfahrenen Eichler und versuchte seine Schläge und Schritte nachzuahmen. Sofort rumorte es im Publikum, dem dieses zeitversetzte Spiegelboxen gar nicht gefiel. Bubi machte es Spaß. Es schien ihm spielerisch leicht, wie damals im Hinterhof, als er Max Schmeling mimte, bis keiner mehr von seiner Linken umgehauen werden wollte. Ein wenig tänzeln, sich ducken, zwei Schritte zurück und wieder ein Schlag auf die Deckung seines Gegners. Er fühlte sich richtig gut.

Plötzlich wurde der Handschuh, der auf ihn zuflog, immer größer und ehe er ausweichen konnte, knallte die Faust mit voller Wucht an seinen Kopf. Ein stechender Schmerz bohrte über seinem Auge. Wut stieg in ihm empor – über sich und über den Gegner. Nur nichts anmerken lassen, zähmte er sich und biß die Zähne zusammen. Entschlossen ging er auf Eichler zu. Seine Schläge donnerten nur so auf dessen Deckung. Er fand eine Lücke und traf. Eichlers Gesicht verzerrte sich, die Augen schielten auf seine getroffene Nase.

Gong. Die Erlösung für eine Minute. Drei Minuten waren wie im Flug vergangen. Bubi saß außer Atem auf dem Schemel in seiner Ecke. Taubeneck warf ihm mehr Worte als Eichler Fäuste an den Kopf. Jemand fächelte ihm mit einem Handtuch Luft zu. Bubi hörte nichts, blickte starr vor sich hin. Er witterte seine Chance.

Gong. Mit dem Schwung, mit dem er in die Pause gegangen war, kehrte Bubi zurück. Gleich zweimal schlug er Eichler zu Boden. Jetzt hörte er die ersten Anfeuerungsrufe derjenigen aus dem Publikum, die immer auf der Seite des Außenseiters sind. Ein junges Mädchen kreischte. Jetzt tänzelte er locker vor Eichler. Wieder kam völlig unerwartet diese Faust auf ihn zugeflogen. Zuerst spürte er den Ruck, der durch seinen Kopf ging, dann schlug er auf dem Boden auf. Mit der Zunge tastete er vorsichtig über seine Zähne, sie waren noch alle fest. Die Warnung von Taubeneck, »der kann hauen, paß auf deine Deckung auf«, kam ihm in den Sinn, als die Zahlen in sein Bewußtsein drangen. Verschwommen sah er die Riesengestalt des Ringrichters über sich. Benommen stand er auf.

»Boxen!«

Das Wort des Ringrichters schmerzte fast mehr als der Schlag. Bubi hoffte auf den Gong und Eichler setzte nach. Auch sein nächster Schlag traf. Bubi ging zu Boden. Die Anfeuerungsrufe wurden lauter, sie galten ihm! Er hörte seinen Namen. ›Die meinen mich.‹ Da hörte er die vertraute Stimme von Gerhard Reimann.

»Los Junge, steh auf!«

Mit ihm war die ganze Sportredaktion der Nationalzeitung eingelaufen. Sie hatten sich dafür eingesetzt, daß der

Fahrradbote Gustav Scholz die gut bemessene Dreistundentour zwischen Druckerei und Redaktion bekam. Wenn er schnell fuhr, konnte er so zwischendurch eine Stunde in die Boxschule trainieren gehen. Natürlich wollten sie ihn jetzt gewinnen sehen.

Er wußte, wenn er hier nicht mehr hochkam, war er aus, der Traum vom Boxen. Schon mit dem ersten Kampf zerplatzt, in Blut und Schweiß. Der Gong erlöste ihn.

»Schau her!« Sein Trainer hielt ihm einen Finger vor die Nase, um seinen Blick zu prüfen.

»Laß den Quatsch, ich bin klar!«

Für Bubi war die Besorgnis seines Trainers fast eine Beleidigung. Nee, so nicht, sagte er sich. Er lag hinten, das wußte er. Jetzt mußte er alles riskieren. Drei Minuten blieben ihm, drei entscheidende Minuten. In der letzten Runde dachte er nichts mehr, schnaufte in seine Fäuste und suchte die Lücke. Intuitiv bewegte er sich richtig. Jetzt paßten auch seine Schläge. Eichler ging zweimal zu Boden.

»Gut gemacht, Bubi.« Taubenecks Lob ließ ihn alle Schmerzen vergessen. Der Ringrichter bat die lädierten Kontrahenten in die Mitte.

»Sieger nach Punkten – Gustav Scholz.«

Jetzt war er nicht mehr zu halten. Er hatte es ihnen allen gezeigt. ›Ich habe gewonnen! Ich habe das Zeug zu einem Boxer! Soll noch einmal einer über mich lachen!‹ Er riß die Arme hoch und hüpfte vor Freude durch den Ring.

»Bravo, Bravo!« Auch das junge Mädchen war von seinem Platz aufgestanden. »Der ist ja toll. Gefällt er dir auch, Papa?«

»Hat sich nicht schlecht gehalten. Muß halt noch ein paar Pfund auf die Rippen bekommen. Nana, du wirst doch nicht deinem Conny Rux untreu werden?«

»Iwo, aber den Nachwuchs muß man im Auge behalten. Das sagst du doch immer.«

Alle beglückwünschten sie ihn, das Schulterklopfen nahm kein Ende: die Trainingspartner, die gesamte Sportredaktion und sogar die anderen Fahrradboten, die ihn noch vor Monaten lauthals im Hof der Redaktion ausgelacht hatten, als er ihnen sagte, er wolle Boxer werden. Das gesamte Publikum klatschte anerkennend. Eine lang entbehrte Zufriedenheit strömte bis in seine Fingerspitzen. Er war glücklich.

Während Bubi zum Umziehen im Wohnwagen verschwand, blickte ihm sein Trainer mit einem zufriedenen Lächeln hinterher. Wenn ihn nicht alles täuschte, hatte seine Nase ein Talent aufgestöbert.

Mit einem zugeschwollenen Auge schleppte sich Bubi das Treppenhaus in der Choriner Straße hinauf. Alle Knochen schienen aneinander zu reiben. Den ganzen Weg in der U-Bahn hatte er von den Mittagsklößen geträumt. Mutter stellte ihm einen dampfenden Teller auf den Tisch.

»Ich habe gewonnen Mama, Hilde, ich habe gewonnen!« Gierig schob er sich einen riesen Bissen in den Mund, den er sofort wieder ausspuckte. »Au!« Sein Mund brannte wie Feuer. »Scheiße! Ich kann nicht essen Mama, meine Lippen, ich hatte doch keinen Mundschutz.«

»Da siehste mal. Entweder Essen oder Boxen. Ich will ja nicht wissen, was Papa dazu sagt, wenn er dich so sieht.«

In ihrer Hilflosigkeit wußte Bubis Mutter nicht, was sie zu der Boxerei ihres Sohnes sagen sollte.

Am nächste Tag entschädigten die Zeitungen für die unpassenden Worte seiner Mutter und das blaue Auge aus dem Ring. Bubi kaufte sie alle und blätterte aufgeregt durch die Lokalsportseiten. In vier Zeitungen las er wirklich seinen Namen. Schwarz auf weiß. Einmal hieß es: ›Der knabenhaft debütierende Rechtsausleger Scholz erzielte einen Punktsieg gegen Eichler durch sechs Niederschläge und beachtliche Technik, obwohl er selbst dreimal auf die Bretter mußte.‹

»Das kann doch nicht sein!« Ungläubig hielt er 160 Mark in der Hand. »Es waren doch 200 ausgemacht.«

»Zehn Prozent für Taubeneck und zehn Prozent Hanne Loof. Das ist immer so. Hat dir das noch niemand gesagt?«

»Nee!«

»Dann weißt du es jetzt.«

Seewald verabschiedete Bubi, der innerlich kochte. Von dieser Regel zugunsten der Manager und Trainer hatte ihm noch niemand etwas erzählt. Doch noch konnte er seine Börse nicht bestimmen. Er mußte über jeden Kampf froh sein, der ihm angeboten wurde. Im selben Jahr waren es noch vier Kämpfe. Er tingelte durch die Berliner Kleinring-Meetings. Endlich, nach seinem dritten Kampf, war seine Zeit als Qualifikant vorbei. Er hielt die offizielle Lizenz in seinen Händen: Jetzt war er Berufsboxer.

Damit war es an der Zeit, seinem Vater reinen Wein einzuschenken. »Papa, ich habe mit der Kochlehre aufgehört. Ich werde boxen.«

Auch wenn er es immer wieder versuchte, Willi hatte eigentlich keine Macht mehr über seinen Sohn. »Gustav, du lernst aus! Wenn du einen Beruf hast, kannst du machen, was du willst. Kannst dir die Birne von wem du willst weichklopfen lassen.«

»Papa, ich habe einen Beruf!« Er legte ihm die Lizenz auf den Tisch. »Ich bin Boxer. Und zu Aschinger, da kannst du dich auf den Kopf stellen, gehe ich nicht mehr. Ich habe sowieso schon eine andere Arbeit, als Kurier bei der Zeitung. Da bleibt mir wenigstens Zeit fürs Training.«

Sein Vater sah ihm in die Augen, die mühelos dem strengen Blick standhielten. Er murmelte etwas von »solange du deine Beine unter meinen Tisch stellst …«

»Papa, das kann ich auch woanders.«

Sofort packte Bubi ein paar Sachen zusammen und zog für ein paar Tage zu Inge, mit der er sich wieder einmal versöhnt hatte. Am liebsten wäre Bubi ausgezogen, aber dafür reichte das Geld nicht und Wohnungen gab es auch nicht. Es dauerte nicht lange, da schickte Vater Hilde zu Bubi und ließ ihn wissen, er könne wieder nach Hause kommen. Es war die Kapitulation vor den geschaffenen Tatsachen und dem Willen seines Sohnes.

Die sportliche Bestätigung kam aus der Boxerszene. Der Berufsboxer Gerhard Rhode lobte ihn außergewöhnlich: »Das Zeug zum Weltmeister hast du.« Ermahnte ihn aber gleichzeitig, das Lotterleben – Tabak, Alkohol, Tanzen – seinzulassen. Bubi hatte Blut geleckt. Zwar glaubte er nicht an Rhodes Prophezeiung, aber er war bereit, alles für seinen Erfolg zu geben. Rauchen hörte er von einem Tag auf den anderen auf, und auch auf den Alkohol verzichtete er. Er fühlte sich anerkannt, hatte zwischen den Seilen Halt gefunden. Alles andere schmiß er über Bord. Ihn lockte der ferne Ruhm, und der Duft des Geldes stieg ihm in die Nase. Vor sich sah er eine luxuriöse Glamourwelt, die ihn aus dem Elend herausholen konnte. Einem Elend, das seit der Blockade viele Berliner auf das Nachkriegsniveau von 1945 zurückgeworfen hatte. Zum ersten Mal erkannte er die reale, wenn auch weit entfernte Chance, das zu erreichen, wovon er so lange schon träumte: Frauen, Autos, Ruhm und Glück.

Für seine Freunde wurde er langweilig. Wenn er mal mit ihnen ausging, sah er schon nach fünf Minuten auf die Uhr und redete davon, früh aufstehen zu müssen. Er trainierte wie ein Besessener.

Es war die Zeit, in der sich abzeichnete, daß sich Berlin in zwei Lager spalten würde: Ost und West. Bubi hatte sich für den Westen entschieden, den seines Boxumfeldes und den der D-Mark.

Doch gerade an Geld fehlte es ihm in der Zeit. Und es sah zu Beginn des Jahrés 1949 auch gar nicht danach aus, als ob etwas hereinkommen würde.

»Na, wann boxt du denn mal wieder?«, lautete die tägliche Frage seiner Kurierkollegen.

Mit der Währungsreform hatten sich die Schlangen vor den Brotgeschäften zu den Pfandhäusern verlagert. Von zehn Reichsmark waren den gebeutelten Sparern, die alles getan hatten, um ihre Sparbücher heil über den Krieg zu bringen, 65 Pfennige geblieben. In Berlin waren 200 000 Menschen arbeitslos. Wer hatte da schon Geld für einen Boxkampf? Ein nächster Kampf schien immer weiter in die Ferne zu rücken. Bubi trainierte nur noch halbherzig. Er wußte nicht, wie es weitergehen sollte.

Bubi und sein fürsorglicher Trainer Taubeneck brüteten bei einer Tasse Kaffeersatz über einen Ausweg aus dem sich abzeichnenden Strudel ins Nichts. Es sah trübe aus, wie in ihren Tassen, deren Böden sie mit den Löffeln durchzuschaben schienen.

Ein eleganter, großgewachsener Herr trat an ihren Tisch. Die markanten Gesichtszüge kamen Bubi bekannt vor.

»Guten Tag, Herr Taubeneck, Herr Scholz. Darf ich mich einen Moment zu ihnen setzen?«

Taubeneck sprang sofort auf. »Aber natürlich. Guten Tag, Herr Schunke.«

Bubi erinnerte sich. Er hatte diesen Herren, einen ehemaligen Offizier und Boxbegeisterten, schon öfter in der Olympia-Boxschule gesehen.

»In der Schule sagten sie mir, ich könnte Sie hier finden. Mir ist aufgefallen, daß Sie in der letzten Zeit nur noch halbherzig trainieren. Schade! Sie sind dabei, Ihr Talent zu vergeuden. In Ihnen steckt das Zeug zu einem ganz großen Boxer.«

»Das habe ich schon öfter gehört«, fiel ihm Bubi ins Wort.

»Bleiben Sie dran, Herr Scholz.«

»Sie haben gut reden! Kein Kampf, kein Geld. Kein Geld, kein Trainer. Herr Taubeneck muß sich jetzt jemanden suchen, der nicht nur boxen, sondern ihn auch bezahlen kann. Ich kann leider nicht zaubern.«

»Ich möchte Ihnen ein Angebot machen«, sprach Schunke. »Ich übernehme die Trainingskosten und versorge Sie mit dem Notwendigsten – was man so braucht, um ein paar Pfund auf die Rippen bekommen.«

»Und was wollen Sie dafür?«

»Ich möchte nichts weiter, als daß Sie sich auf das Boxen konzentrieren. Ich bin ein alter Boxnarr, immer nur als Zuschauer. Ich möchte Sie im Großring sehen.«

»Das ist sehr großzügig, Herr Schunke. Wir nehmen Ihr Angebot gerne an.«

Taubeneck schaffte Tatsachen, bevor Bubi Luft holen konnte. Über soviel selbstlose Spendierfreude konnte sich Bubi nur wundern. Ihm, dem nie etwas geschenkt worden war, wedelte jetzt ein gutbetuchter Herr mit 50-Mark-Scheinen frischen Wind ins Gesicht. Nur die andauernden Tritte gegen sein Schienbein hielten seine Lippen geschlossen.

»Der ist in Ordnung«, sagte Taubeneck, als sich Schunke verabschiedet hatte.

Fortan erschien Schunke mit großen Taschen in der Boxschule: Bubis Freßpakete. Die zurückhaltende Art Schunkes überzeugte Bubi, das gesicherte Training und die Lebensmittellieferungen ohne viele Fragen anzunehmen. Es war aber nicht das einzige, das sich mit dem Auftauchen des guten Geistes Schunke in seinem Leben änderte.

Während sich die Spaltung der Stadt immer deutlicher abzeichnete, vollzog auch Bubi die Trennung von seinem östlichen Heimatkiez, dem Prenzlauer Berg. Inge hatte sich schon vor einer ganzen Weile aus seinem Leben verabschiedet. Die Freunde traf er auch nicht mehr, seit er dem Prater fernblieb. Den ständigen Auseinandersetzungen mit seinem Vater über seinen Beruf ging er aus dem Weg, indem er oft tagelang bei Boxfreunden übernachtete und sich zu Hause gar nicht mehr blicken ließ.

Eines Tages, Schunke hatte ihm mal wieder seine Lieblings-Salami mitgebracht, fragte er Bubi: »Willst du eine eigene Wohnung? Ich hab gerade was von einer Mansarde gehört. Nicht weit von hier.«

»Klar, sofort. Hm, was soll sie kosten?«

»Das laß mal meine Sorge sein.«

Ein Wunder! Endlich raus aus dem Arbeitermief. Dem

zur HO-Gaststätte verstaatlichten Aschinger endlich den Rücken kehren, dem leeren Amüsement im Prater, den Freunden, bei denen es nur nach der Klappe und nicht nach der Leistung ging, ein für allemal Adieu sagen. Innerlich jubelte Bubi wie nach seinem ersten Kampf und wäre Schunke am liebsten um den Hals gefallen.

»Sehr gerne! Danke schön!«

Mit diesem Umzug streifte Bubi seine Vergangenheit von sich ab. Von einem Tag auf den anderen zog er um. Viel war es nicht, was er in seine neue Wohnung mitbrachte. Er wohnte in der Nähe des Olympiastadions, wo ihn noch große Aufgaben erwarten sollten. Die Wohnung war einfach, aber es war seine. Schunke sorgte für anständige Kleider, einen Anzug, Schuhe und Mantel. So konnte er sich, woran ihm viel lag, mit ihm sehen lassen. Als erstes kaufte sich Bubi beim Trödler einen Spiegel, in dem er sich in den neuen Kleidern begutachten konnte.

Die Spuren des Arbeiterkiezes verwehte der Westwind. So wurde 1949 nicht nur für Berlin ein Schicksalsjahr. Für Bubi hatte das Jahr wie ein Traum begonnen, der Wirklichkeit wurde. Im Glücksrausch, hochmotiviert, trainierte er fleißig. Um eine gewisse Unabhängigkeit zu wahren, radelte er anfangs noch für die Zeitung. Doch obwohl sich alles so schön gefügt hatte, ein Kampf stellte sich nicht ein.

Nach drei langen Monaten hatte die Durststrecke ein Ende. Fünf Kämpfe, allerdings für Ostmark, waren unter Dach und Fach. Die Austragungsorte bargen manche Überraschung. An einem ganz besonderen Ort fand er sich am 23. April, elf Tage nach seinem 19. Geburtstag, wieder: im Prater. Genau dort, wo ihm sein Freund Erwin vor nicht einmal drei Jahren den Anstoß gegeben hatte, die verstaubten Handschuhe selber in die Hand zu nehmen.

Obwohl nur 500 Meter von seiner Familie entfernt, war in diesem halben Jahr, das er im Westen lebte, aus einem Heimspiel ein Gastspiel geworden. Für sie hatte er die Seite gewechselt, war ins feine, ins feindliche Lager übergelaufen. Seit Tagen zerrissen sie sich das Maul über ihn und das ›Fallobst‹, das er bisher vor seine Fäuste bekommen hätte. Endlich konnte er es den ewigen Spöttern zeigen.

An diesem Abend stand ihm mit Heinz Hintze ein erfahrener Boxer gegenüber. Mißtrauische Blicke waren auf ihn gerichtet. Johnny, der ihn fast erschossen hätte, stand neben Gerhard, den er unter Einsatz seines Lebens gerettet hatte. Inge, grell geschminkt und mit gefärbten Haaren, stand weit hinten, aber so, daß er sie sehen mußte. Natürlich war auch sein Vater da – ganz vorne. Vielleicht der einzige, der ihn vorbehaltlos unterstützte. Aber daran dachte Bubi in dem Moment nicht. Für ihn war es wichtig, endlich dieser ganzen Versammlung zu zeigen, daß aus dem kleinen Bubi, den sie alle gehänselt hatten, etwas geworden war. Daß er das geschafft hatte, was er allen gesagt und ihm niemand geglaubt hatte.

Die skeptischen Blicke, die die ehemaligen Freunde wie ein Netz über den Ring legten, verflogen erst, als er einen eindeutigen Punktsieg gegen Hintze errungen hatte. Jetzt jubelten sie ihm zu. Mit einemmal waren sie alle stolz auf ihren Bubi. Er spürte die Genugtuung, die sich angenehm in seinem Körper ausbreitete. Mit beiden Armen stützte er sich auf die Seile und ließ seinen Blick über die Menge schweifen, bevor er sich hinunterschwang und in ihren Umarmungen verschwand.

»Gustav!« Vaters Hand zog ihn im Gedränge zu sich herüber. »Prima, Junge. Willste nicht noch mit deinen Freunden in die Choriner kommen, Mutter hat was Kleines vorbereitet.«

Eine Stunde später saßen sie in der gediegenen holzbeschlagenen Sitzgruppe um den weiß gedeckten Tisch. Die Teller mit den Schnitten, den Gurken und Silberzwiebeln waren im Handumdrehen verputzt. Mutter küßte ihren Sohn liebevoll auf die Stirn. Vater ließ sich nicht lumpen und schenkte vom Selbstgebrannten aus. Es war die schönste Form der Anerkennung, die seine Eltern ihm geben konnten. Den Abend füllte vor allem der Schmeling-Entdecker Arthur von Bülow mit Anekdoten und Geschichten aus vergangenen Boxertagen. Die Börsen, die er nannte, verschlugen allen die Sprache. Nur Bubi traute sich, von diesen Summen zu träumen. Doch davon war er noch weit entfernt.

Drei Wochen später stand er wieder im Ring des Praters. An diesem Abend standen sie alle geschlossen hinter ihrem Bubi. Auch diesmal wollte er sie nicht enttäuschen. Konzentriert fixierte er seinen Gegner Hörauf. Er sah die Verunsicherung in dessen Augen – und nach einer Minute hörte Hörauf auf zu boxen, er lag k.o. auf der Matte. Die Börse mit 80 Ostmark war winzig, aber der unbeschreibliche Jubel wog alles auf.

»Mensch Bubi, hast du schon gesehen?«

Am nächsten Tag hielt ihm sein Trainer die Zeitung vor die Nase.

»Das bin ja ich!«

Unter seinem Konterfei konnte er lesen: ›Ist Bubi Scholz nicht reif für größere Aufgaben?‹

Der Satz traf seinen Nerv. Schunkes Worte kamen ihm in den Sinn. All die Anerkennung, sei sie aus der Boxwelt oder von Freunden, nützte ihm wenig, solange er in Kleinring-Veranstaltungen auftrat. Mit seinen großen Vorbildern und deren Börsen vor Augen kehrte er in seine Wohnung in der Reichssportfeldstraße zurück. Den Anfang hatte er geschafft. Aber nicht nur den Prenzlauer Berg, nein, ganz Berlin wollte er sich erobern. Dafür, das wußte er ganz genau, mußte er in den Großring. Seine Siege hatten ihn selbstbewußt, ja fast übermütig gemacht.

›Warum soll ich da nicht dabei sein‹, dachte er sich, als er in der Boxschule das Plakat zum Großkampftag am 26. Mai im Berliner Olympiastadion las. Den Hauptkampf bestritten Dieter Hucks, der Hufschmied aus Westfalen, und Conny Rux, der beliebte Boxstar der Berliner. ›Da will ich ins Rahmenprogramm!‹ Mit diesem Vorsatz ging er jeden Morgen vor dem Training zu dem Veranstalter Richard Stürmer und stellte immer wieder die gleiche Frage: »Können Sie mich nicht doch in das Rahmenprogramm für den 26. aufnehmen?« Nach zwei Wochen sah Stürmer die einzige Möglichkeit, diesen Quälgeist loszuwerden, nur noch darin, ihm einen Kampf zu geben.

»Dann in Gottes Namen«, seufzte er. »Fünfhundert Mark – Ostmark! – gegen Günther Pregla.«

»Dankeschön!«

Bubi hatte mal wieder seinen Kopf durchgesetzt. Von seinem Manager, der, außer die Hand aufzuhalten, nichts tat, hatte er sich inzwischen getrennt. Neben seinem stillen Gönner Schunke stand ihm sein Trainer Taubeneck treu zur Seite. Der staunte nur über die Chuzpe seines Schützlings.

15 000 Menschen im Olympiastadion, das war schon was anderes als der Prater-Garten. Aber Pregla war auch eine ganz andere Größe als Hörauf. Das Publikum war sowieso nur am Hauptkampf interessiert. Trotzdem blickten alle auf, als dieser attraktive, unbekannte Scholz in den Ring stieg. In seinem Blick lag wieder diese existentielle Gewißheit, nicht verlieren zu dürfen. Dann wäre er weg vom Fenster. Gegen den mit allen Wassern gewaschenen Pregla erreichte er mit Ach und Krach ein Unentschieden. Und gleich bekam er die Quittung: Richard Stürmer sah keinen Grund, den Kleinen noch einmal zu bringen.

»Du brauchst einen Manager. Du kannst nicht trainieren und dir nebenbei die Kämpfe besorgen. Außerdem muß mal Schluß sein mit diesen Ostmark-Abspeisungen, davon bekommst du ja nicht mal 'ne Currywurst beim Seidler.«

Taubeneck hatte recht. Bloß – wer konnte ihm Kämpfe verschaffen und D-Mark bezahlen? Da trat wieder einmal das Glück an seine Seite, das er neben Geld, Kraft und Köpfchen zur vierten Säule seiner Lebensphilosophie machte. Der gute Geist tauchte eines Tages in der Person von Fritz Gretzschel in der Boxschule auf. Neben dem Gespann Englert/Göttert war er der bekannteste Veranstalter von Box-kämpfen. Unter anderem betreute er Hans Stretz, den Mit-telgewicht-Meister, für den er gerade einen Rechtsausleger als Trainingspartner suchte.

»Kannst ja mal bei mir vorbeikommen, in der Herbert-straße 1 in Grunewald. Ich hab eventuell einen Vertrag für dich.«

So schnell wie er gekommen war, verschwand er auch wieder und ließ einen verdutzten Bubi zurück.

»Du Lado, der meinte wirklich mich!«

»Da mußt du dran bleiben. Der hat Verbindungen«, legte ihm sein Trainer ans Herz.

Noch ganz benommen von den Worten fuhr Bubi gleich am nächsten Tag zu Gretzschel. Er war ein grundsolider Geschäftsmann, Generalvertreter der Lackfirma Glasurit. Den zweiten Teil des Tages organisierte er Boxveranstaltun-gen. Nebenbei managte er auch ein paar Boxer. Ihm gefiel dieser junge, reaktionsschnelle und willensstarke Scholz. Seine freche Schnauze hatte ihm imponiert. Er beobachtete ihn schon eine Zeitlang und mußte oft an sich selber den-ken, wie er, der Waisenjunge, sich einst freigestrampelt und etwas Eigenes aufgebaut hatte. Gleichwohl blickte er etwas verdutzt drein über das prompte Erscheinen am nächsten Tag. Er bot ihm einen Vertrag als Sparringspartner von Stretz an.

»Nur, wenn ich bei ihrer nächsten Veranstaltung einen Kampf bekomme!«

»Na, du gehst aber ran.«

Gretzschel überlegte kurz. Die Direktheit gefiel ihm.

»Gut, einverstanden, Lausebengel.«

So kam Bubi zu seinem ersten Kampf für D-Mark und zu seinem ersten Auftritt in der Waldbühne. Gegen Erwin Völ-ker, einen erfahrenen 37jährigen, sah es am Anfang gar nicht gut aus. Aber Bubi wußte wieder einmal: verloren – vergessen. Wenn er nicht gewann, würde Gretzschel einem anderen eine Chance geben und ihn vergessen. Vorbei wären Westprämien, und der Weg zurück in die Kleinringe wäre unvermeidlich. Sein eiserner Wille peitschte ihn nach vorn, und am Ende konnte er den Kampf noch nach Punkten für sich entscheiden.

Damit hatte er zwar Gretzschel auf seiner Seite, aber die nächsten Kämpfe mußte er sich noch selber besorgen. Über die Wahl schlug Gretzschel die Hände über dem Kopf zusammen. Von einer taktischen Auswahl, die ihn langsam aufbaute, konnte keine Rede sein. Jeder Kampf war ein Überlebenskampf. Aber Bubi biß sich durch.

Dann kam der 5. November 1949. Der Veranstalter Gretzschel hatte Bubi in den Rahmenkampf gebracht. Gegen Herbert Tauber, da waren sich alle außer Gretzschel einig, hatte Bubi keine Chance. In dieser Nacht entdeckte Berlin sein Herz für den neuen Boxstern, ›det Filmjesicht‹, wie sie ihn nannten.

Es war sein erster Weltergewicht-Kampf. Die Verpflegung seines Freundes Schunke zeigte Wirkung. Zu Beginn gab es noch eine Schweigeminute für den tödlich verunglückten französischen Mittelgewicht-Europameister Marcel Cerdan. Später tobte die Sporthalle am Funkturm, als der absolute Außenseiter nach Punkten gegen Tauber gewonnen hatte. Über Nacht wurde Bubi Scholz zur Berliner Berühmtheit. Das erstemal bekam er als zusätzliche Prämien ›Naturalien‹. Die Leute sprachen ihn auf der Straße an, sogar sein Zeitungshändler an der Ecke schenkte ihm die Zeitung.

Gretzschel, der aus unerklärlichen Gründen öfter Chinesen-Fritze genannt wurde, sonnte sich in dem Bewußtsein, mit Bubi ein gutes Händchen gehabt zu haben. Schon arbeitete in ihm eine Langzeitplanung. Zuerst wurde er Bubis Manager.

»Geldverhandlungen, aber immer von Kampf zu Kampf, kein Pauschalvertrag.«

Bubi bestand auf seiner Position. Er wußte zu genau, daß in Gretzschels Brust immer zwei Herzen schlugen. Das des

Veranstalters, der sparen und verdienen wollte, und das des Managers, der ihm interessante Kämpfe besorgen wollte. Sie einigten sich auf Verhandlungen von Kampf zu Kampf.

Inzwischen trainierte Bubi nicht mehr in der Olympia-Boxschule, sondern bei Fritz Huhn an der Ecke Tieck- und Friedrichstraße. Es war zwar enger im Keller von Huhns Gemüseladen, aber dafür billiger, und vor allem trainierte dort der Ex-Mittelgewicht-Meister Fritz Gahrmeister, der sogar schon Dieter Hucks demontiert hatte. Bei ihm lernte Bubi viel. Die ersten Ansätze eines eigenen Boxstils entwickelten sich.

Aber Boxen war nicht alles. In die Freizeitgestaltung griff sein Freund Schunke, wie er ihn nannte, bestimmend ein. Mit dem jungen, aufstrebenden Sportler zeigte er sich gerne auf Einladungen und Empfängen. Dafür machte er mit Bubi einen Schnellerziehungskurs. Aus ›Icke‹ wurde ›Ich‹. Nach zwei Monaten sprach Bubi fast nur noch Hochdeutsch. Schunke brachte ihm Benimmregeln bei, die Bubi höchstens aus Filmen kannte, zeigte ihm, in welcher Reihenfolge er diese verwirrende Menge an Messern, Gabeln und Löffeln benutzen sollte, daß man Spargel schräg schnitt, die zurückhaltende Art des Handkusses.

Bubi lernte von Schunke die Umgangsformen für seine neue Welt. Was er noch nicht kannte, schaute er sich auf den verschiedensten Empfängen und Einladungen ab, zu denen ihn der Freund und Gönner mitnahm. In Gesellschaften, die den Krieg überstanden hatten, und wo selbst die neue D-Mark nur an ihrem Einführungstag in die erste Liga der Gesprächsthemen aufstieg, staunte Bubi über den Luxus, die Eleganz und Schönheit der Frauen. Er fühlte sich wohl, begann neben dem Training Tennis zu spielen. Stand er anfänglich noch etwas befangen am Rand, hatte er bald alle Scheu verloren und wurde zu einem gerngesehenen Gast. Jeder wollte den schönen und charmanten Boxer sehen.

Immer öfter ging Bubi selber auf Entdeckungsreise. Bald

hatte er die Kleinkunstbühne ›Badewanne‹ zu seinem Lieb-
lingsort erkoren, wenn er ›schunkefrei‹ hatte. In dem kleinen Keller-Kabarett in der Nürnberger Straße fand sich damals alles ein, was sich zum Künstler- oder Journalisten-
nachwuchs zählte. Bis in die frühen Morgenstunden saß er
bei dem intellektuellen Nachwuchs, bewunderte und lernte
eine bisher unbekannte Gesprächskultur und merkte, daß
er als Boxer von vornherein ein gewisses Ansehen genoß.

Wieder stand ein Umzug ins Haus. Von seiner Mansarde,
wo auch seine Freunde Horst Rieckmann und Robert Gaffron wohnten, ging es unters Dach zu Papa Gretzschel.
Noch hieß es sparen. Soviel brachten seine Kämpfe nicht
ein, und Gretzschel verlangte eine günstigere Miete. Von
seinem Ersparten kaufte er sich erst einmal Möbel. Natürlich mit seinen erboxten Ostmark im Osten. Einen prakti-
schen Kombischrank, ein Klappbett, Sessel und Couch,
ganz im chicen Stil der frühen 50er Jahre. Jedes Stück schaff-
ten sie einzeln über die Zonengrenze. Es war eine glückliche
Zeit, eine Zeit des Aufbruchs und der Veränderung, eine
Zeit überraschender Perspektiven und neuer Freunde.

Ein dritter guter Geist schwebte in dieser Zeit in sein Leben. Eine feenhafte Gestalt mit langen dunklen Haaren und
einem umwerfenden Lächeln auf ihren kessen Lippen stand
eines Tages neben ihm an Seidlers Wurstbude.

KAPITEL 5:
Der Sonne entgegen

Helga.

Hinter einem roten Luftballon wehten lange braune Haare im kühlen Novemberwind. Ein frischer Duft, der Bubi an eine blühende Sommerwiese erinnerte, durchzog das rußgeschwängerte Vorwintergrau Berlins. Vorsichtig näherte er sich dem Luftballon. Eine zarte Hand strich langsam bis zu den gerade geschnittenen Haarspitzen durch die glänzende Haarpracht. Sie fielen auf einen eng anliegenden Wollpullover, unter dem sich die Träger eines Büstenhalters abzeichneten. Wieder strömte dieser erfrischende Duft, der ihm bei noch keiner seiner Geliebten begegnet war, in die Nase. Sein Blick wanderte zur anderen Hand. Graziös hielt sie den Kupferdraht des Ballons. Am weggespreizten kleinen Finger glänzte ein silberner Ring. Ein angenehmer Ton drang an sein Ohr. Die klare Stimme, mit einem warmen Tonfall, bezauberte ihn. Er hörte gar nicht, was gesprochen wurde. Offensichtlich etwas Lustiges.

Plötzlich erhob sich ein lautes Stimmengewirr über diesen für ihn fast andächtigen Augenblick. Es waren mindestens sechs Teenager, wahrscheinlich aus der Ricarda-Huch-Schule in der Sybelstraße, die wie Gänse schnatterten. Er wandte sich wieder seiner Currywurst zu. Sein Blick traf sich mit dem Seidlers, der ihn beobachtet hatte. Seidler hatte keinen Luftballon vor der Nase. Er stellte den kichernden Mädchen drei Portionen Pommes mit Mayo hin. Seidler mußte schmunzeln und steckte sich eine Zigarette an.

Magnetisch zog es Bubis Augen zu dem zarten Geschöpf, das immer noch seinen Ballon so hielt, daß er das Gesicht nicht sehen konnte. Sie trug einen hellen Rock, der trotz des darüberfallenden Pullovers eine schmale Taille zeigte. Mit der freien Hand kramte sie gerade ein paar Münzen aus ihrem Geldbeutel, um die Pommes zu bezahlen. Wenn nichts geschehen würde, wäre sie in zwei Minuten verschwunden. Er wollte das Gesicht sehen, sie ansprechen, aber seine Zunge war wie gelähmt. Doch bevor die Fee entschwand, schickte ein Windstoß wie zum Abschied noch einmal den herrlichen Duft in seine Nase.

Wortlos nahm er die Zigarette aus Seidlers Hand und mit einem ohrenbetäubenden Knall ließ er den Ballon an der Glut zerplatzen. Er meinte ein 16jähriges Sonnenkind vor sich zu sehen. Feine schmale Gesichtszüge, und die Alabasterhaut blendete ihn beinahe. Die leicht geschminkten Augen sahen allerdings nicht sehr freundlich aus. Nach dem Knall war es still geworden an der Würstchenbude.

»Das war aber nicht sehr nett von Ihnen. – Bearbeiten Sie lieber Ihren Punchingball als die Luftballons von jungen Damen.«

Bubi mußte lachen. Die kecke Art dieses Mädchens gefiel ihm. »Oh, eine Boxfachfrau! Was man heutzutage alles in der Schule lernt … Heinz! Die kann sogar einen Luftballon von einem Punchingball unterscheiden!«

»Im Olympiastadion gegen den Pregla sahen Sie gar nicht gut aus. Mit viel Glück ein Unentschieden! Ich glaube, das kommt davon, wenn man sich ins Weltergewicht versteigt. Wenn ich Ihnen einen Rat geben darf, boxen Sie lieber wieder in Ihrer Gewichtsklasse, dem Leichtgewicht!«

Sie drehte sich auf dem Absatz um. Ihre Freundinnen lachten so laut, daß sich die Leute von den anderen Ständen umdrehten. Mit hochrotem Kopf, zornig und beeindruckt zugleich, sah Bubi diesem attraktiven Geschöpf hinterher.

»Ganz schön frech, die Kleine«, holte Seidler ihn an den Stand zurück.«

»Die gefällt mir!«

Dieser biestige Engel war ihm da begegnet, wo er vor gut einem Jahr in der Boxarena seinen ersten Kampf gefochten hatte. Jedes Jahr wurde hier im November der traditionelle

Martinimarkt aufgebaut. Bubi hatte schon wieder seine Boxschule gewechselt und trainierte jetzt in der Bleibtreustraße. Von dort waren es fünf Minuten zum Martinimarkt, wo er täglich vorbeischaute in der Hoffnung, die in seiner Erinnerung immer schöner werdende Gestalt wiederzusehen.

An Verehrung durch Damen mangelte es Bubi weiß Gott nicht. Nachts ging es im Gleichschritt über die Treppe in sein Zimmer, damit die hellhörige Frau Gretzschel meinte, er sei allein. Doch seit einiger Zeit dachte er nur noch an die namenlose Schöne an der Wurstbude. ›Wie treffe ich sie wieder?‹ Nach dem Training führte ihn immer der gleiche Weg vorbei an der Ricarda-Huch-Schule zu Seidler.

»War sie da?«

»Nee, Bubi. Schlag sie dir aus dem Kopf. Es haben noch viele Mütter schöne Töchter in die Welt gesetzt.«

»Danke Heinz, sehr aufbauend!«

Wütend ging Bubi davon, ohne seine Wurst zu essen. Ziellos schlenderte er über den Ku'damm. Als sein Ärger verraucht war, meldete sich der Hunger zurück. Er erinnerte sich an das Fischgeschäft in Höhe der Schlüterstraße. Die hatten gute Fischbrötchen. Als er wieder draußen in der Novembersonne stand, biß er herzhaft in das Brötchen, so daß die Mayonaise aus der Seite quoll.

»Na, wollen Sie in die nächste Gewichtsklasse?«

Bubi vergaß vor Schreck abzubeißen. Das sich auseinanderbiegende Brötchen verlängerte seinen Mund zu einer Affenschnauze, aus der das goldgelb panierte Fischfilet wie eine mächtige Zunge herausragte.

»Daf if awer eine Üwerraffung.« Seine Augen glänzten wie die Mayonnaise, die aus dem verlängerten Mund tropfte.

»Erst runterschlucken, dann sprechen, sagt meine Mutter immer.«

Bubi biß das Riesenstück ab und schluckte es fast ohne zu kauen hinunter.

»Schön, Sie zu sehen. Darf ich Sie ein Stück begleiten?«

»Klar.«

Sie drehte sich um und ging zu dem Laden neben dem Fischgeschäft: ›Parfümerie – feine Bijouterien‹.

»Aha, noch etwas für die Schönheit tun!«

»Da muß ich Sie enttäuschen. Wir frisieren nur Damen. Ich arbeite hier. Also, wenn ich aus der Schule komme. Es ist das Geschäft meiner Eltern, das heißt von meiner Mutter. Vater ist vor zwei Monaten gestorben.«

»Oh, das tut mir leid.«

»Jetzt muß ich halt öfter mithelfen.«

Der Friseurmeister Willi Druck hatte sein Geschäft am Kurfürstendamm nahezu unbeschadet durch den Krieg gebracht. Der Damenfrisiersalon lief seit der Entdeckung der Kaltwelle hervorragend. Die leidige Prozedur für eine Dauerwelle, die vorher bei 100 Grad nicht ungefährlich war, hatte ihren Schrecken verloren. In Scharen verwirklichten die Damen jetzt ihren Traum vom gelockten Haar. Schon Wochen vorher mußte man in der Parfümerie anrufen, um einen Termin zu vereinbaren. Bubis Schwester Hilde, die inzwischen auch im Westen lebte und gleich um die Ecke in einer Schneiderei am Olivaer Platz arbeitete, vereinbarte dort immer die Friseurtermine für ihre Chefin. Davon wußte Bubi allerdings nichts.

»Ja dann … Ich muß wieder …«

»Halt! Wie heißen Sie denn?«

»Helga, Helga Druck.«

»Ich heiße Gustav – Scholz. Aber alle nennen mich Bubi.«

Helga lachte auf. »Ich weiß. Das erstemal habe ich Sie drüben, wo jetzt der Markt ist, in der Boxarena auf der Matte gesehen. Ich habe mir fast die Seele aus dem Leib gebrüllt, damit Sie wieder hochkommen.«

Bubi meinte sich dunkel an ein lautes Rufen zu erinnern »Ach, Sie waren das! Gehen Sie oft zu Boxkämpfen?«

»Seit mein Vater gestorben ist, nicht mehr. Er hat mich immer mitgenommen. Jetzt muß ich aber wirklich! Mutter schaut schon.«

»Sehen wir uns wieder?«

»Sie wissen ja, wo Sie mich finden. Tschüs!«

Bubi wurde Stammkunde in der Parfümerie Druck. Die grünweißen Schaumatuben von Schwarzkopf stapelten sich neben den blauen Niveadosen in seinem kleinen Badezimmer. Bald war das steife ›Sie‹ verschwunden, und er wurde immer vertrauter mit der Parfümerie.

Die an die Seite geschobenen Gitter umrahmten das schlichte Schaufenster mit einer kleinen Auslage. Im vorderen Teil des Bijouterieladens gab es gängige Parfüms und außergewöhnliche Geschenkartikel. Zwischen den im Raum stehenden Vitrinen und den Wandregalen berieten Frau Druck selber oder eine Verkäuferin die Kunden. Für diejenigen, denen die Auswahl schwerfiel, stand im kleinen Innenbereich ein stoffbezogener Hocker. Durch einen Vorhang gelangte man in den hinteren Bereich, in dem von einem Gang sechs Kabinen abgingen. In Holz eingefaßte matte Glaswände trennten sie voneinander. Drei rechts und drei links. In jeder Kammer strahlte eine schöne alte Lampe auf den Frisierstuhl und die Hilfsmittel des Friseurhandwerks, die mehr wie Folterwerkzeuge aussahen: tonnenartige Trockenhauben und verkabelte Hauben für die Dauerwelle, die eher an die Erschaffung Frankensteins erinnerten.

Ein tiefer, lederbezogener Sessel stand vor einer Vitrine, auf der eine dieser alten großen Kassen thronte, die Bubi besonders imponierte. Rechts davon stand ein kleiner runder Tisch mit einer gehäkelten Decke und einer Blumenvase. Dort hatte der Friseurmeister Willi Druck mit einer Angestellten, die mit ihren langen blonden Haaren eine auffallende Erscheinung war, gearbeitet.

Helga war oft bei ihrer Mutter vorne im Verkaufsraum. Von Parfüms über einfachen Schmuck bis hin zu kleinen Ton- und Glasfiguren gab es alles, was das Herz begehrte. Den oberen Rand der Wandregale besetzten Kerzenleuchter, Nofreteten-Köpfe, besamtete Bilderrahmen, bemalte Porzellanteller, Figuren und Fläschchen. Das Geschäft strahlte eine erdrückende Gediegenheit aus. Diese vielen kleinen Dinge für kleine Wohnungen, auch wenn sie niemand so recht brauchte, waren gefragte Ikonen eines bescheiden erblühenden Wohlstandes.

Bubi kannte bald jedes Stück im Laden. Diesmal kaufte er einen kleinen Elefanten, ein Geburtstagsgeschenk für seinen Manager.

»Für den Dickhäuter!«

Helga und Bubi lachten herzlich. Mit skeptischen Blicken beobachtete Helgas Mutter das Geschehen durch den leicht zur Seite geschobenen Vorhang. Bubi wollte gerade das Geschäft verlassen, als sie nach vorne kam.

»Herr Scholz, wollen Sie uns nicht nächsten Samstag zu einem kleinen Betriebsausflug auf den Weihnachtsmarkt begleiten? Sie gehören ja fast schon zum Inventar.«

»Zu gerne, Frau Druck, aber da habe ich einen Kampf!«

»Das ist ja schade.«

»Ich komme nach, versprochen!«

»Na, da wird sich Helga freuen – nicht wahr, Helga?«

Etwas Seltsames lag in der Stimme von Frau Druck. Bubi überhörte das völlig. Er verabschiedete sich mit Handkuß. Glücklich über die erste Verabredung außerhalb des Geschäftes machte er sich auf den Weg zum Training.

»So, da bin ich.«

Ein strahlender Gewinner traf die Weihnachtsgesellschaft an einem Stand für Holzfiguren, denen der Qualm von Räucherstäbchen aus Ohren und Nasen stieg.

»Das ging aber schnell«, bemerkte Frau Druck.

»Ja, ich habe mich ein bißchen rangehalten.«

Bubi ging einen Schritt zurück und demonstrierte die Schlagkombination, mit der er seinen Gegner Georgi in der ersten Runde ausgeknockt hatte.

»Es gab einen guten Grund, mich zu beeilen.« Ein strahlendes Lächeln traf Helgas Augen. »Na, kein Luftballon heute?«

»Ich hab' ihn fliegen lassen, damit er nicht kaputtgeht.«

Ausgelassen schlenderten beide am Ende der Gruppe durch den Markt. Bubi wagte die ersten vorsichtigen Berührungen in unbeobachteten Momenten. Die Haut fühlte sich viel zarter an, als er sie sich in seinen kühnsten Träumen vorgestellt hatte. Helga genoß die erstaunlich sensiblen Boxerhände, deren Finger zärtlich über ihre weichen Nackenhaare glitten und langsam durch ihr Haar strichen.

Mutter Druck entging nichts. Sie sah alles. Ihre Wahrnehmung konzentrierte sich auf die verschwommenen Bilder in ihrem Augenwinkel und auf die Glasscheiben der Buden, in denen sich die Zärtlichkeiten spiegelten. Als Helga zu ihrem Lieblingsstand lief, um sich eine Tüte gebrannte Mandeln zu kaufen, ging Frau Druck mit ernstem Blick auf den Verehrer ihrer Tochter zu.

»Herr Scholz, was meinen Sie, wie alt meine Tochter ist?«

»Siebzehn. So wie sie redet, kann sie aber auch gut zwei Jahre älter sein.«

»Helga ist vierzehn. Entweder Sie haben also einen langen Atem, oder Sie sehen sich anderwertig um. Ich würde Ihnen letzteres raten. Sie sehen gut aus – noch! An Verehrerinnen fehlt es Ihnen ja nicht. Und erlauben Sie mir die Offenheit, ich glaube, ein Boxer ist nichts für meine Tochter.«

Den letzten Satz hatte Bubi schon gar nicht mehr gehört. Helga, noch ein halbes Kind! Die Worte verfehlten nicht die gewünschte Wirkung. Sie trafen härter als alle gegnerischen Haken, die er bisher einstecken mußte. Altersprobleme hatten sich seinem Eroberungsdrang bisher nie in den Weg gestellt. Weder bei den etwas robusteren Frauen vom Prenzlauer Berg noch bei den feineren Damen aus dem Westen. Wenn er das gewußt hätte …

»Auf Wiedersehen, Frau Druck. Tschüs Helga.«

Sie kam gerade mit einer Doppelpackung gebrannter Mandeln zurück. »Was ist los?«

»Ich habe vergessen, daß ich noch eine Besprechung mit meinem Trainer habe. Ich bin schon spät dran.«

Sprach's, drehte sich um und lief in Richtung Straße.

»Nimm doch wenigstens ein paar Mandeln mit!«

Bubi wandte sich kurz um. »Danke, ich muß auf mein Gewicht achten.«

»Kommst du morgen vorbei?«

»Weiß noch nicht. Muß trainieren.«

Bubi verschwand unter den bunten Glühbirnen in die Dunkelheit, die sich inzwischen über den Markt gelegt hatte.

»Mama, was hast du ihm gesagt?«

»Ich hab' ihm nur gesagt, wie alt du bist, und daß er sich das überlegen soll.«

»Du bist gemein!«

Helgas Augen wurden ganz klein. Voller Vorwurf trafen die Blicke ihre Mutter. Die Tränen, die sich den Weg über ihre Wangen bahnten, wischte sie mit dem Ärmel aus dem Gesicht.

Bubi nahm sich vor, in der nächsten Zeit nicht mehr an Helga zu denken. Er konzentrierte sich auf seine Boxkarriere. Da blieb keine Zeit für eine komplizierte Teenagergeschichte. Jeden Monat kam Gretzschel mit einen neuen Kampf. Er wollte ihn langsam aufbauen. Zusammen mit Taubeneck plante er den Erfolg.

Taubeneck erarbeitete mit Bubi eine präzise Strategie für den jeweiligen Gegner. Er schärfte seinen Blick für dessen Stärken und Schwächen. Taktisch war er so auf seine Aufgabe immer optimal vorbereitet. Für eine Steigerung seiner Kondition rannte Bubi bis zur völligen Erschöpfung um den Grunewaldsee. Er trainierte seinen Körper, bis ihn alle Muskeln schmerzten und er auf der Massagebank wieder entkrampft werden mußte. Diszipliniert bereitete er sich auf jeden Kampf vor. Der Lohn waren die Siege: 1950 siebenmal durch k.o. und fünfmal nach Punkten.

Bubis Popularität wuchs, und damit wuchsen auch seine gesellschaftlichen Verpflichtungen. Zu Feiern und Veran-

staltungen ging er oft in Begleitung von Schunke, Gretzschel oder Taubeneck und verließ die Gesellschaft mit einer
attraktiven Dame im Arm.

Auch die ›Hallos‹ in der legendären ›Badewanne‹ wurden lauter, wenn er an seinen Stammtisch kam. Freunde
und Fans drängten sich um den Tisch. Befreit von gesellschaftlichen Zwängen genoß er die ausgelassenen Abende
mit Wolfgang Gruner oder Jo Herbst von der Kabarett-
Mannschaft der Stachelschweine, oder Jam Sessions bekannter Musiker wie Duke Ellington oder Louis Arm-
strong, oft mit seinen Freunden Harald Juhnke und Hans
Rosenthal.

Die Berliner gingen wieder öfter zu Boxkämpfen. Das
Geld war nicht mehr ganz so knapp, und gespannt verfolgten sie den Weg des attraktiven Burschen, dieses so untypi-
schen Boxers. Alles, was der Berliner in sein Herz schließt,
bekommt einen Spitznamen. So dauerte es nicht lange, bis
sie ihn endgültig ›Det Filmjesicht‹ nannten.

Aber große Erfolge und vor allem auch internationales
Flair blieben außerhalb der deutschen Boxringe. Zu Euro-
pameisterschaftskämpfen waren deutsche Boxer noch nicht
zugelassen, und so wurde das Gastspiel von vier farbigen
Boxern aus den USA, das Manager Fred Kirsch organisiert
hatte, zu einer triumphalen Demonstration der hohen amerikanischen Boxkunst. Internationaler Glanz überzog die
provinzielle deutsche Boxwelt.

In Berlin trainierten die Amerikaner an gleicher Stelle
wie Bubi.

»Schau sie dir gut an!« kam es unisono aus Gretzschels
und Taubenecks Mund.

Daß sie etwas Besonderes waren, mußte ihm niemand
sagen. Er staunte nicht schlecht, als er sah, was die Jungs im
Ring veranstalteten. Egal ob ›Tiger‹ Jones, Ken Stribling,
Elkins Brothers oder Lloyd Marshall. Die ›schwarzen Diamanten‹, wie die vier auch genannt wurden, stellten zwar
›nur‹ die zweite Garde dar, ihren deutschen Gegnern wa-

»Det Filmjesicht« nannten die Berliner *»ihren«* Bubi, und tatsächlich war der Box-
Star dann Ende der 50er/Anfang der 60er Jahre als Film-Star im Kino zu sehen – wie
hier in *»Marina«* mit Georgia Moll.

Der achte Kampf: Am 23. April 1949 besiegt Gustav Scholz im Berliner »Prater«
Heinz Hintze.

Der erste Siegerkranz: Am 19. Mai 1951 wird Bubi Scholz in Berlin Deutscher Meister im Weltergewicht.

Sie scheinen besorgt zu schauen, Bubi Scholz, Trainer Lado Taubeneck und Manager Fritz Gretzschel – doch dafür bestand selten Anlaß: Bei seinen insgesamt 96 Kämpfen mußte Bubi nur zwei Punktniederlagen einstecken.

Einer von Bubis größten Triumphen: Den Titelkampf um die Box-Europameisterschaft im Mittelgewicht kann Gustav Scholz durch Aufgabe des Titelverteidigers Charles Humez in der zwölften Runde für sich entscheiden; der Kampf gegen den Franzosen fand am 4. Oktober 1958 in Berlin statt.

Es wäre die Krönung seiner Boxer-Karriere gewesen: Am 23. Juni 1962 kämpft Bubi Scholz in seiner Heimatstadt Berlin um den Weltmeister-Titel im Halbschwergewicht gegen den Amerikaner Harold Johnson.

Ein enttäuschter Verlierer: Die Punktniederlage gegen Harold Johnson – eine nicht unumstrittene Entscheidung – konnte Bubi Scholz nie ganz verwinden. Noch lange Jahre später sah er sich den Kampf auf Film immer wieder an.

Da hat er die Boxhandschuhe schon längst an den Nagel gehängt: Bubi Scholz im
April 1971 bei einer Arbeitsbesprechung in seiner Werbeagentur (oben). Mit Box-
Kollege Max Schmeling, den Bubi und seine Frau Helga hier auf dem Presse- und
Funkball 1976 in Berlin treffen, verstand er sich immer gut.

ren sie jedoch weit überlegen. Bei ihnen sah Bubi, wie man anders boxen konnte. Trotz seiner spärlichen Englischkenntnisse freundeten sie sich an, und Elkins Brothers wählte ihn als Trainingspartner. Er hatte sie wie ein Luchs beobachtet. Dennoch war es etwas ganz anderes, mit ihnen wirklich im Ring zu stehen. Intuitiv erfaßte er die Chance, die in diesem ungewöhnlichen Boxstil lag. Wie für sich maßgeschneidert empfand er Rhythmus und Spiel der Bewegungen. Aber es war ein langer Weg von der Beobachtung zur Umsetzung.

Ihr Boxen schien vollkommen improvisiert. Die Arme baumelten lässig an den Seiten. Mit hoher Beweglichkeit wichen sie mit lockerer Eleganz, wie sie nur bei Farbigen zu bewundern ist, den heranbrausenden Schlägen aus. Wenn sie überhaupt getroffen wurden, verpuffte die Wirkung der Schläge an ihren Schultern. Es wirkte provozierend, ja fast arrogant, es war aber, das mußte Bubi bald feststellen, eine sehr kraftsparende Art zu boxen. Da wurde nicht unnötig im Ring herumgelaufen. Die Beine standen ruhig auf dem Boden, die Arme deckten nicht mehr primär den Körper, und auch die Fäuste bildeten nicht eine Schutzmauer vor dem Gesicht. So hatten sie einen kürzeren Weg und konnten ansatzlos nach oben schnellen. Ohne die klassische Ausholbewegung konnten sie diesen einen Moment schneller, der über Sieg oder Niederlage entschied, ihren Gegner treffen.

Bald wußte Bubi, wie man am Seil seinen Gegner zu Unachtsamkeiten provoziert. Er wagte sich in den amerikanischen Infight. Auf engste Distanz, Körper an Körper, suchten seine Haken das Ziel. Bubi begriff diesen Stil als Chance. Mit ihm konnte er auf ökonomische Weise boxen, sein Timing optimieren, Kraft sparen und seine Gelenke schonen. Schnell verschmolzen seine alten Stärken mit der neuen Technik. Das Resultat war der für ihn charakteristische ›Bubi-Stil‹: elegant, treffsicher, kraftsparend, konzentriert.

Diese vier Diamanten, die zwar nicht der liebe Gott geschickt hatte, sondern ein geschäftstüchtiger Manager, bildeten die Basis, die aus einem Mittelklassemann einen Boxer werden ließ, der Boxgeschichte schreiben sollte.

Seinen neuen Stil setzte Bubi das erstemal im Kampf gegen Hans Häfner ein. Er ging aus dem Kampf, wie er hineingegangen war: ohne eine Schramme und mit einem klaren Punktgewinn.

Zum Weihnachtsboxen ging es nach Frankfurt. Wieder mußte Bubi, der Weltergewichtler, gegen einen Mittelgewichtler kämpfen. Aber mit seinem neuen Stil besiegte er auch den 13 Pfund schwereren Franzosen Stock. Die Presse lobte ihn, sprach schon von einem zweiten Marcel Cerdan, dem legendären Mittelgewicht-Meister. Nach ihm boxte Sugar Ray Robinson. Der Ausnahmeboxer war für einen Monat nach Europa gekommen und besiegte vier Gegner mit bewundernswerter Leichtigkeit. Der letzte in der Reihe war Bubis Stallgefährte Hans Stretz. Stretz kassierte eine bittere Niederlage.

Ein halbes Jahr später, am 19. Mai 1951, hatte Bubi seinen bisher wichtigsten Kampf: Es ging um die deutsche Meisterschaft im Weltergewicht. Sein Gegner hieß Walter Schneider und kam aus Celle. Das erstemal mußte Bubi über zwölf Runden gehen. Würde er diesen langen Atem haben und solch eine Strecke durchstehen? Darüber stritten Publikum und Experten.

Er würde. Die Berliner standen wie ein Mann hinter ihm. Nach zwölf Runden suchte die Stimme des Lautsprechers ihren Weg durch den ohrenbetäubenden Lärm der Halle.

»Sieger und neuer deutscher Meister – Gustav Scholz, Berlin.«

Überglücklich strahlte Bubi in die Blitzlichter der Fotografen. Nicht das letzte Mal sollte er diesen pieksenden Lorbeerkranz auf seiner schweißnassen Haut spüren.

»Wie fühlt man sich als deutscher Meister?« Ein Reporter hatte sich einen Weg durch die Gratulanten gebahnt.

»Ach – glücklich und so männlich!«

Stolz und voller Freude ging er zu seinem Trainer, nahm

Lados Hand und streckte sie wie ein Ringrichter in die Höhe. Alle 6000 im Saal jubelten ihnen zu. Über das Gesicht des kleinen Mannes, der seinen Schützling bis zu diesem Titel begleitet hatte, huschte ein verlegenes Lächeln.

Taubenecks Gedanken waren schon bei seinem zweiten Schützling: Hans Stretz. Unzählige Male waren Hans und Bubi im Trainingsring gestanden, seit Gretzschel den jungen Rechtsausleger engagiert hatte. Damals noch die Nummer eins in Gretzschels Stall, bestritt Stretz an diesem Abend den zweiten Hauptkampf. Nach der Frankfurter Niederlage arbeitete er an seinem Comeback. Sein Gegner war Heinz Sänger, den er von Anfang an dominierte. Er sah schon wie der sichere Sieger aus, als Sänger in der vierten Runde bei einem heftigen Schlagwechsel einen linken Haken an Stretz' Kinnspitze landete. Er war noch besinnungslos, als der Ringrichter ihn ausgezählt hatte.

Stretz' Abschied vom Ring hatte begonnen. Noch stand er eine Stufe über Bubi. Doch er war auf dem Weg nach unten, während Bubi fest entschlossen nach oben marschierte. Außer im Training boxten beide nie gegeneinander. Im Gegenteil, später ›testete‹ Stretz Bubis kommende Gegner. Bubis Stern sollte ungeschlagen am Boxhimmel erstrahlen.

Auf seinem Weg nach oben begleiteten ihn seit einiger Zeit auch wieder zwei Frauen. Frau Druck und ihre Tochter Helga. Nachdem sich Bubi von dem Schock auf dem Weihnachtsmarkt erholt hatte, besuchte er bald wieder seine begehrte Prinzessin in Mutters Geschäft. Ihr zeitloser Glanz hatte Bubis Leben gestreift und sollte ihn nicht mehr verlassen. Er begleitete sie nach Hause in die Düsseldorfer Straße, ging mit ihr ins Kino oder zum Tanztee. Er schenkte ihr Karten für seine Kämpfe. Der einzige Haken bestand darin, daß immer ihre Mutter dabei war.

»Solange Helga noch nicht sechzehn ist, werde ich immer an der anderen Seite von Helga gehen.«

Doch die unbekümmerte Hartnäckigkeit und offene Herzlichkeit, die dieser Boxer an den Tag legte, imponierten ihr.

Bubi akzeptierte die Spielregeln und nahm es sportiv: Im Ring mußte er jetzt auch längere Distanzen gehen. Bald war er bei Frau Druck wie ein Sohn aufgenommen. Er saß am Tisch in der Drei-Zimmer-Wohnung mit Helga, ihrer Mutter und Mille, Helgas Kindermädchen, die jetzt den Haushalt regelte. Er genoß die angenehmen Seiten dieser Fürsorge. Nach Papa Gretzschel war jetzt auch Mama Druck, wie er sie liebevoll nannte, Teil seines Elternersatzes. Sie schenkten ihm die Geborgenheit, die er bei seinen Eltern nur in seltenen Momenten erfahren hatte. Aber er wollte nicht Helgas Bruder werden! Die vielen Verehrerinnen, die um seine Gunst und Liebe rangen, langweilten ihn. Die Gedanken an Helga ließen ihn nicht los.

»Was findest du nur an diesem jungen Ding? Du kannst dich nicht retten vor Frauen und rennst mit Mutter und Tochter zum Tanztee, sitzt abends brav am Tisch und spielst Canasta und Skat!« Sein ehemaliger Wohnungsnachbar und Freund, Robert Gaffron, verstand die Welt nicht mehr.

»Du, das ist schwer zu sagen«, hörte sich Bubi selber reden. »Die ist anders als alle anderen Mädels.«

»Ach!«

»Das Wohlerzogene, Korrekte, Akkurate, das hat was. Sie ist schön, redet gewandt, ist kokett, ohne dabei ordinär zu werden. Dazu strahlt sie so etwas Unnahbares aus, das reizt mich.«

»O je! Das hast du ihr hoffentlich nicht gesagt.«

»Aber es ist so!«

»Und wenn du sie hast, was ja noch ein paar Jahre dauern kann, läßt du sie wie eine heiße Kartoffel fallen. Oder noch schlimmer, sie hat dich gezähmt.«

»Quatsch nicht so einen Blödsinn daher!«

»Jetzt reg dich nicht auf. Ich sag's dir als Freund, laß die Finger von der!«

Bubi ließ sich nichts sagen. Ganz im Gegenteil. Es gab für ihn nicht den geringsten Zweifel. So wie Boxen sein Beruf geworden war, würde Helga seine Frau werden. Davon war er fest überzeugt.

Einen Monat nach seinem Meistertitel feierte Helga ihren sechzehnten Geburtstag. Die in diesem Punkt unnachgiebige Mutter Druck gestattete ihr endlich das erste unbegleitete Ausgehen. Wie lange hatte Bubi darauf gewartet, allein mit ihr durch die Straßen zu gehen, im Kino den Arm um sie zu legen, sie zu küssen! Am Vormittag holte er seine beste Hose und sein schönstes Hemd frisch gebügelt aus der Wäscherei. Der Tag sollte etwas ganz Besonderes werden. Doch die zwei Befreiten standen völlig orientierungslos Arm in Arm auf dem Ku'damm. In ihrer Ratlosigkeit landeten sie auf dem Janicka-Dachgarten zum Tanztee. Exakt wie die letzten Sonntage, nur ohne Mama Druck.

Es dauerte aber nicht lange, da hatten sie sich an die neue Freiheit gewöhnt. Zwar begann Helga ihre Ausbildung in Mutters Laden, aber danach blieb ihnen viel Zeit. Bei dem Film *Lohn der Angst* vergrub Helga ängstlich ihr Gesicht in Bubis Schulter. Oft besuchte sie nach der Arbeit Bubi beim Training oder in seiner Wohnung. Arm in Arm spazierten sie um den Schlachtensee und träumten von einer gemeinsamen Zukunft.

An Zeit fehlte es 1951 nicht. Bubi verletzte sich ständig und war mehr mit Auskurieren als mit Training beschäftigt. Nur vier Kämpfe bestritt er in diesem Jahr, die er zu hohen Preisen gewann: gebrochenes Brustbein und gebrochener Mittelhandknochen. Er biß sich trotz der Verletzungen durch jeden Kampf und gewann. In den langen Zwangspausen wartete er beim Boxertreff ›Roxy‹ von Heinz Ditgens, wo er schon mit den schwarzen Diamanten viel Zeit verbracht hatte, die eine Hand in Gips, in der anderen ein Bier, auf Helga, bis sie aus dem Geschäft kam.

Im Sommer ging es mit Gretzschel und Stretz nach Spanien. In der Stierkampfarena von San Sebastian, vor einer begeisterten Kulisse, rang Bubi den spanischen Mittelgewicht-Meister nieder. Doch das Spanien-Gastspiel wurde abrupt durch den erneuten Bruch des Mittelhandknochens beendet, und Bubi war schon vor seinen Postkarten zurück in Berlin. Helga schloß ihn freudestrahlend in die Arme. Für Bubi begann wieder eine längere Zwangspause. Er verbrachte viel Zeit in seiner Mansarde, und es wurde ihm klar, daß er eine eigene Wohnung finden mußte, Abstand zu Gretzschel brauchte und unabhängig werden wollte.

Ein Jahr später, alle Knochen waren wieder heil, verteidigte er ein letztes Mal seinen Meistertitel. Sein Gegner Leo Starosch brach ihm mit einem Kopfstoß in der fünften Runde den Kiefer. Trotzdem hieß der Sieger nach zwölf Runden Gustav Scholz. Sogar mit einem gebrochenen Kiefer hatte er sich durchgebissen und seinen Titel verteidigt. Vier Wochen mußte Bubi eine Klammer tragen.

Kaum hatte er das ausgestanden, fuhr er mit Helga, kurz nach ihrem siebzehnten Geburtstag, ans Meer. ›Mama Druck‹ erlaubte nach endlosem Bitten und Betteln den ersten gemeinsamen Urlaub. In guter Familientradition ging es an die Ostsee. Die Bilder, auf denen die kleine Helga am Strand spielte, hatten Bubi auf diese Geburtstagsüberraschung gebracht. Zudem erinnerte ihn das Meer an die Heimat seiner Mutter.

»Willst du meine Verlobte werden?«

Eine weitere Überraschung präsentierte Bubi Helga am ersten Abend in Travemünde. Er hielt ihr einen der beiden goldenen Ringe hin, die er heimlich in Berlin besorgt hatte. Tatsachen schaffen war für ihn schon immer das erfolgreichste Mittel, um zu seinem Ziel zu gelangen. Sie saßen im ›La belle Epoque‹ bei zwei Fruchtcocktails.

»Ist das ein schöner Ring! Ja!«

Bubi bestellte zur Feier des Tages eine Flasche Sekt. Mama Druck erhielt am nächsten Tag ein Telegramm: ›Haben uns verlobt – Helga und Bubi‹.

Zurück in Berlin ging Bubi wieder jeden Tag ins Training. Mit einem Blick auf die Waage verabschiedete er sich vom Weltergewicht. Keine Diät der Welt würde ihn von diesen Kilos erlösen. Er gab seinen Titel ungeschlagen zurück und wechselte in die nächste Gewichtsklasse, das Mittelgewicht. Auch hier folgte ein Sieg dem anderen. Bis Januar 1954 hatte er fast alle Gegner k.o. geschlagen.

Eines Tages kam Papa Gretzschel in seine gute Stube, in der er ausnahmsweise mal allein war.

»Pack deine Sachen, Bubi – wir fahren nach Amerika!«

Vollkommen aus dem Häuschen rannte er zu Helga in den Frisiersalon, die sich nicht ganz so über die große Reise freute. Sie mußte schließlich in Berlin bleiben.

Die Enttäuschung der Manager in New York war nicht zu übersehen, als sie das *baby-face* aus Europa zum erstenmal sahen. Die Kampfberichte hatten ein völlig anderes Bild in ihrer Vorstellung entstehen lassen. Dieses smarte Jünglingsgesicht wollten sie am liebsten gleich in die Filmstudios nach Hollywood schicken. Die Verhandlungen mit dem ausgebufften Hymie Wallman, der Bubi in irgendeinem Kleinring verheizen wollte, waren so hart, daß Bubi seine Chance, jemals in Amerika zu boxen, wie eine Seifenblase zerplatzen sah. Er führte die Verhandlungen selbst. In einem Intensivkurs hatte er sein Englisch aus der Zeit des *laundry boy* erweitert.

Gretzschel saß neben ihm, verstand nichts und sagte immer nur: »Großring – keine Kompromisse – Großring!«

Den Madison Square Garden forderten sie und dazu eine garantierte Mindestbörse. Über soviel Selbstbewußtsein konnte der Amerikaner Wallman nur staunen. Eine Woche hielt er die beiden hin. Von einem Vertrag war weit und breit nichts zu sehen. So reisten Gretzschel und Bubi nach einer Woche Warten unverrichteter Dinge wieder ab. Schade, dachte Bubi. Irgendwie sollte Amerika wohl nicht sein.

Beim Zwischenstopp in Frankfurt standen beide übermüdet an der Hotelbar und versuchten ihre schlechte Laune und ihre Enttäuschung in Whisky zu ertränken. Eine so unrühmliche Heimkehr hatten sie sich nicht vorgestellt. Da erreichte sie ein Telegramm über Berlin. Wallman hatte telegrafiert: »hauptkampf madison square garden 26. märz gegen al andrews perfekt stop 4000 dollar garantie plus 25 prozent der einnahmen stop erste farbfernsehübertragung für ganz usa stop dringdrahtet antwort.« Bubi und Papa Gretzschel bestellten gleich noch einen Whisky.

Einen Monat später wieder in New York, merkte der spätere Werbekaufmann Gustav Scholz, daß Deutschland in Sachen Promotion noch Jahrzehnte hinter Amerika herhinkte. Eine Vermarktungswelle brach über Bubi herein. Als ›Babyface‹ war er mit seiner makellosen Haut prädestiniert, für Rassierapparate zu werben. Die Krawattenfirma Slim Jim engagierte ihn für eine Fotoserie. Alles glänzte und leuchtete. Ein Interviewtermin jagte den nächsten.

Mit seinen knapp 24 Jahren war Bubi jetzt genau dort, wo sein Vater in diesem Alter auch schon hatte sein wollen, im Land der unbegrenzten Möglichkeiten. Allerdings nur für ein Gastspiel. Bubi reihte sich ein in die Liste der berühmten Deutschen, die in Amerika boxten: Max Schmeling, Adolf Heuser und Kurt Prenzel. Helga ließ sich vor dem Radio fotografieren und drückte die Daumen für ihren Liebsten über dem großen Teich.

Bubi saß im Peter-Stuyvenson-Hotel in der 86. Straße West in einem der Plüschsofas unter einem altmodischen Lüster vor milchigen Spiegeln und wunderte sich, was die amerikanischen Journalisten alles von ihm wissen wollten. Das kannte er aus Deutschland nicht. Den ganzen Tagesablauf mußte er ihnen minuziös erzählen. Der Event sollte gut vorbereitet werden. Vor allem das Fernsehen mit der ersten Farbausstrahlung war sein größter Konkurrent im Kampf um zahlende Zuschauer.

KAPITEL 6:
Amerika–Berlin: Die Erfolge ab 1954

Das Training in Amerika war, anders als in Deutschland, Teil der Öffentlichkeitsarbeit. Die Presse hatte so neben den Konferenzen Gelegenheit, sich ein Bild zu machen, und die Wettwelt zog ihre Schlüsse aus den Trainingskämpfen, die der Indikator für die Kurse der Boxer wurden. Wo Öffentlichkeit herrscht, will sich auch ein eingekaufter Trainingsboxer profilieren. Das merkte Bubi an der Härte, mit der teilweise gekämpft wurde. Ein Sparringspartner knallte bei einem unkontrollierten Infight mit seinem Kopf gegen Bubis Brust. Ein stechender Schmerz raubte ihm fast den Atem. Zu schnell drehte er sich zur Seite, und ein zweiter Schmerz fuhr ihm ins Knie. Die Diagnose vier Tage vor dem Kampf: Bänderdehnung und Bluterguß im Knie sowie ein angebrochenes Brustbein! Die Gelegenheit, sich in Amerika einen Namen zu machen, die Tür zu Erfolg und Reichtum aufzustoßen, schien dahin zu sein. Der American Dream schien ausgeträumt.

Doch weder Bubi noch sein Trainer vor Ort, Freddy Fiero, sagten den Kampf ab. Bubi wollte um nichts in der Welt, daß aus seiner größten Chance die größte Blamage seines Lebens wurde. Noch einmal ohne Kampf aus Amerika zurückkommen – ausgeschlossen! Das einzige Problem, das sich seinem Willen in den Weg stellte, waren die strengen amerikanischen Boxregeln und die Ärzte, die sehr genau auf ihre Einhaltung achteten: Ein kranker Mann durfte nicht in den Ring. Fiero verkaufte ihn der Öffentlichkeit als übertrainiert, und Bubi kurierte sich die letzten Tage im Hotelzimmer aus, so gut es ging.

Am 26. März lag er 15 Minuten vor dem Kampf auf der Massagebank. 3210 zahlende Zuschauer warteten verstreut

auf den Rängen des Madison Square Garden auf ›Babyface‹.
Die meisten waren in ihren Wohnzimmern geblieben. Hun-
dertausende saßen vor ihren Bildschirmen. In Deutschland
war es vier Uhr morgens. Wie vor 24 Jahren, als Max Schmeling gegen Jack Sharkey Weltmeister wurde, klingelten unzählige Wecker. Sollte das Daumendrücken helfen? Es sah
nicht danach aus.

Ein Funktionär der Boxkommission lief ein letztes Mal
durch die Zellen, wie Bubi die Kabinen nannte. Er sah erstaunt auf Bubis einbandagiertes Knie. Nach zwei Minuten
war der Raum gefüllt von Funktionären und einem Arzt,
der Bubi zehn Kniebeugen verordnete. Sein eiserner Wille
zauberte für die versammelte Mannschaft auch noch ein Lächeln in sein Gesicht.

»Okay, der Junge kann kämpfen.«

Der erlösende Satz des Arztes machte den Weg endgültig
frei für den langersehnten Kampf.

Es war eine bunte Veranstaltung. Extra für das Farbfern-
sehen. Bubi stand in einer goldenen Hose, die durch den offenen weißen Seidenmantel glänzte, neben Al Andrews auf
dem grünen Ringboden. Die Nationalhymnen erklangen.
Bubi dachte einen Moment an Helga – ob sie aufgestanden
war und zuhörte? In seiner Ecke warf Bubi einen konzentrierten Blick auf seinen Gegner.

Dann ging es los. Andrews, der 23jährige Irisch-Amerika-
ner, stürmte auf ihn ein. Sofort merkte Bubi, wie stark er
wirklich angeschlagen war. Das Atmen verursachte leichte
Stiche in der Brust, und das lädierte Knie schränkte ihn sehr
in der Beweglichkeit ein. Er konnte die Schläge nicht wie
sonst auspendeln und mußte mehr als gewöhnlich einstek-
ken. In der zweiten Runde traf ihn Andrews unter dem linken Auge. Aus einem kleinen Hautriß rann ein dünner Blut-
faden. Es waren die ersten roten Tränen in seiner Karriere.

Langsam fing er sich. Wartete auf seine Chance. Sie kam
in der fünften Runde, in der er seinen Gegner bis acht auf
die Matte schickte. Und noch einmal in der siebten Runde.

Daran, daß sich Andrews jedesmal wieder aufraffte, sah er, daß seinen Schlägen der richtige Schub fehlte. Immer den Gegner dominierend und doch vorsichtig, wovon ihn auch nicht die aufpeitschenden Worte seines amerikanischen Managers Wallman abbringen konnten, beendete er den Kampf mit einem klaren Punktsieg.

Die Auszahlung seiner Gage von 7000 Dollar verzögerte sich. Bubi nahm das zum Anlaß, sich bei einem alten Bekannten aus Berlin zu melden, der jetzt für die Agentur AP als Fotograf in New York arbeitete. Er führte Bubi in das New Yorker Nachtleben ein. Bubi genoß die Partys und Bars in den nicht enden wollenden Nächten.

Sein Sieg in Amerika zeigte in Deutschland große Wirkung. Aus dem Berliner wurde ein Deutsches Sportidol. In den überregionalen deutschen Zeitungen, die Bubi in New York las, übertrafen sich die Lobeshymnen auf den feinen Boxer.

Wallman und Gretzschel planten schon die nächsten Kämpfe. Bubi hatte seine 7000 Dollar vor sich liegen und überlegte, ob es Sinn machen würde, weiter in Amerika zu boxen. Mit dem Sieg war sein Wert gestiegen; in Amerika, aber vor allem in Deutschland. In Deutschland kannte ihn jetzt wirklich jedes Kind. Davon war er in Amerika noch weit entfernt. Hier mußte er 50 Prozent seinen beiden Managern abliefern, in Deutschland partizipierte nur einer. Mit Trainer waren das 20 Prozent. In Deutschland, ja in Europa, würde er jede Halle füllen. In Amerika wäre es jedesmal ein anstrengender Werbefeldzug. In Deutschland stand er jetzt auf eigenen Beinen, aber hier brauchte er immer viele Helfer. Die Entscheidung war eindeutig. Ein höflicher, aber bestimmer Abschied, und dann zurück in die Heimat, zurück nach Berlin.

»Willst du es dir nicht noch mal überlegen? Der International Boxing Club bietet die Arena in Chicago!«

Wallman und Gretzschel redeten auf ihn ein und stellten die größten Stadien und die besten Gegner in Aussicht.

»Nein, in diesem Karussell spiele ich nicht mit. Da springt im Endeffekt zu wenig für mich raus. Wenn ihr wollt, könnt ihr mir die Gegner nach Deutschland schicken.«

Als noch niemand davon träumte, daß die deutsche Fußball-Nationalmannschaft den nächsten Weltmeisterschaftstitel erringen sollte, grassierte in ganz Deutschland das Scholz-Fieber. In jeder Zeitung, in jeder Stadt wurde das Leben des schmächtigen Jungen vom Prenzlauer Berg erzählt, der es durch sein eisernes Engagement und seinen Mut zu etwas gebracht hatte. Im Frühling der Marktwirtschaft wurde Bubi Scholz die personifizierte Bestätigung für viele Namenlose, die mit ihrer Willens- und Energieleistung Deutschland wieder aufbauten. Sie trugen ihn auf Händen. Egal, wo Bubi Scholz auftauchte, sie suchten seine Nähe, klopften ihm auf die Schulter oder fragten nach einem Autogramm.

Amerika gab den Anstoß, und die Popularität schaffte die Basis für seine Selbständigkeit. Die Aussicht auf hervorragende und hochdotierte Kämpfe im Rücken, suchte er sich eine eigene Wohnung. In der Mansarde bei Gretzschel war es entgültig zu eng geworden. Auch wollte er eine räumliche Distanz zu seinem Manager und eine stärkere Nähe zu Helga. Schon bald zog er in die Pommersche Straße, eine Parallelstraße zur Düsseldorfer. Eine Pudeldame namens Sherry wurde seine Mitbewohnerin.

Mit Sherry und seinem ersten Auto, einem offenen Ford, überrascht er Helga vor der Perfümerie.

»Steig ein, wir machen eine Spritztour!«

»Ist das deiner?«

»Klar, eben gekauft. Ein Ford!«

»Nein!!!«

»Doch! Los, steig ein!«

Sie fuhren nach Kladow. Dort am Hottengrundweg baute Bubi gerade mit Freunden an einem kleinen Häuschen. Für ruhige Sommerstunden, aber auch für ungestörte Kampfvorbereitungen.

»Der Fahrtwind steht dir!«

Bubi blickte kaum noch auf die Straße. Helgas Haare wehten im Wind, der so die ganze Schönheit ihres Gesichtes offenbarte. In ihrem buntgestreiften, kurzärmeligen Sommerpulli sah sie einfach hinreißend aus. Sanft zog er sie an seine Brust. Das Glück war in greifbare Nähe gerückt.

Sieben Kämpfe gewann Bubi in der nächsten Zeit. Fünfstellige Gagen wurden eine Selbstverständlichkeit. Nur ein Titel fehlte. Da zeigte sich wieder Gretzschels Managertalent. Sein Schützling Stretz hatte seinen Meisterschaftstitel im Mittelgewicht kampflos abgegeben. Gretzschel positionierte Bubi als offiziellen Herausforderer des amtierenden Europameisters, des Franzosen Charles Humez. Die Deutsche Meisterschaft konnte er sich gegen Peter Müller holen. Sie stellte aber keine Bedingung für den Kampf gegen Humez dar. Gretzschel war ein Meister des taktischen Spiels hinter den Kulissen.

Sollten sich die Worte von Bubis Freund, Gerhard Rohde, bewahrheiten? Hatte er wirklich das Zeug zu einem Meister? Alle glaubten daran, und auch Bubi war davon überzeugt. Er hatte sich selbst ein Image aufgebaut, das Scholz-Image, das für Entschlossenheit, Leistung, Disziplin und Sympathie stand. Bubi war zum Markenartikel geworden, dessen Wert ständig stieg. Er träumte von sechsstelligen Gagen, Europa- und Weltmeisterschaften. Nichts konnte ihn aufhalten. In zwei Wochen war der Kampf um die Deutsche Meisterschaft gegen Peter Müller, danach Paris!

Bubi konzentrierte sich auf sein Training und zog sich aus der Öffentlichkeit für einige Zeit zurück. Für den Sportpresseball ließ er sich jedoch zu einem Schaukampf überreden. Max Schmeling spielte den Ringrichter. Verschwitzt verteilte er danach Autogramme. Froh, daß dieser Tag voller Verpflichtungen ein Ende hatte, fiel er erschöpft ins Bett. Über seine Gedanken an Helga und ihren morgigen Geburtstag schlief er ein.

Am nächten Tag saßen Helga und Bubi mit Hans Rosenthal und seiner Frau bei Kaffee und Kuchen am Glienecker See. Sie schmiedeten Hochzeitspläne. Lange wurde allerdings nicht gefeiert. Bubi drängte zum Aufbruch. Er steckte mitten in der Kampfvorbereitung gegen Peter Müller. Die Müdigkeit wollte nicht von ihm weichen. Ein Lauf um den Grunewaldsee wird schon helfen, dachte er sich. Der bringt mich wieder auf Trab. Pünktlich zum Massagetermin war er in seiner Wohnung. Ernst Sparshort knetet ihn durch. Sie wechselten ein paar Worte auf französisch. Bubi lernte gerade, so gut es ging, die wichtigsten Sätze. Paris stand vor der Tür, und da wollte er sich wenigsten ein bißchen verständigen können.

· Noch ein wenig liegenbleiben, dachte sich Bubi. Nicht gleich wieder ins Training. Er döste ein und träumte von Siegerkränzen und jubelnden Massen. Speichel rann ihm aus dem Mundwinkel. Ein seltsam süßlicher Geschmack lag auf der Zunge. Bubi schlug die Augen auf und setzte sich. Auf der Massageliege glänzte ein roter Fleck. Er wischte sich über die Lippen. Blut? Bubi stand auf und spülte seinen Mund am Waschbecken. Wie beim Zähneputzen, dachte er sich, und spülte weiter. Immer dichter und immer dunkler quoll es ins Becken. Im Spiegel sah er ein bleiches Gesicht, weiß wie die Wand. Er spürte keinen Schmerz. Plötzlich brach ein Schwall Blut aus ihm heraus. Angst und Panik stieg in ihm hoch. Es war wie damals, als sein Freund Gerhard angeschossen zwischen den Gleisen lag.

Was war das? Ein aufgebrochenes Geschwür? Bubi nahm sich ein großes Taschentuch und zog sich schnell etwas über. Mit schlotternden Knien ging er durch das Treppenhaus zu seinem Wagen. Jetzt konnte ihm nur ein Arzt helfen. Er fuhr zu seinem Freund Rolf ins Krankenhaus, der Chefarzt der Chirurgischen Abteilung in Neu-Westend war.

Schwer schnaufend hastete er durch die langen Gänge und fragte sich bis zum Operationssaal durch. Rolf wusch sich gerade die Hände.

»Ja, was machst du denn hier?« Seine erstaunten Augen sahen in ein blasses, angstverzerrtes Gesicht. »Setz dich erst mal! So, jetzt erzähl, was ist passiert?«

Die ruhige Stimme seines Freundes tat gut. Langsam gewann Bubi seine Fassung wieder.

»Blut, ich, ich hatte Blut im Mund, richtig viel! Es scheint vorbei zu sein.«

Er zeigte ihm das blutverschmierte Taschentuch. Rolf sah ihm in den Mund.

»Am besten, wir gehen erst mal zum Röntgen, komm.«

Was er gesehen hatte, gefiel Rolf überhaupt nicht. Bubi trottete ihm mit gesengtem Kopf in die Röntgenabteilung hinterher.

»Ruf Helga an.« In der linken Hand hielt Rolf die Röntgenaufnahmen des Brustkorbes. »Sie soll dir ein paar Sachen vorbeibringen. Du bleibst erst mal hier.«

»Was ist los?«

Das ernste Gesicht seines Freundes beunruhigte Bubi.

»Ich kann es dir noch nicht sagen. Wir müssen noch ein paar Untersuchungen machen, bis wir den Grund für dieser Auswurf wissen.«

Die fürchterlichste Nacht stand ihm bevor. Ein zweiter Blutsturz überraschte ihn im Schlaf. Über die Bettdecke ergoß sich ein dunkelroter Schwall. Bubi konnte gerade noch nach der Schwester läuten. Er hatte Todesangst. Im Arztzimmer wurden Blutkonserven bereitgestellt, die Schwester legte einen Zugang an Bubis rechtem Arm. Der Körper beruhigte sich wieder, der Brechreiz ließ nach.

»Versuchen Sie, ein wenig zu schlafen, ein Pfleger wird sich zu Ihnen ins Zimmer setzen – für alle Fälle.«

Bubis Körper war kraftlos. Er fühlte sich schwächer als in den schlimmsten Zeiten des Krieges. Nur sein Geist kam nicht zur Ruhe. Irgendwann siegte der Schlaf und vertrieb die Gespenster, die Bubis Gedanken angstvoll befielen.

»Abwarten.«

Mit diesem Wort vertrösteten ihn die Ärzte drei Tage lang. Helga und Gretzschel kamen jeden Tag ins Krankenhaus. Jeden Tag fühlte sich Bubi besser, aber jeden Tag wurden ihre Gesichter ernster.

Bubi saß auf seinem Bett und wollte gerade aufstehen, als es klopfte.

»Um Himmels willen, Herr Scholz, legen Sie sich sofort wieder hin!«

Hinter der Schwester drängten sich drei Ärzte, Helga und Gretzschel schweigend und mit ernsten Mienen ins Zimmer.

»Na, so ein Aufgebot, das muß ja wichtig sein, was Sie mir sagen wollen.«

»Das ist es auch«, sagte der Chefarzt. »Herr Scholz, Sie haben eine Lungentuberkulose. Die Heilungschancen sind heutzutage gut, auch wenn es Jahre dauern kann, bis Sie wieder gesund sind. Wenn die Medikamente nicht helfen, müssen wir operieren, was allerdings äußerst unwahrscheinlich ist.«

»Daß ich Schwindsucht habe, habe ich mir schon gedacht. Wann kann ich wieder boxen?«

»Wie gesagt, Herr Scholz, der Heilungsprozeß ist nicht vorauszusehen. Aber egal wie lange er dauert, Sie werden nie wieder boxen. Sie werden sich einen anderen Beruf suchen müssen.«

Was? Wie? Nie wieder in den Ring, nie wieder Boxen, nie wieder siegen?!

Zuerst sprach Gretzschel seinem Lausejungen Mut zu, und dann war nur noch Helga an seinem Bett. Ihr standen die Tränen in den Augen. Bubi war gefaßt und zählte die Vorteile auf, die sein Rückzug aus dem Boxgeschäft mit sich bringen würde.

»Hör mal, die ganzen Spannungen vor den Kämpfen, meine Launen, das bist du dann alles los. Endlich haben wir mehr Zeit für uns. Wir können heiraten – wenn du einen Invaliden als Mann haben willst –. Du wirst Kinder haben. Wir werden eine ganz normale Familie.«

Als auch Helga sich verabschiedet hatte und die Tür hinter ihr ins Schloß fiel, kannte Bubis Verzweiflung keine Grenzen. Wie das Blut Tage vorher flossen jetzt die Tränen. Alles, wofür er sieben Jahre gekämpft hatte, war mit einemmal und für immer vorbei. Alles, das seinem Leben einen Sinn gab, war dahin, all die Träume von Meisterschaften, Ruhm und Reichtum waren in seinem eigenen Blut ertrunken. Er weinte, wie er seit seiner Kindheit nicht mehr geweint hatte.

»Wie hat er reagiert?«

Gretzschel hatte Taubeneck in der Boxschule über Bubis Schwindsucht informiert.

»Erstaunlich gefaßt. Ganz sachlich und ruhig. Hat mich gleich gebeten, Strom und Telefon in seiner Wohnung abzumelden und sein Auto stillzulegen.«

»Typisch Bubi. Nur keine Schwächen zeigen.«

»Das ist sein Trumpf in den Kämpfen. Während die anderen schon ausrasten und wie wild um sich schlagen, kontrolliert er immer noch jede seiner Bewegungen. Ich kenne ihn, den Lausebengel. Diesmal allerdings fehlt nicht viel und er bricht zusammen. Er steht an einem Abgrund. Lado, wir müssen gut auf ihn aufpassen. Über die Tuberkulose darf kein Wort nach außen dringen. Ich habe schon mit den Ärzten gesprochen. Wenn er jetzt seinen Nachruf in der Zeitung liest, dreht er durch. Er hat die Hoffnung, gesund zu werden und wieder zu boxen.«

»Und was meinst du, wird er wieder …?«

Taubeneck ballte die Faust. »Ich weiß es nicht. Nach allem, was mir die Ärzte sagen, wäre es ein Wunder.«

Bubi wurde vollkommen von der Öffentlichkeit abgeschirmt. Nichts sollte ihn aufregen, jede Anstrengung war zu vermeiden. Helga war die einzige, die ihn mit ihren täglichen Besuchen über die wilden Presse-Spekulationen wegen seiner Krankheit informierte. Jede freie Minute verbrachte sie bei ihm. Legte ihm Glenn Miller, Tomy Dorsey oder Benny Goodman auf. Seinen Plattenspieler hatte er sich als erstes gewünscht. Im Radio verfolgte er die Tour de France. Eine kurze, aber wohltuende Abwechslung beim immer unerträglicher werdenden Liegen. Nicht einmal auf die Toilette durfte er gehen. Das weiche Lammfell, das er gegen das Wundliegen unter sich spürte, hätte er am liebsten aus dem Fenster geschmissen.

Aber er riß sich zusammen. Befolgte alle ärztlichen Anweisungen, schluckte alle Medikamente und ertrug alle Spritzen. Er wußte, daß seine Disziplin und seine Härte gegen sich selbst, mit der er sich auf seine Boxkämpfe vorbereitet hatte, seine einzige Chance war, das Krankenhaus bald zu verlassen.

Die Ärzte staunten über die raschen Heilungsfortschritte. Dank seiner guten körperlichen Konstitution, die sich Bubi über die Jahre antrainiert hatte, verkraftete er die Medikamente gut. In der Zeitung las er, er leide an einer nassen Rippenfellentzündung, die er sich nach dem Schaukampf auf dem Sportpressefest zugezogen hatte. Verschwitzt war er auf dem Weg in die Kabine von Autogrammjägern aufgehalten worden. ›Ein Opfer der Autogramme‹ stand über dem Artikel. Er mußte lachen. Der gute Gretzschel wollte ihm die Hoffnung nicht nehmen. Oder war es seine eigene Hoffnung? Dachte Gretzschel insgeheim daran, ihn nach der Genesung wieder zu bringen?

Nach sechs Wochen waren die Bazillen besiegt. Nach acht Wochen war er transportfähig.

»Auch wenn die Tbc überraschend schnell abgeklungen ist«, der Arzt hielt die Röntgenaufnahme gegen das sonnendurchflutete Fenster, »ist Ruhe und gute Luft das Wichtigste, was Sie im Moment brauchen. Beides werden Sie in Berlin nicht finden. Ich empfehle Ihnen, zur weiteren Behandlung in ein Lungensanatorium in den Schwarzwald zu gehen – inkognito! Mit Herrn Gretzschel, Herrn Taubeneck und Ihrer Freundin ist das abgesprochen. Also, morgen nach Schömberg?«

»Einverstanden.«

Am nächsten Tag bezog ein gewisser Gerhard Schneider, frei nach den Initialien, die Bubis Kleidungstücke schmückten, Zimmer 12 des Sanatoriums. Das Beste schien die sogenannte Marathonkur.

»Klar. Wenn schon, denn schon«, sagte Bubi selbstbewußt.

Flach liegen, flach atmen, flach pinkeln. Am besten sich gar nicht bewegen.

Die Nächte verbrachte Bubi in seinem Balkonbett an der frischen Luft und versuchte zu schlafen.

Inzwischen war die Tour der Leiden, wie die Tour de France auch genannt wird, zu Ende. Louis Bobet hatte sie zum dritten Mal hintereinander gewonnen. Auf Bubis Leidensweg war noch kein Ende absehbar. Auch der Bericht über Sugar Ray Robinson, der sich gegen Carl Bobo Olson den Weltmeisterschaftstitel im Mittelgewicht zurückgeholt hatte, tat weh.

Boxen!

Von Billy Wilder lief in den Kinos gerade *Das verflixte siebte Jahr* mit Marilyn Monroe. Ein Titel, der ihm aus der Seele sprach. Sieben Jahre Schinderei für nichts. Für ein Bett in einem Sanatorium, in das er inkognito eingeliefert worden war, das er nicht verlassen durfte. Schonkost und immer der gleiche Blick auf die teilnahmslos und ungerührt dastehenden Bäume. Um diesem grausamen Schicksal etwas Positives abzugewinnen, sagte er sich, daß das Ende früher oder später sowieso gekommen wäre. Es war halt ein wenig früher als geplant eingetreten, und er mußte sich schon jetzt um sein Leben ›danach‹ kümmern. Zeit dafür, sich etwas Vernünftiges zu überlegen, hatte er ja.

Die Sommerhitze war unerträglich. Nachts öffnete sich vor Bubis Augen das unendliche Universum, in dem seine Gedanken immer neue Wege suchten. Er stieg in den großen Wagen, durchdachte die wildesten Zukunftsfantasien und landete immer in seiner Vergangenheit: beim Boxen. Es war das einzige, das er gelernt hatte. Als 25jähriger, arbeitsloser Invalide würde er das Sanatorium verlassen. Seine Popularität würde verrauchen wie der Qualm einer Dampflok.

Ihn blendete ein weißgekleideter Mann. Die im Gegenlicht gesichtslose Gestalt stand über ihm und zählte ihn immer wieder von neuem aus.

Und doch, mit jedem Röntgenbild schrumpfte das Loch in seiner Lunge, und die Hoffnung wuchs. Jeder erstaunte Augenaufschlag, der bei der Visite die schnellen Fortschritte seiner Heilung begleitete, nährte Bubis heimlichsten Wunsch. Gleichzeitig wußte er, daß er nicht umhin kam, an seiner bürgerlichen Zukunft zu bauen.

Bubi zog Bilanz. Von den vielen Freunden würden ihm, wenn es hochkam, eine Handvoll bleiben, denen egal war, ob er boxte oder nicht. Von seinem Ersparten würde nach dem Sanatoriumaufenthalt noch ein kleines Polster übrigbleiben. Taubeneck würde sich auf die Suche nach einem neuen Talent begeben und Gretzschel würde ihn bei seinen Boxveranstaltungen als Ehrengast in die erste Reihe setzen.

»Willst du einen Invaliden heiraten?« fragte er die einzige, mit der er sich eine gemeinsame Zukunft vorstellen konnte und von der er sich Halt versprach.

»Na ja, ein Kampf steht uns ja jetzt nicht mehr im Weg.«

»Nein, höchstens bevor.«

Den Heiratsantrag hatte sich Helga auch ein wenig anders vorgestellt. Sie hätte ihn auch schon vorher geheiratet. Aber immer stand ein wichtiger Kampf an. Immer kam er mit der vorgeschobenen, eitlen Begründung, wie das aussähe, wenn er frisch verheiratet seinen nächsten Kampf verlieren würde. Den Spöttern wäre Tür und Tor geöffnet. Aber sie verzieh ihrem blaßgewordenen Helden, dem der kalte Schweiß auf der Stirn stand.

»Ach Bubi, du wirst wieder gesund! Die Ärzte staunen über deine Fortschritte. Sie sagen, wenn du so weiter machst, bist du in einem Jahr wiederhergestellt.«

116

»Aber nicht so, daß ich wieder boxen kann.«

»Höchstens im Papiergewicht, wenn ich dich so anschaue.« Helga versuchte ihn etwas aufzuheitern.

»Irgendwie hatten wir das schon mal«, brummte Bubi vor sich hin.

»Laß dich nicht so hängen! Es wird sich etwas anderes finden. Du kannst doch in unser Geschäft einsteigen!«

»Daran habe ich auch schon gedacht. Aber dann müßten wir ein neues Konzept entwickeln. Ich könnte deiner Mutter das Geschäft abkaufen. Dann gestalten wir es vollkommen neu. Hell und luftig. Wir schmeißen diese Nofreteten-Köpfe und Porzellanelefanten raus, und wir erweitern den Frisiersalon um eine Herrenabteilung. Vorne verkaufen wir Kosmetik und Pflegemittel. Nur das Beste. Alle ziehen doch jetzt in neue Wohnungen mit feinen Bädern. Das wird nur so boomen.«

»Oh, das ist ja eine wunderbare Idee.«

»Nicht wahr! Und über dem Geschäft der Schriftzug: Bubi Scholz. Die Leuchtschrift wird den halben Ku'damm überstrahlen, und sie werden uns den Laden nur so einrennen.«

»Meinst du wirklich, Bubi?«

»Na klar, mein Name zählt noch was, auch wenn ich nicht mehr im Ring stehe.«

»Und wann heiraten wir?«

»Wann du willst. Von mir aus sofort, wenn ich aus dem Sanatorium draußen bin. Gretzschel und Hans werden Trauzeugen.«

»Hast du sie schon gefragt?«

»Sicher, glaubst du, ich liege nur da und dreh' Däumchen! Wir fangen ganz neu an. Die Eröffnung wird einschlagen wie eine Bombe!«

»Meinst du?«

Helga legte ihren Kopf in seinen Arm. Bubi strich ihr zärtlich durch das Haar. »Ganz sicher.«

»Bubi, ich möchte Kinder.« Helga hob den Kopf und sah ihm tief in die Augen.

»So viele du willst, meine Kleine. Mille bekommt wieder ihre eigentliche Aufgabe, und wenn das Geschäft dann richtig gut läuft, stellen wir einen Geschäftsführer ein, und ziehen uns mit den Kindern in ein kleines Häuschen im Grunewald zurück. Na, wie findest du das?«

»Zu schön, um wahr zu sein! Ich liebe dich.«

Nach der Rekordzeit von zweieinhalb Monaten verließ Bubi Scholz am 30. Oktober 1955 das Sanatorium in Richtung Berlin. Voller Pläne für sein neues Leben. Die Umbauarbeiten für das Geschäft standen kurz vor dem Abschluß. Natürlich war alles teurer geworden als geplant. Sein Freund Hans Rosenthal sprang in die Bresche. Der Eröffnung stand nichts mehr im Wege.

Die Hochzeit hatten sie noch im Schwarzwald mit Hans für den 10. November geplant. Der große Tag begann in Berlin-Schmargendorf. Helga im dunklen Kostüm und mit einem vornehmen dezenten Damenhut, unter dem die kurzgeschnittenen Haare eine leichte Welle in den Nacken warfen. Bubi im Frack, der ihm vor seiner Krankheit perfekt gepaßt hätte, mit Krawatte und einer weißen Nelke im Knopfloch.

Nach der Trauung schritten sie die Treppe des alten Standesamtes herunter. Hunderte von Berlinern erwarteten die Hochzeitsgesellschaft. Kamerateams verfolgten jede Bewegung des frischvermählten Paares, das an der Spitze, blumengeschmückt, in die tiefstehende Novembersonne blinzelte. Der Bezirksbürgermeister ließ es sich nicht nehmen, dem Paar einen Strauß Nelken zu überreichen. Ein Kinderchor sang ein Hochzeitslied. Besser hätte man dieses Ereignis nicht inszenieren können. Das ›Start‹-Transparent, unter dem sie ins Freie traten, hielten an den Seiten zwei runde Coca-Cola-Schilder, als ob der Konzernvertreter Max Schmeling einen Gruß geschickt hätte.

Nach einem hervorragenden Mittagessen im Lokal ›Aben‹ zogen sich Bubi und Helga zurück. Er spürte die Anstrengung. Es waren noch keine zwei Wochen vergangen, seit er aus dem Sanatorium entlassen worden war. Am Abend fand die große Feier bei Gretzschel statt, der sein Haus für den Empfang geöffnet hatte. Alle waren gekommen: die Boxfreunde, Gerhard und Erwin vom Prenzlauer Berg, Hans Rosenthal mit Frau, Sänger Bulli Buhlan mit seiner Frau Charlotte. Der Musiker Monsonius mit Frau.

Der Sekt floß gerade in die Kristallkelche, als ein Raunen durch die Gesellschaft ging. Helga stand im weißen Hochzeitskleid, das Bubis Schwester Hilde angefertigt hatte, im Raum. Alle erhoben sich mit ihren Gläsern, die vier Porzellanelefanten auf dem Teaksideboard beobachteten als letzte Zeugen von Drucks Bijoutrieladen die Szenerie. Bubi trat zu ihr, hob vorsichtig den Schleier und gab ihr einen langen Kuß. Hans Rosenthal unterbrach ihn mit einem Walzer, der einen ausgelassenen Abend einleitete. Bubis Vater tanzte wie in alten Zeiten und wurde zum begehrtesten Parkettpartner des Abends.

In einem ruhigeren Moment nahm Grethe ihren Sohn zur Seite: »Ich freue mich für dich.«

Und Mama Druck, die dem ganzen Rummel etwas befremdet gegenüberstand, kam an die andere Seite: »Passen Sie nur gut auf meine Tochter auf!«

Im Moment sah es eher so aus, daß Helga auf ihren frisch angetrauten Ehemann aufpassen mußte, der noch immer jede Anstrengung vermeiden mußte. So verbot sie ihm resolut, sie über die Schwelle seiner Wohnung in der Pommerschen Straße zu tragen. Sherry kläffte aufgeregt und kratzte an der Schlafzimmertür.

»Liebste! Mir scheint, die Wohnung ist zu klein für zwei Damen.«

Bald darauf fanden sie eine größere Wohnung in der Bayerischen Straße 5. Helgas Kindermädchen Mille zog gleich mit ein. Langsam legte sich die anfängliche Aufregung. Der Anfang war gemacht. Die Härte des Alltags machte sich breit. Die Kredite fraßen fast alle Einnahmen auf. Bubis Name und seine Pflegeprodukte zogen nicht soviel Kunden an, wie sie sich erhofft hatten. Selbst die Zahnbürsten mit Bubis Schriftzug, die er zu Hunderten hatte herstellen lassen, wurden Ladenhüter. Die Männer beschränkten ihre Fürsorge auf ihr liebstes Kind, das Auto. Jeden Sonntag ergoß sich der Inhalt von tausenden REX-Tuben über die Karosserien ihrer neuerstandenen Automobile. Die Frauen reinigten die frischverlegten Teppichböden mit dem neuen Tuba. Körperpflegemittel rangierten bei den Haushaltsausgaben an letzter Stelle.

Helgas Kinderwunsch blieb unerfüllt. Ein komplizierter Abgang beendete das Thema für immer. Sie stürzte sich ganz in das Geschäft, versuchte dort zu retten, was zu retten ging. Die großen Pläne, die beide noch am Krankenbett geschmiedet hatten, zerbrachen am Alltag.

Bubi mußte zusehen, wie sein minuziös geplantes Geschäftskonzept scheiterte. Helgas Familienträume erstickten im Strom ihrer Tränen. Bubi wurde unleidlich, verkroch sich unter seiner Bettdecke und wollte nichts wissen. Bald standen, wie früher, Helga und ihre Mutter im hellen, aber leeren Geschäft. Bubi ging mit dem Pudel Sherry spazieren, unzufrieden mit sich und der Welt.

So konnte es nicht weitergehen. Die Arbeit machte ihm keinen Spaß. Jeden Tag wurde das Aufstehen eine größere Qual. Alle Disziplin, mit der er durch seine Krankheit auf seine Kaufmannskarriere hinmarschiert war, verlor sich in der Unendlichkeit der verspiegelten Glasregale seiner Parfümerie. Sein Bubikomplex erwachte wieder in alter Form. In jedem lachenden Kundengesicht sah er in seiner Überempfindlichkeit einen Zug des Mitleides und Bedauerns.

Eines Morgens, eigentlich hätte er noch die Bestellungen für den Einkauf durchgehen müssen, stand er, lange nachdem Helga das Haus verlassen hatte, auf. Im Halbschlaf träumte er sich davon: an ein Seil, an dem er unter Tiefstrahlern pendelte, in Anfeuerungsrufe, die in Wirklichkeit Sherrys ungeduldiges Bellen waren. Bubi schlug seine Augen auf. Ein Glanz überzog seine Pupillen. Sein Entschluß stand fest.

»Schön, daß du mal vorbeischaust.«

Taubeneck begrüßte ihn herzlich, als er ihn in der Tür sah. Bubi war zur Sportschule in Gretzschels Haus gefahren. Sein Blick schweifte aufmerksam durch den Raum. An allen Geräten quälten sie sich. Im Ring trainierten zwei talentierte Nachwuchsboxer.

»Tut es weh?«

»Hm!«

»Mach dir nichts draus. Die haben den Abschied noch vor sich. Fünf, sechs Jahre, dann müssen sie sich auch einen anderen Beruf suchen. Schau auf dein Geschäft, auf deine tolle Frau und sei froh, daß du diese Qual hier hinter dir hast.«

»Na ja, damals wußte ich wenigstens, wofür ich mich gequält habe. Heute sind nach acht Stunden Arbeit zwei Mark fünfzig in der Kasse.«

Bubis Augen hefteten sich wie zwei Magnete an die zwei Boxer im Übungsring.

»Du hattest früher mehr Ausdauer, daran mußt du dich jetzt wieder erinnern. Diese Qualität brauchst du auch für dein neues Geschäft.« Taubeneck versuchte ihm Mut zu machen.

»Ach Lado, diese Parfümerie, das ist es nicht.«

»Und was ist es?«

»Boxen!«

»Vergiß es!«

»Aber die Ärzte betrachten mich als medizinischen Wunderknaben.«

»Und? Hat dir einer gesagt, daß du wieder boxen kannst?«

»Nein.

»Schlag dir das aus dem Kopf.«

Aber so wie ihm vorher kein Gegner seinen Traum aus

dem Kopf schlagen konnte, sowenig reichten die strengen Worte seines ehemaligen Trainers, seine Vision zu zerschlagen.

Bei seinen Spaziergängen hatte er viel Zeit zum Nachdenken. Verschwiegen wie er war, sprach er mit niemanden über seine Pläne. Er hatte seinen Körper und die Reaktionen der Ärzte immer aufs genaueste beobachtet. Bei den letzten Untersuchungen, die Professor Auersbach leitete, hatte sich sein Loch in der Lunge auf Kirschkerngröße verkleinert. Auersbach sprach von einem Wunder. Wenn, so sagte er sich, eine normalerweise mehrjährige Genesungszeit in vier Monaten abgeschlossen war und die Ärzte ihn als geheilt entließen, warum sollte dann nicht ein Comeback möglich sein.

Comeback wurde das Zauberwort, seine innere Triebfeder. Für ihn war klar, worauf er seine Kraft konzentrieren wollte. Auf die strategische Planung seines Comeback.

Zuerst mußte er an seiner Kondition arbeiten, dann konnte er Taubeneck überreden, ihn wieder zu trainieren. Mit Auerbachs Hilfe, da war er sich sicher, würde er auch die Lizenz zurückerhalten. Die Verbandsärzte glaubten immer noch an die nasse Rippenfellentzündung. Dann mußten seine Gegner gut ausgesucht werden. Dafür war Gretzschel der richtige Mann. Ein Titel mußte her. Viel Zeit blieb ihm nicht mehr, um aus seinen Fäusten Gold zu machen. Er war 25 Jahre alt.

Bubi begann, mit Sherry als einziger Zeugin, im Dezember mit leichtem Trab auf dem matschigen Weg um den Grunewaldsee. Nach fünf Metern schnaufte er wie Heinz Fütterer bei seinem 10,2-Weltrekord über 100 Meter. ›Aller Anfang ist schwer, vor allem der Neuanfang‹, sagte er sich und zwang sich bis zum nächsten Baum.

Jeden Morgen stand er jetzt wieder mit Helga auf und gab vor, eine Runde spazieren zu gehen. Helga war um jede Stunde froh, in der Bubi seine schlechte Laune nicht in der Parfümerie verbreitete. Wo sein Körper sich weigerte, trieb ihn sein unglaublicher Wille von Baum zu Baum, weiter zum nächsten Baum, und so Stück für Stück um den ganzen See. Bald zwang er sich zu einem leichten Dauerlauf. Sherry sprang ihm vor Freude an den Beinen hoch.

Nachmittags erschien er in der Boxschule. Er fing mit einer Kniebeuge und einer Liegestütze an. Nach einer Woche waren es fünf. Ganz langsam steigerte er das Pensum. Nach einem Monat begann er mit Seilspringen und Schattenboxen.

»Lado, laß mich mal in den Ring mit dem da. Nur so ein paar Schläge.«

»Bist du wahnsinnig, du warst todkrank und willst jetzt in den Ring?«

»Hör zu, Lado. Seit zwei Monaten laufe ich um den See. Ich habe mir schon etwas Kondition aufgebaut, wie du ja die letzten Wochen beobachten konntest. Die Ärzte sagen, ich sei wieder vollkommen hergestellt. Auf der letzten Röntgenaufnahme war nicht mal der Schatten eines Schattens zu sehen. Und jetzt will ich testen, wie es im Ring geht.«

»Du bist verrückt. Aber gut – wie du willst. Auf deine Verantwortung. Zieh dir den Helm über. Deine Handschuhe hast du ja dabei.«

Sorgfältig schloß Bubi den Riemen des Kopfschutzes unter dem Kinn. Lado band ihm mit strengem Blick die Handschuhe, fast wie in alten Zeiten. Bubi winkte mit seiner Faust hinüber zu Gretzschel, der in der Tür stand. Taubeneck wies Bubis Gegner an, ihn auf keinen Fall auf die Brust zu schlagen. Nach drei Minuten kletterte Bubi, vollkommen außer Atem, aber überglücklich, aus dem Ring. Es hatte ihn all seine Kraft gekostet. Jetzt wußte er, daß seine Reaktion immer noch hervorragend war, daß seine Schläge das Timing behalten und die Energie nicht verloren hatten.

Das Wunder war zum Greifen nah: das Comeback im Ring.

KAPITEL 7:
Der medizinische Wunderknabe –
Das Comeback

»Ich trainiere wieder.«

Professor Auersbach fielen die Röntgenaufnahmen aus der Hand.

»Sie haben doch selber gesagt«, Bubi kniete sich nieder und half ihm beim Einsammeln, »daß Sie nicht glauben würden, daß da jemals ein Loch in der Lunge war, wenn Sie es nicht mit eigenen Augen gesehen hätten.«

»Seit wann trainieren Sie?«

»Seit zwei Monaten.«

»Nicht zu fassen. Herr Gretzschel hat schon recht. Sie sind ein Lausebengel.« Professor Auersbach schüttelte den Kopf. »Ich muß Sie trotzdem noch mal darauf hinweisen, daß die Krankheit jederzeit wieder ausbrechen kann. Passen Sie auf, daß Sie Ihr Glück nicht überstrapazieren. – Ich sehe das doch wohl richtig: Sie wollen nicht nur trainieren, Sie wollen wieder in den Ring?«

»Das ist das einzige, was ich will!«

»Warum?«

»Es ist das einzige, was ich kann. Was ich gut kann, was mir Geld bringt und mich davor rettet, in einer Parfümerie am Ku'damm Markstücke zu zählen! Dann hätte ich auch Koch in einer HO-Gaststätte werden können!«

Bubis Blick traf Professor Auersbach voller Entschlossenheit und Härte.

»Sie spielen mit dem Feuer. Das Training kann ich Ihnen ja wohl nicht verbieten. Für den Ring brauchen Sie allerdings die Lizenz der Verbandsärzte. Meinen Sie im Ernst, die glauben Ihnen die Geschichte mit der Rippenfellentzündung?«

»Ja! Wenn sie sehen, daß ich wieder vollkommen gesund bin, können sie gar nicht anders, als mir die Lizenz zu erteilen.«

Bubis Selbstbewußtsein bekam allerdings einen gewaltigen Rückschlag, als er bei den Verbandsärzten vorsprach.

»Wir möchten Sie bitten, uns die Röntgenbilder der letzten zwei Jahre zukommen zu lassen und Ihre Ärzte von der Schweigepflicht zu entbinden.«

Bubi stockte der Atem.

»Dann kann ich Ihnen ja gleich sagen, daß ich die Schwindsucht hatte.«

Wie nach Luft schnappende Karpfen saßen die Ärzte vor ihm. Bevor er aber darüber lachen konnte, war jede Hoffnung an ihrem klaren Nein zerschellt. In dem Moment, in dem er voller Zuversicht seine Karriere neu beginnen wollte, war sie bereits wieder in unerreichbare Ferne gerückt. Daß sich die Verbandsärzte darauf einließen, ihn in einem halben Jahr noch einmal vorsprechen zu lassen, verdankte er der Unterstützung von Professor Auersbach, der damit den verglühenden Funken Hoffnung wiederbelebt hatte.

Bubi atmete tief. Noch war er nicht am Ziel. Die Verbandsärzte hatten ihn nur kurz verunsichert. Auch sie konnten ihm das Training nicht verbieten. Fünf Monate lief er jeden Morgen durch den Wald und fuhr danach zu Gretzschels Boxschule: Liegestütze, Kniebeugen, Seilspringen, danach Sandsack und zum Schluß ein paar Runden im Ring. Langsam steigerte er Tempo und Frequenz. Den Trainingstag beendete er auf der Massagebank von Ernst Sparshort. Es war, als ob er sich auf einen Meisterschaftskampf vorbereitete.

Die Weltgeschichte huschte an ihm vorbei, wie das Leben an seinen Autofenstern auf dem Weg zum Training. Er war mit sich beschäftigt. Seine Facettenaugen, wie sein Trainer sie in Anspielung an das weite Gesichtsfeld der Insekten nannte, sahen jeden Schlag, der im Ring auf seinen Kopf zugesaust kam. Wieder verschlossen sich vor seinen Augen die blutigen Kämpfe der Menschen auf den Straßen um Freiheit und Gerechtigkeit. Bubis Überlebenskampf im Ring kostete seine ganze Kraft.

1953, als der Ostteil Berlins gegen die Ulbricht-Regierung einen Kampf entfachte, den russische Panzer unter ihren Ketten zermalmten, stand er mitten in seinen Vorbereitungen für die Kämpfe gegen den Spanier Navarro und den Bremer Szüzina.

1956 klebte das schweißnasse Trainingshemd auf seiner Haut. Der Kampf um die Lizenz ließ ihm keine Zeit, sich mit dem Existenzkampf der Ungarn zu beschäftigen. Mit eiserner Disziplin und ›sowjetischer‹ Härte verfolgte er seinen Weg.

Im November fand die zweite Untersuchung statt. Außer dem Wissen über die offene TBC konnten die Ärzte nichts gegen den wiedererstarkten Körper und seine tadellose Gesundheit vorbringen. Aber als einziges Argument wiederholten sie gebetsmühlenartig den jederzeit möglichen Rückfall.

»Herr Scholz, nach langer Beratung und einem ausführlichen Gespräch mit Professor Auersbach sind wir zu der abschließenden Einschätzung gekommen, daß wir Ihnen die gewünschte Lizenz zwar leider nicht erteilen können, aber ...« – schnell hatte der Arzt dieses ›aber‹ hinterhergeschoben, als er sah, wie Bubi Scholz alle Gesichtszüge zu entgleiten begannen –, »... aber Sie werden vor jedem Kampf, wenn wir es vertreten können, eine auf den Kampf beschränkte Lizenz erhalten.«

Bubi wurde heiß und kalt. Er wußte gar nicht, wie ihm geschah. Am liebsten wäre er über den Tisch gesprungen und hätte die Ärzte umarmt. Er beherrschte sich. Es war sein Sieg, er hatte all die neunmalklugen Mediziner eines Besseren belehrt, die sensationsgeilen Journalisten Lügen gestraft und der Boxfachwelt die Stirn geboten.

»Danke.«

Bubi verließ den Raum. Ihm war es egal, ob er eine Dau-

126

erlizenz oder immer wieder eine Einmallizenz bekam. Er hatte das erreicht, wovon er in den sternenklaren Nächten im Sanatorium geträumt hatte.

»Helga! Ich hab sie! Die Lizenz! Ich hab' sie!«

Bubi wirbelte Helga durch die leere Parfümerie. Schon lange war es nicht mehr so wohltuend für sie gewesen, seine starken Arme zu spüren.

»Alles wird wie früher!«

»Na – hoffentlich nicht alles!« Helga sah ihn streng an und gab ihm einen leidenschaftlichen Kuß. Bubi verstand genau, daß sie auf seine Frauengeschichten anspielte, die seine Boxerfolge begleitet hatten.

»Es wird sogar besser!«, sagte Bubi schmunzelnd. »Ich werde nicht nur Deutscher Meister, ich werde Europameister, und dann Weltmeister.«

»Vorher müssen wir aber noch ein paar Rechnungen bezahlen.« Helga drückte ihm einen Packen mit Mahnungen in die Hand.

»Noch zwei Monate, dann zahlen wir die mit links, noch ein Jahr, dann machen wir eine Filiale auf und ziehen in ein Haus im Grunewald.«

Helga mußte lachen. Sie war glücklich über die wiedergewonnene Lebensfreude, die ihr Bubi ausstrahlte.

Nach dem Training saßen Gretzschel und Bubi zusammen und planten das Comeback. Zuerst sollten ein paar Aufbaukämpfe eine Einschätzung seiner Leistung ermöglichen. Jeder Gegner mußte gut ausgesucht werden. Sein Stallgefährte und Sparringspartner Hans Stretz testete sie.

Am Neujahrsmorgen klingelte das Telefon. Gretzschel war am Apparat: »Bubi, es geht los. Am 2. März boxt du gegen Francisco Francés, Spaniens Nummer drei.«

»Wo?«

»In Oldenburg, damit die Hyänen der Presse nicht ganz so zahlreich über einen geschlagenen Scholz herfallen.«

»Darauf können sie lange warten!«

»Ich weiß! Ein gutes Neues.«

Die Premiere gelang. In der vierten Runde traf ein präziser Schlag Francés' Kinnspitze, von dem sich der Spanier nicht mehr erholte.

620 Tage nach seinem Blutsturz hatte Bubi Scholz sich in die Boxwelt zurückgemeldet.

In den nächsten Kämpfen folgte ein K.o. auf den anderen. Bei Bubis Berlin-Premiere erwischte es Correa, auch einen Spanier, an selber Stelle kurz darauf den Italiener Albanese und in Stuttgart den Spanier Gamero. Kein Kampf dauerte länger als eine halbe Stunde. Spätestens dann lagen seine Gegner ausgeknockt vor seinen Füßen.

Helga, Berlin und ganz Deutschland freuten sich mit ihm. Sie hatten ihren Bubi wieder. Scheinbar ganz der Alte, so wie sie ihn liebten, stand er unbesiegbar im Ring.

Und doch hatte sich etwas verändert. Er boxte noch kühler, überlegter und ökonomischer. Noch stärker versuchte er die Emotion – das Animalische, wie er es nannte – unter Kontrolle zu halten. Seine Furcht vor Schlägen regulierte das Risiko, mit dem er in einen Kampf ging. Seine Konzentration vor dem Kampf wurde beinahe zu seiner wichtigsten Waffe. Seine ganze Willensstärke schien in einem hypnotisierenden Blick seinen Gegner zu fesseln. Das Blut gefror in den Adern.

Dieser Blick richtete sich am 29. Juni 1957 auf den amtierenden deutschen Meister im Mittelgewicht, den Kölner Peter Müller. Mit viel Mühe und Geschick hatte Gretzschel ihn dazu gebracht, seinen Titel in Berlin zu verteidigen. Im ausverkauften Sportpalast standen sich der amtierende deutsche Meister und sein Herausforderer gegenüber.

»Laß ihn kommen, Peter. Der war lungenkrank. Der ist noch keine lange Distanz gegangen! Nach der sechsten Runde kannst du dann aufdrehen.«

Der Trainer und Schwiegervater des Titelverteidigers sprach genau die Gedanken aus, die Bubi in der gegenüberliegenden Ecke beschäftigten. Er hatte zwar alle Kämpfe nach seiner Krankheit gewonnen, aber er war nie länger als fünf Runden im Ring gewesen. Jetzt standen ihm zwölf bevor.

»Laß ihn kommen!« sagte ihm Taubeneck ins Ohr. »Der kann nicht warten. Du wirst es sehen.«

Kaum war der Kampf freigegeben, stürmte Müller auch schon auf ihn los. De Aap, der Affe, wie sie ihn liebevoll in seiner Kölner Heimat nannten, konnte wirklich nicht warten. Bubi ließ mit leichten Ausweichmanövern die ersten Fäuste an sich vorbeifliegen. Selbstbewußt, bis an die Grenze der Arroganz stand er da, offen, die Arme nach unten hängend. Ganz in seinem alten Stil, den er sich von den ›Schwarzen Diamanten‹ abgeschaut hatte, wich er aus und wartete auf seine Konterchance.

Urplötzlich, wie in seinem ersten Kampf, kam die Faust auf ihn zugeflogen. Gerade als er wegduckte, sauste ein linker Haken genau in diese Bewegung und traf ihn völlig unerwartet am Kinn. Routiniert ließ er sich in den Gegner fallen und rettete sich mit Klammern in den Gong und auf seinen Hocker. Müller hatte nicht gedacht, so früh einen Haken plazieren zu können. Alle Mäßigungen seines Trainers prallten an seinem Vorsatz ab, ›dat Filmjesicht zu zerkloppen‹. Er hatte seine Chance gewittert.

In der zweiten Runde stürzte sich der bullige Kölner mit seinen kurzen Schritten auf Bubi. Seine Augen suchten unter den buschigen Augenbrauen nach einer Lücke in Bubis Deckung. Er begann auf ihn einzuhämmern. Das war es, worauf Bubi gewartet hatte. Jetzt mußte er nur noch im rechten Moment seine Konter plazieren. Doch in der zweiten Runde zeigten sie noch keine Wirkung.

In der dritten Runde rannte Müller unverändert auf Bubi ein. Kein Trainerwort konnte ihn mehr halten. Er drängte ihn in die Ecke und holte gerade zu einem Schlag aus, der seinem Herausforderer den Weg auf die Bretter weisen sollte. Da ging Bubi einen kleinen Schritt zur Seite, zog die Rechte zum Schutz nach oben, und von unten kam seine

Linke angeschossen. Alles ging so schnell, daß Müller seine eigene Ausholbewegung nicht beenden konnte. Der Kinnhaken schmiß ihn in das Seil, das ihn wieder vor Bubis Fäuste katapultierte. Nach drei weiteren linken Haken schlug Müller am Boden auf. Noch gar nicht recht bei sich, stand er bei acht wieder auf den Beinen und taumelte in sein Verderben. In den anstürmenden Schwung setzte Bubi einen letzten linken Haken und wartete schlagbereit auf das ›Aus‹ des Ringrichters. Müller blieb am Boden.

Der Ringrichter hob Bubis Rechte in die Scheinwerfer des Sportpalastes: »Neuer Deutscher Meister im Mittelgewicht – Gustav Scholz, Berlin!«

Die Berliner waren von ihren Sitzen aufgesprungen. Tosender Beifall erfüllte die Halle. Sie jubelten ihrem wiederauferstandenen Idol zu. Jeder wollte den goldenen Siegerkranz berühren. Umringt von Fotografen und Fans schickte Bubi einen Kuß zu seiner geliebten Helga und streckte die Faust in die Höhe. Sie wies nach Westen, nach Frankreich.

Doch vorher hieß es erst einmal feiern. Er fuhr mit Freddy Teichmann, der auch kurz nach dem Kampf keinen Meter von ihm wich, zu Zeller am Halensee. Die engsten Freunde waren versammelt und erhoben ihre Champagnergläser auf den Champion. ›Du hast so wunderschöne blaue Augen‹, spielte die Kapelle, und alle stimmten ein. Endlich war das Gespenst des Zweifels, das ihn immer kritisch seine Form hinterfragen ließ, besiegt.

Der Titel war die Genugtuung für die Qual der letzten zwei Jahre. Die 20 000 Mark waren eine wohltuende Spritze, und die Aussicht auf einen Europmameisterschaftskampf versüßte die Gegenwart. Aber Bubi spürte, daß das nicht alles war. Er mußte Helga gegenüber etwas gutmachen. Sie hatte lange genug seine Launen ertragen oder ihn gleich tagelang nicht zu Gesicht bekommen. Sie fuhren mit Buhlans an die Ostsee. Tagsüber aalten sie sich in der Sonne, und abends waren sie oft auf einer der Strandpartys eingeladen. Auch in Berlin waren Helga und Bubi nach seinem

Comeback wieder ein gern gesehenes und gern geladenes Paar. Für Helga waren diese Einladungen eine ersehnte und wohltuende Abwechslung nach ihren langen Tagen in der Parfümerie.

Es begann die Zeit großer Erfolge und ausgiebiger Feiern. Bubi entdeckte den Film für sich und hielt alles auf 8 mm fest. Er spielte Tennis und freundete sich mit dem Golfsport an.

Da zeigte sich ein Gegner, der Bubi seinen frischen Meistertitel fast wieder geraubt hätte. Das ausgelassene Leben, das er sich gestattete, hinterließ dramatische Spuren: Er wog 75 Kilo, fünf Pfund über dem offiziellen Limit im Mittelgewicht.

Für die nächsten Kämpfe hieß es also nun, nicht nur trainieren, sondern auch Diät halten. Freddy Teichmann, Bubis treuer Begleiter, wurde von Gretzschel damit beauftragt, die Vorbereitungswochen mit gnadenloser Unnachgiebigkeit zu beaufsichtigen. Das Essen wog er in Gramm, und die Getränke maß er in Zentiliter. Oft zeigte die Waage einen Tag vor dem offiziellen Wiegetermin ein paar hundert Gramm zu viel. Aber Bubi schaffte es immer. Egal, ob er die halbe Nacht im Wollpullover Seilspringen machte oder 24 Stunden überhaupt nichts mehr zu sich nahm.

Nach zehn Jahren äußerster Härte gegen sich selbst und mit einer Verzögerung von zwei Jahren konnte er endlich den amtierenden Europameister herausfordern, den Franzosen Charles Humez.

Sein Manager Gretzschel hatte dabei eine taktische Meisterleistung vollbracht. Im Clinch mit dem Bund Deutscher Berufsboxer, der offiziell Hans-Werner Wohlers, den Schützling von Gretzschels Erzrivalen Walter Englert, als Herausforderer gemeldet hatte, war es ihm unmöglich, über den Verband den Europameisterschaftskampf zu erreichen. Er mußte Humez dazu bringen, seinen Titel freiwillig gegen Bubi zu verteidigen. Gretzschel schaffte das

Unmögliche: eine Titelverteidigung in Berlin. Die einzige Bedingung war ein Nicht-Titelkampf vorher in Paris.

Chantal, Michele und Florence, Fotomodelle von Dior, flankierten Bubi bei den Fotos für die Promotionkampagne für den Kampf. Abends war die Aussicht nicht ganz so schön. Im Fernsehstudio wurde er mit Humez der Grande Nation präsentiert. Er fühlte sich wie in New York. In Deutschland kannte ihn zwar jedes Kind, im Ausland jedoch mußten die Zuschauer noch zum Kampf verführt werden. In Paris fiel das nicht schwer. Neben dem etwas grobschlächtigen Humez nahm sich Bubi noch attraktiver aus, als er ohnehin schon war. Der Filmtitel *Die Schöne und das Biest* wurde werbewirksam für das Aufeinandertreffen der beiden eingesetzt.

Anerkennender Beifall im mit 15 000 Menschen ausverkauften Palais du Sport für Bubi Scholz, als er in den Ring stieg. Vorher hatte das Publikum getobt, als ihnen der Löwe von Flandern, wie sie ihren Europameister nannten, vom Ring zuwinkte.

Unter Mühen hatte Bubi die vereinbarten 73 Kilo gebracht. In seinem 69. Kampf erwartete ihn ein selbstsicherer, schlaggewaltiger Gegner, der viel einstecken konnte, was sein zerschlagenes Boxergesicht bewies.

Die schlimmsten Befürchtungen bewahrheiteten sich. Sofort erkannte Bubi die Sonderklasse, der er sich gegenüber sah. Die Schläge prasselten nur so auf ihn ein. In der zweiten Runde krachte Humez' Rechte durch die Deckung an seinen Kopf. Bubi fand sich auf dem Boden wieder. Die Franzosen jubelten. Bei acht war er wieder oben. Noch ein wenig benommen stürzte er sich in den Clinch und überstand so die Sekunden bis zum rettenden Gong.

»Gib ihm nicht so viel Raum!« Lado fächelte ihm mit dem Handtuch Luft zu.

»Die Seile, Lado, die Seile sind zu locker gespannt. Ich komme nicht rechtzeitig weg, kann nicht wegfedern.«

Der Gong rief ihn in den Kampf zurück, in dem er langsam an Boden gewann. Mit einer kleinen Unachtsamkeit in der siebten Runde lud er Humez erneut zu einem Trommelfeuer ein. Er hatte seinen Gegner mit den seitlich herunterhängenden Armen provoziert, kam aber im entscheidenden Moment nicht vom Seil weg. Instinktiv riß er die Arme vors Gesicht. Die Fäuste trafen wie Schüsse auf seine Deckung. Der Palais du Sport ging mit jedem Schlag mit. Da traf ihn ein linker Haken genau zwischen Leber und Niere. Der Schmerz war unerträglich, die Luft blieb ihm weg, er sank auf die Knie und stützte sich mit den Händen, um nicht umzufallen. Gretzschel und Taubeneck sahen sich an. Sollte es der erste K.o. in der Laufbahn ihres Schützlings werden?

»… sieben, acht …«, die Hand des Ringrichters senkte sich wie ein Fallbeil über seinem Nacken. Keiner rechnete mehr damit, daß er weiterkämpfen könnte. Sein eiserner Wille besiegte die Schmerzen, die sich in seinem verzerrten Gesicht spiegelten. Mit einem Ruck stand er bei neun wieder. Die »Chaaarly, Chaaarly«-Rufe wurden leiser. Vereinzelte Stimmen deutscher Fans fanden ihren Weg an Bubis Ohr.

In den letzten Runden konnte er sogar noch ein paar Punkte sammeln, aber es reichte nicht. Es wurde seine erste Niederlage. Mit gesenktem Kopf ging er in seine Ecke. Es war zwar nur ein Kampf um die Ehre und nicht um den Titel, aber das Ende seiner Rekordserie traf ihn wie eine verlorene Meisterschaft. Er war mit den Gedanken bereits in Berlin bei der Revanche.

Paris war zu schön für eine Abreise gleich am folgenden Tag. Nicht umsonst wollte er Französisch gepaukt haben. Mit einer Niederlage die Metropole des Herzens zu verlassen, erschien ihm dumm. Wenn er durch die Straßen lief, über die Boulevards schlenderte oder in den Cafés einer bezaubernden Pariserin gegenübersaß, bot sich immer eine Gelegenheit, ein Kompliment anzubringen. Ein Journalist, den er in Berlin kennengelernt hatte und der jetzt für Springer in Paris saß, zeigte ihm die Stadt. Er war der geeignete Mann, ihn in die besten Theater, die schönsten Revuen und die interessantesten Lokale zu führen. Die Nächte wurden lang, länger als manch eine in Berlin.

»Ungerecht!« Bubi schreckte aus dem Schlaf hoch.

»Que-ce qui se passe?« Eine schwarzhaarige Schönheit nahm ihn in den Arm und beruhigte ihren ›Bübi‹.

Helga holte ihren Mann vom Flughafen Tempelhof ab. Er war einen Tag später als geplant aus Paris gekommen.

»Es war verdammt noch mal ein ungerechtes Urteil.«

»Es ist nicht so schlimm.« Tröstend umarmte sie ihn. Über den fremden Duft, den sie sofort bemerkte, verlor sie kein Wort. Mit seinem entwaffnenden Charme besiegte er die stechenden Blicke und überreichte ihr ein großes Geschenkpaket, ein Kleid von Dior.

Am nächsten Tag lag Bubi mal wieder auf dem Röntgentisch. Der Preis für den Freundschaftskampf waren eine gebrochene und eine angebrochene Rippe. Eine Katastrophe. In sechs Wochen mußte er seine Meisterschaft gegen Max Resch verteidigen. Mit dem Namen verband er nichts Gutes. Zwei Tage nach dem Schaukampf gegen ihn hatte Bubi den Blutsturz. Schnell witterte damals Reschs Manager Englert die Chance, seinen Schützling zu einem zweiten Scholz aufzubauen. Nun war Bubi unerwartet wiedergekommen. Ein direkter Kräftevergleich sollte zeigen, wer die wirkliche Nummer eins in Deutschland war.

Bubi mußte sich schonen, statt zu trainieren. Er drang auf Verschiebung des Kampfes. Aber so einfach war das nicht. Bei Verschiebung würde ihm der Titel aberkannt, und er müßte ihn sich in einem neutralen Kampf gegen Resch erst wieder erboxen. Ohne Titel hieß bei der Börse halbe-halbe. Als Titelträger würde er aber den Löwenanteil der Gage einstreichen. Außerdem wollte er um alles in der Welt als amtierender Deutscher Meister in seine Revanche gegen Humez gehen. So stand mal wieder das gesundheitliche gegen das finanzielle Interesse. Bubi wägte nüchtern ab.

Zehn Tage vor dem angesetzten Termin begann er mit dem Training. Und eine zweite Hürde galt es zu nehmen: Zwei Kilo mußten runter! Das war fast die härtere Übung. Es ging wieder ins ›Trainingslager‹ Kladow. In das kleine Haus am Hottengrundweg begleitete ihn nur Teichmann. Der saß wie Zerberus vor dem Kühlschrank und verwaltete die Lebensmittel. Die letzten Tage ernährte sich Bubi nur noch von Traubenzucker und Eigelb. Er trank deciliterweise Obstsaft. Abführmittel und ein Quecksilberpräparat sorgten dafür, daß jeder lösbare Tropfen den Körper verließ. Als er am Morgen auf die Waage mußte, hatte er einen Durst, als habe er die Wüste durchwandert. Er hatte es geschafft, er wog exakt 72,4 Kilogramm. Die erste Schlacht war geschlagen.

Noch zwölf Stunden blieben ihm bis zum Kampf, die er endlich mit dem ersehnten Essen füllen konnte. Maßvoll natürlich, aber ohne schlechtes Gewissen. Als erstes schluckte er seinen berühmten Kraftdrink, für den Teichmann immer extra vom Bauern frische Eier holte, mit Traubenzucker, Rotwein und Eigelb. Dann gab es ein Steak mit Salat, den er bis zum letzten Blatt aufaß. Danach gönnte er sich eine Mittagsruhe. Er versuchte, sich zu stabilisieren.

Diese Gewaltkuren hatten einen willkommenen Nebeneffekt. Sie machten ihn richtig heiß auf den Kampf. Er brannte nach dieser Zeit der Selbstkasteiung regelrecht auf Ring und Gegner.

Als Bubi aus seiner Kabine in die Dortmunder Westfalenhalle trat, fiel sein Blick auf den in der Ringmitte wartenden Resch. Hochmotiviert stand der emporgelobte, in vielen Augen ungekrönte Meister ungeduldig im Ring. Der Schweiß lief ihm über die Stirn, er hatte sich offensichtlich schon warmgemacht. Bubi ließ sich Zeit. Langsam legte er seinen Bademantel ab. Den Nervenkrieg, den die Presse um sein Gewicht die letzten Wochen geführt hatte, setzte er jetzt in seinem Sinne fort. Nervös wippte Resch in seiner Ecke weiter. Bubi blickte ihn ruhig und konzentriert an, während er sich von Taubeneck die Handschuhe noch mal neu binden ließ. Mit jeder Sekunde bekam das Nervenkostüm seines Herausforderers Risse. Genau das war sein Ziel.

Als der Gong dann ertönte, wartete Bubi ganz ruhig, daß Resch kam. Keine Bewegung entging seinem Blick. Die nervösen Augen seines Gegners machten ihn siegesgewiß. Bubi ging von Anfang an ein hohes Tempo, vermied aber jede überflüssige Bewegung. Er wußte, daß es heute schnell gehen mußte. Seine Verletzung war noch nicht vollständig auskuriert, und je länger der Kampf dauerte, desto eher konnte er einen von den berühmten unerwarteten Schlägen seines Herausforderers einfangen.

Es wurde ein einseitiger Kampf zwischen einem unermüdlichen Stehaufmännchen und einem konzentrierten Präzisionsboxer. Scholz hatte Resch bis zur dritten Runde schon siebenmal zu Boden geschlagen, als ihn plötzlich dieser gefürchtete Schlag an der Kinnspitze traf. Bubi sank in die Knie. Die Westfalenhalle stand kopf. Die Zuschauer witterten eine Sensation. Ein Warnschuß, den er sich sofort zu Herzen nahm.

»Boxen.«

Der Ringrichter gab den Kampf wieder frei. Jetzt sah Resch seine Chance gekommen und stürzte sich in seinen Untergang. Knallhart hebelte ihn Bubis Linke aus. Bis acht lag er diesmal auf dem Boden. In der vierten Runde, nach dem elften Niederschlag, warf sein Trainer das Handtuch. Bubi hatte die Deutsche Meisterschaft erfolgreich verteidigt. Jetzt konnte Humez kommen.

KAPITEL 8:
Scholz gegen Humez – Der neue Europameister

»Toi, toi, toi!«

Helga nahm stellvertretend die Wünsche der Freunde entgegen. Joachim Fuchsberger war aus Hamburg angereist, Gerhard Wendland aus Wien, außerdem Curd Jürgens, Bully Buhlan, viele Prominente aus der Film- und Musikwelt. Alle, die Bubi kannten und schätzten, saßen in den ersten Reihen. In der Zeit vor dem Kampf stand Helga selber im Mittelpunkt. Ein kleiner Trost für die Tage und Nächte, in denen nur eines in das Bewußtsein von Bubi drang: der kommende Kampf.

Kräftezehrend waren diese monatelangen Trainingsphasen, für beide eine Geduldsprobe. Meist verabschiedete sich Scholz in sein Refugium in Kladow. Diesmal war er die letzten drei Wochen in ein Hotel verschwunden. Jetzt saß Helga eingerahmt von Frau Gretzschel und dem Pariser Promoter Gilbert Benaim und dachte schon an den nächsten Tag, an zwei Stunden nach dem Kampf, wenn für sie wieder der Bubi da war, den sie liebte. Einer, der nicht nur Seil sprang und wie ein Verrückter um den See rannte. Einer, der auch mal zu Hause war, mit dem man wieder nach Italien fahren konnte. Zum Ausspannen, zum Alleinsein.

»Buuubi, Buuubi!«

Tausende von Berlinern skandierten den Namen ihres Idols. Sie hatten sich mit Decken, Wärmflaschen und Ferngläsern bewaffnet auf den Weg ins Olympiastadion gemacht. Die Freunde vom Prenzlauer Berg und seine Familie waren zu seinem größten Kampf gekommen; nur Helgas Mutter fehlte. Frau Druck hatte sich noch nie für diese Kämpfe begeistern können.

Auch Charles Humez hatte seine Anhänger. Viele der über 2000 in Berlin stationierten Franzosen ließen sich den Höhepunkt ihrer Berliner Zeit nicht entgehen. Insgesamt hatten sich 30 000 Zuschauer um den Ring an der Ostkurve versammelt.

Es wurde dunkel, die Scheinwerfer strahlten auf den erleuchteten Ring. Die Vorkämpfe waren beendet. Alles wartete gespannt auf den Hauptkampf. Es öffnete sich eine Tür. Die Scheinwerfer verfolgten im scharfen Lichtkegel ihr Opfer, das sie wie ein Magnet in den Ring zogen. Ein Beifallssturm brach los, als an diesem 4. Oktober 1958 das Licht Bubi Scholz umstrahlte und die Berliner ihn mit tosendem Beifall in den Ring begleiteten.

Endlich war er raus aus der ›Zelle‹, wie er die weiß getünchte Kabine mit ihrer spartanischen Massageliege nannte, in der er die letzte Stunde vor dem Kampf verbrachte. Allein, da Taubeneck und Gretzschel bei ihren anderen Schützlingen, Nitzschke, Borczowskowski und Wemhöner waren, den Rahmenkämpfern. Gleich würde der Kampf losgehen, auf den er so lange gewartet hatte. Leicht tänzelnden Schrittes, mit den Fäusten Schläge imitierend, näherte er sich dem Ring. Konzentriert auf sich und sein Kräftespiel. Hier, das wußte er, kam es nicht auf irgendeine Show vor dem Kampf an. Sein heutiger Gegner würde sich durch so etwas nicht irritieren lassen.

Scholz sah nichts auf dem langen Weg zum Ring. Nicht einmal Helga, die wie immer ganz vorne am Ring saß und bis zu seinem Auftritt alle Aufmerksamkeit auf sich zog. Seine 23jährige Frau genoß diese Minuten vor dem Kampf. Bis zum Erscheinen ihres Mannes war sie der Mittelpunkt des Geschehens. Jetzt suchten alle Augen ihn auszumachen, wie er geschützt von Taubeneck, Gretzschel, Teichmann und Stadtlander in Richtung Ring ging. Eine fast erotische Mischung aus Schweiß und Massageöl stieg den Zuschauern am Gang in die Nase. Den konzentrierten Blick auf den Boden geheftet, erreichte er den Ring. Er ging die

Stufen hinauf. Freddy Teichmann schob die Seile auseinander, und der Beifall brauste noch einmal zu ungeahnter Lautstärke auf.

Als sein Kontrahent, der amtierende Meister, ins Stadion einlief, skandierten die Franzosen »Charly, Charly.« Es war ein anderer Beifall, der der Besatzer. Der deutsch-französische Gegensatz war wieder zu spüren. Diesmal jedoch nicht für einen militärischen oder politischen, sondern für einen sportlichen Kampf. Dem ›Gast‹ bereiteten die Franzosen einen fulminanten Empfang. Scholz fragte sich, ob er hier wirklich einen Heimvorteil hatte. Die Berliner übertönten jedoch die Franzosen.

Humez stand kurz darauf in seiner Ecke. Auch er voll konzentriert. Etwas Besonderes lag in der Luft. Mit offenem Gesicht ging Scholz in die Ecke gegenüber, begrüßte Humez, der, eskortiert von Trainer Marcel Petit und Manager Philippe Filippi, vor dem Schemel stand. Alle drei mit versteinertem Gesicht. Sein ›bonne chance‹ entlockte Humez ein leichtes Lächeln. Dann ging Scholz in seine Ecke und ließ die über Jahre eingespielten Handgriffe über sich ergehen. Er versuchte sich zu entspannen, während Ringrichter Tinelli an die Trainer Boxhandschuhe verloste.

Bubis Augen schweiften über die Köpfe von Willy Brandt, dem regierenden Bürgermeister, der Boxgrößen Gustav Eder, Walter Neusel und Max Schmeling, die der Schauspieler und Freunde Wolfgang Preiss, Harald Juhnke, O. E. Hasse, Uschi Lingen, Kurt Meisel, Curd Jürgens, ohne sie tatsächlich zu erkennen, denn zu sehr war seine Konzentration auf das Bevorstehende gerichtet. Er ließ sich die Fäuste mit den Mullbinden bandagieren und mit Leukoplast stabilisieren, die Handschuhe sorgfältig verschnüren – er dachte an Paris. Die Stärken seines Gegners hatte Scholz dort erfahren. Vor seiner harten Rechten mußte er sich in acht nehmen, aus der Halbdistanz hatte er ihn geschwächt. Vor ihm lag eine Stunde, 15 mal drei Minuten mit jeweils einer Minute Pause. Sicherlich würde an diesem Abend die Kondition entscheiden. Er hätte sich nicht besser vorbereiten können. Jeder der 30 000 im Olympiastadion fieberte mit einem der beiden auf der exponierten Bühne.

Beide hatten die 140 Gramm schweren Handschuhe über ihren Fäusten. Es näherte sich der Moment, in dem sich zeigen sollte, ob sich die Zeit des Verzichts und des Trainings bis zur Erschöpfung gelohnt hatte. Vor allem die ›Therapie‹ im Hotel Gerhus, wo Bubi drei Wochen gefastet hatte. Freddy Teichmann war wie immer der strenge Begleiter, hatte eine Unnachgiebigkeit an den Tag gelegt, die seine treuen Augen nicht erahnen ließen.

Die Ringrichter und die beiden Akteure standen in der Mitte des Rings. Es gab noch die eine oder andere Ermahnung, die niemand auf den Rängen oder am Ring verstand. Die Spannung wurde durch den verzögerten Beginn noch einmal angeheizt. Wieder in den Ecken, nahmen ihnen die Trainer die Bademäntel ab.

Und dann hieß es »Ring frei – zur ersten Runde«.

Humez begann mit einem ungeheuren Tempo. Scholz mußte die ersten Hakenserien über sich ergehen lassen. Er tat es mit der Gewißheit, in Paris gelernt zu haben, wie er darauf reagieren konnte. Eine um drei Runden längere Distanz, die auch bei Humez Spuren hinterlassen mußte, ließ ihn hoffen. Eine Gerade konnte er plazieren. Humez schüttelte sie wie einen Schweißtropfen von seinem Gesicht. Plötzlich spürte er einen Stich in der Nierengegend. Es schmerzte wie die Hölle. Er mußte reagieren, sich Platz schaffen. Mit Mühe bekam er Humez ein wenig auf Distanz. Endlich der Gong, nach dem sich Scholz so sehr gesehnt hatte.

60 Sekunden Pause. Zweite Runde. Humez drosch unverändert hart auf ihn ein. Mit seiner Deckung versuchte er die Angriffe abzublocken und wartete auf eine Chance. Am Seil pendelte er, so gut es ging, die Schläge aus. Ab und zu gelang ihm ein Konterschlag gegen die schnaufen-

de Faustmaschine. Noch war er mehr mit dem Ausweichen beschäftigt als mit dem Lancieren eigener Schläge.

»Weg vom Seil!« brüllten die Zuschauer und auch sein Trainer. Aber am Seil fühlte er sich vergleichsweise sicher. Von da teilte er Rechte und Linke aus, die den Anstürmenden stoppten und endlich Wirkung zeigten. Plötzlich hörte er ein Geräusch. Er hatte mit einer seiner gefürchteten harten Linken das Nasenbein von Humez gebrochen. Auch die Lippe war getroffen. Es floß Blut. Der Schmerz mußte ungeheuer sein, aber Humez ließ sich nichts anmerken. Im Gegenteil, die Verletzung schien Humez noch anzuheizen. Jetzt merkte man, woher er kam, der ehemalige Bergmann aus dem nordfranzösischen Revier. Man verstand, warum er seit drei Jahren seinen Titel erfolgreich verteidigte, und man sah die 460 Kämpfe, die er auf dem Buckel hatte. Er war verbissen, hart mit dem Gegner und vor allem hart mit sich selbst. Schonungslos, keine Grenzen wahrnehmen und akzeptieren wollend, reihte er sich ein in die französische Boxtradition. Auch der berühmte Marcel Cerdan hatte nicht begriffen, daß sein Körper nicht mehr wollte, als der Gong zur nächsten Runde gegen Jake LaMotta ertönte.

Scholz konnte also nur auf eine Phase der Erschöpfung bei seinem Gegner hoffen. Er konnte ihn nur Schlag für Schlag niederringen. Die Runden ähnelten sich. Humez griff an, Scholz zog sich zurück, deckte, so gut er konnte, konterte aus der Defensive. Humez' Schläge kamen häufiger, aber Scholz setzte seine genauer. Die geschwollene Nase, aus der immer noch Blut rann, erschwerte Humez das Atmen. Er schob sich zum wiederholten Male den herausgeschlagenen Mundschutz über die Zähne. Er atmete tief und stürmte von neuem los.

›Wird der denn nie müde?‹ dachte sich Scholz in der siebten Runde. Die berühmte siebte Runde, in der schon so viele Kämpfe entschieden wurden. Humez dominierte mit seinen Schlägen und trieb Scholz mit seiner Schlagwucht in eine Krise. In der achten Runde erhielt Bubis Stehvermögen einen schweren Rückschlag. Nichts klappte wie geplant, seine Beine wurden weich, seine Schläge landeten immer ein wenig zu spät beim Gegner. Er dachte nicht ans Kontern, nur noch an das Erreichen des nächsten Gongs. Er zerschellte an der eisernen Kondition seines Gegners.

Endlich 60 Sekunden auf dem Schemel. Die Berliner feuerten ihren Bubi an. Sie spürten, daß er das jetzt mehr als je zuvor brauchte. In der ersten Reihe preßte Helga ihre Fäuste an die Lippen.

Langsam baute sich Bubi mental auf, seine Willensstärke begann zu arbeiten. Irgendwann mußte dieser Mensch doch müde werden. Der andauernde Beifall und die vielen gedrückten Daumen wirkten anscheinend Wunder. In der neunten Runde spürte er wie ein Geschenk des Himmels aufkeimende Kraftreserven, die er nicht mehr vermutet hätte – und nicht nur er. Seine Schläge kamen wieder präzise, und sie hatten Druck. Beide reduzierten das mörderische Tempo. Diese scheinbar unerschöpfliche Schlagmaschine hatte keine so rechte Kraft mehr hinter den Schlägen, der Blick verlor seine stechende Schärfe. Humez feuerte seinen Mundschutz in die Ecke. Endlich bekam er ungehindert Luft. Noch immer vorsichtig, wartete Bubi ab und beobachtete seinen Gegner. Aus der Defensive setzte er seine linken Haken.

In der zwölften Runde griff Scholz an. Er trieb Humez vor sich her. Er riskierte alles. Das Publikum honorierte die Offensive mit begeisterten Anfeuerungen. Helga schlug die Hände vors Gesicht. Scholz ging unnachgiebig nach vorne. Er blickte in das Gesicht des mit sich kämpfenden Humez, der ahnte, daß er in die Augen seines Nachfolgers blickte.

Plötzlich ging es ganz schnell. Nach einem Haken von Bubi drehte Humez unvermutet ab. Blutverschmiert und nach Atem ringend, die klatschnassen Haare klebten an der hohen Stirn, stand er mit dem Rücken zu Scholz und hielt sich am Seil fest. Er hob die rechte Hand und stammelte: »Je n'en peux plus«. Schlagbereit stand Scholz noch hinter ihm und kramte in seinem wenigen Französisch. Er konnte es nicht glauben: Humez gab den Kampf auf. Der Kampf war zu Ende. Er war wirklich zu Ende, und er war Europameister. Er hatte sein Ziel endlich erreicht.

Keine Tbc, keine stichelnde Helga, keine nervenden Reporter hatten ihn davon abhalten können. Ungläubig und doch erleichtert, wandte er sich zu seiner Ecke, da spürte er einen Lederhandschuh, der seine Rechte ergriff und emporhob. Humez übergab seinen Titel auf diese anrührende Weise. Ein unbeschreiblicher Jubel brach los, Fotografen, Betreuer, Fans versuchten den Ring zu stürmen. Scholz bekam den Kranz der goldenen Lorbeerblätter um die Schulter. Er kämpfte sich zu Humez durch, der schon wieder in seiner Ecke saß, und revanchierte sich, indem er ihn in die Mitte zu den wartenden Fotografen zog. Beiden rann unaufhörlich der Schweiß über die Haut.

Langsam machte die Erschöpfung ein wenig Platz für die Freude, die tiefe Freude, ein Urgefühl, das nur noch in seltenen Momenten Raum fand. Die Küsse und Umarmungen näherten sich wie fremde Flugobjekte, das eigentliche Glück steckte tief in ihm selbst. Er ließ sich treiben, ein seliges Treiben auf der Woge, die er selbst geschaffen hatte. Die Betreuer bahnten ihm einen Weg aus dem Ring. Wildfremde Menschen versuchten immer wieder zu ihm durchzukommen, ihm durch die verschwitzten Haare zu streifen, auf die Schulter zu klopfen oder etwas zu sagen. Wie ein nächtlicher Flug durch das Universum war der von Blitzlichtgewitter gesäumte Weg in die ›Zelle‹. 30 000 Menschen entzündeten ein Feuerwerk mit ihren Streichhölzern. Das Olympiastadion leuchtete für Bubi.

Ein stiller Beobachter stand vor der Kabine. Einmal winken, ein Blick, der Bubi zeigte, er hatte ihn wirklich in seiner Art anerkannt, ja, er war sogar stolz auf seinen Sohn.

Helga war schon längst aufgebrochen. Die erste Stunde ›danach‹ gehörte immer Bubi selber. Endlich ging es zurück in die Bayerische Straße, die er drei Wochen nicht gesehen hatte. Freddy gab ihm den Wagenschlüssel, den er lange nicht mehr in der Hand gehabt hatte. Mille sorgte sich aufopfernd um den heimgekehrten Helden. Der Ablauf war immer der gleiche. Aber nie zuvor hatte er ihn so genossen. Ein warmes Bad, in das sich Bubi zurückzog, einen Liter Aufbaugetränk aus Milch, Traubenzucker, Honig, Früchten und Eigelb auf einem Hocker neben der Badewanne, die einen wunderbaren Duft verbreitete. Gerhard Wendland und Freddy Teichmann hatten es sich im Wohnzimmer bequem gemacht, nahmen die ersten Glückwunschtelegramme in Empfang und legten Frank Sinatra auf. Das Gedudel im Hintergrund und das Stimmengewirr ergaben einen Klangteppich, der das Gefühl verbreitete, nicht alleine zu sein. Im Bad die wohlige Wärme des Wassers, der weiße, geschmeidige Schaum. Seine Gedanken schweiften zurück in den Ring. Er strich den Schaum zur Seite und blickte in ein glückliches Gesicht.

Eine ganze Nation feierte den ›Helden‹ aus Berlin. Peter Frankenfeld gab den Sieg in seiner Fernsehshow bekannt, der Springer-Verlag druckte das erstemal eine Sonderausgabe und verteilte sie kostenlos auf dem Ku'damm.

Die Feier lief schon auf vollen Touren, als Scholz mit seinen beiden Begleitern am Hause Juhnke vorfuhr. Juhnke, mit dem er schon seit einiger Zeit gut befreundet war, hatte es sich nicht nehmen lassen, die Siegesfeier, die es seiner Meinung nach auf alle Fälle werden würde, bei sich auszurichten. Alle waren sie da, die wichtigen, und jene, die sich dafür hielten, die wahren und die falschen Freunde. Alle gemeinsam sorgten dafür, daß es eine unvergeßliche Feier wurde, von der Bubi Scholz hinterher sagte, sie hätte ihn fast genauso viel Kraft gekostet wie die zwölf Runden gegen Humez.

Die Prophezeihung von Arthur Bülow im Wohnzimmer

Sie hatten ein ähnliches Image, galten als trinkfeste harte Burschen: Doch während Eddie («Lemmy Caution») Constantine, der sich auf dem Berliner Filmball im Januar 1958 die Muskeln fühlen läßt, alles nur zu spielen brauchte, mußte Bubi Scholz seine Schlagkraft tatsächlich beweisen.

An der Hausbar seines Freundes Bubi, wie hier im Jahr 1958, nahm Harald Juhnke gerne mal einen Schluck (oben); allerdings half es nichts, als Gustav Scholz und der Schauspieler Walter Gross ihm im Mai 1959 vor Beginn eines Prozesses die Daumen drücken: Juhnke wird wegen Trunkenheit am Steuer, Fahrerflucht und Widerstands gegen die Staatsgewalt zu sieben Monaten Gefängnis und einem Jahr Führerschein-Entzug verurteilt.

Prominente unter sich beim Berliner Filmball am 30. Juni 1962: Schauspieler Dieter Borsche und seine Frau unterhalten sich mit Bubi und Helga.

Was Bubi Scholz seinem Box-Kollegen Cassius Clay alias Muhamed Ali zuflüstert, werden wir nie erfahren (oben).
Beim Treffen mit seinem Freund Hans Rosenthal und dem Anwalt Wolfgang Prejawa ging es im Juni 1967 um die Gründung der "Berliner Gesellschaft zur Unterstützung der Olympischen Spiele in München 1972".

*Die Box-Legenden Bubi und Maxe (oben) in ungewöhnlicher Verkleidung: Scholz und
Schmeling spielen 1971 für die ARD-Sendung »Ein Platz an der Sonne« zwei Polizisten.*
*Mit Peter Frankenfeld (unten) waren Helga und Bubi gut befreundet; hier treten sie
1972 auf in seiner Fernsehserie »Sie und Er im Kreuzverhör«.*

Golf und Aprés-Golf: oben Ex-Boxer Bubi Scholz gegen Ski-Ass Willi Bogner bei einem Amateur-Tournier 1973 in Düsseldorf; unten Bubi mit Rosi Mittermaier, Uschi Glas, Howard Carpendale und Christian Neureuther mit ihren Siegerpokalen nach einem Prominenten-Tournier 1982 in Herzogenaurach.

Der Meisterboxer 1982 mit Sportjournalist Harry Valerien (oben); zu Weihnachten 1984 schickt Willi Millowitsch dieses Foto («Lieber Bubi! Aus den Augen aber nie aus dem Sinn. Wir denken an dich - Dein Willi»). Unter dem Foto an der Wand steht: «Wiederholung am 25. September 1983 im WDF Der Meisterboxer, Schwank von Otto Schwartz und Carl Mathem mit Bubi Scholz. (Erstsendung: 20.2.1960).»

In seinem Haus Am Rupenhorn 9 in der Nähe des Grunewalds empfing Bubi Scholz oft prominente Besucher - wie hier am 7. September 1971 Schlager-Star Udo Jürgens.

seiner Eltern, nach dem Kampf im Prater, war in Erfüllung gegangen. Bubi Scholz war neben dem Fußballidol Fritz Walter, dem Sprinter Manfred Germar und dem Reiter-Duo Hans Günter Winkler/Fritz Thiedemann der bekannteste Sportler Deutschlands nach 1945, ein Meister.

KAPITEL 9:
Erfolg

Der Weg nach oben, den er mit Blut, Schweiß, Tränen, eiserner Disziplin und Willensstärke erkämpft hatte, brachte den ersehnten Erfolg: steigende Börsen, die Liebe einer attraktiven Frau und gesellschaftliche Anerkennung in einer leistungsorientierten Welt. Mit dem Kampf seines Lebens, in dem er Charles Humez' Widerstand gebrochen hatte, hatte er das Tor zu einer Welt aufgestoßen, die ihn wie ein Magnet nach oben zog. Dank Gretzschels unermüdlicher Unterstützung, Taubenecks strategischen Kampfvorbereitungen, Helgas scheinbar unerschöpflicher Hingabe und der Hilfe all jener Wegbegleiter, die ohne jeden Zweifel an ihn glaubten, hatte sich Bubi Scholz in den Olymp des Faustkampfes geboxt.

Es war Anfang Oktober 1958. Mit seinem internationalen sportlichen Durchbruch im 13. Kampf nach seiner Tbc war er nicht nur in die erste Reihe bundesdeutscher Sportler aufgestiegen, sondern bewegte sich auch wie selbstverständlich in der neu erblühten Prominenz deutscher Bürgerlichkeit. Er wurde mehr denn je zum gefragten Mann. Frauen erlagen seinem Charme genauso wie er ihren Angeboten. Verführerisch und schillernd tat sich eine Zukunft auf, in der nichts unmöglich schien.

Die ›Marke‹ Bubi Scholz, die vor drei Jahren nur ein paar treue Freunde in die Parfümerie gelockt hatte, überstrahlte mit ihrer Kraft die ganze Republik. Das Geld lag auf der Straße. Bubi mußte sich nur bücken. Sein Traum von einem sorgenfreien, finanziell gesicherten Leben wurde Wirklichkeit. Nur in stillen Momenten spürte er die tief verwurzelte Angst vor einem Zurück ins namenlose Nichts. Das gekränkte, gehänselte Arbeiterkind in ihm wollte täglich von der Tragfähigkeit dieses Glücks überzeugt werden. Bald prangte ein Tausendmarkschein mit seinem Konterfei eingerahmt im Hausflur. Die Angebote überschlugen sich. Alle wollten Bubi Scholz: Fernsehsender, Verlage, Schallplatten- und Filmproduzenten hefteten sich an seinen Erfolg.

»Ich werde ein bißchen kürzer treten«, sagte er eines Tages zu Gretzschel.

»Bubi! Die zwei Kämpfe im Dezember gehen doch klar, oder?« fragte Gretzschel sofort.

»Sicher, aber danach brauche ich Zeit. Die rennen mir die Bude ein.«

»Gut, gut.« Gretzschel war klug genug, um seinem Schützling keine Vorhaltungen zu machen. Er wußte, daß Bubi mit der Publicitywelle mehr Geld verdienen konnte als in seinen Kämpfen. Also fügte er hinzu: »Schmiede das Eisen, solange es heiß ist.«

»Meine Rede, Fritz!«

Soll er sich nur erst mal austoben, dachte Gretzschel. Außerdem war es taktisch klug, sich im Ring ein wenig rar zu machen. Das erhöhte die Spannung vor dem nächsten Kampf, sicherte ein volles Haus und trieb die Preise in die Höhe.

Ring frei, Du bist mein Talisman, Marina, Gehn sie nie allein nach Haus, Sie trägt nur Blue Jeans, Die Rita vom Sportverein, Der starke Joe aus Mexiko, Der Meisterbaron, Der Angelschein – das waren die Titel, unter denen Bubi seine Haut als Sänger, Schauspieler und Autor zu Markte trug. Wirtschaftlich vielversprechend und – anders als im Ring – ungefährlich.

Bei soviel Engagement außerhalb des Rings litten seine Kampfvorbereitungen für den Dezember. Der Autor seiner Biografie ›Ring frei‹ begleitete ihn ins Trainingslager bei München, mit dem Filmproduzenten Atze Brauner mußte er Vertragsverhandlungen führen, die Aufnahmetermine für die Schallplatten drängten. In München gab er immer wieder Interviews. Fast nebenbei bestritt er den Kampf gegen den Costaricaner Portuguez, mit dem er in der ersten Runde

147

kurzen Prozeß machte. Nach einem schnellen k.o. folgte ein Geschäftsessen, bevor es am nächsten Tag wieder zurück nach Berlin ging. Rastlos eilte er von Termin zu Termin. Zehn Tage später Paris. Er wollte den Franzosen zeigen, daß er ein würdiger Nachfolger von Humez war. Alte Bekannte und bekannte Lokale versüßten das Pariser Nachtleben.

Ein Tag vor seinem Kampf wurde in der Dortmunder Westfalen-Halle, wo er vor einem halben Jahr Max Resch abserviert hatte, der ›Sportler des Jahres‹ gekürt. Siegessicher wollte er via Fernseh-Live-Schaltung aus Paris die Ehrung der deutschen Sportpresse entgegennehmen. Doch nicht er, sondern der Springreiter Fritz Thiedemann wurde zum ›Sportler des Jahres‹ gewählt. Bubi gratulierte höflich und kaschierte seine Enttäuschung mit einem charmanten Lächeln. Nachdem die Kameras abgestellt waren, fluchte er, wie nach jeder Niederlage, egal ob er sie im Ring, beim Kartenspiel oder auf dem Tennisplatz bezog. Der Abend war gelaufen. Sein Ehrgeiz akzeptierte keine Niederlage.

Verlieren konnte Bubi noch nie. Nicht auf dem Exer, nicht im Prater und auch nicht in Paris. Wettkampf, Leistung und Sieg bestimmten sein Leben. Sein brennender Ehrgeiz ließ ihn auch im Privaten nicht los. Egal ob am Wohnzimmertisch beim Skat, beim Schachspiel, an der Tischtennisplatte oder beim Golf. Wehe dem, der gegen ihn gewann. Die peinigende Niederlage, die er bei der Live-Übertragung in Paris hinnehmen mußte, war beinahe so schlimm wie seine erste Niederlage gegen Humez.

Nach mühsamen, unspektakulären zehn Runden errang er am nächsten Tag einen Punktgewinn gegen den Franzosen Germinal Ballarin. Immerhin wanderten 23 000 Mark Weihnachtsgeld in seine Tasche. Ein kleines Trostpflaster für den verpaßten Titel ›Sportler des Jahres‹.

Das Leben in der High Society, das ›dolce vita‹, hinterließ erste Spuren und warf seine Schatten voraus.

»Frühestens in einem halben Jahr wieder einen Kampf«, sagte er zu Gretzschel.

Endlich eine wohlverdiente Boxpause. Film- und Musik-produzenten gingen bei ihm ein und aus. Bubi Scholz ließ sich nicht lange bitten, verhandelte aber um so härter. Alle staunten über die Geschäftstüchtigkeit dieses smarten Boxers. Atze Brauner ließ ein Drehbuch für ihn schreiben und produzierte *Marina*. Ein zweiter Film entstand unter dem Titel *Gehn sie nie allein nach Haus*. Hans Bradtke textete aus dem amerikanischen Original *We've Got a Secret* ein geheimnisloses *Sie trägt nur Blue Jeans*. Es wurde die erste von vier Schallplatten, die Bubi besang. Die entstaubten Zahnbürsten mit seinem Namenszug standen erneut im Schaufenster der Parfümerien und fanden reißenden Absatz. Sein Ruhm brachte Bubi 1959 über 150 000 Mark ein. Das Idol einer ganzen Generation wurde auf der Leinwand bewundert, drehte sich auf unzähligen Plattentellern und fand seinen Weg in die Zahnputzbecher.

Zu dem Geld gesellten sich neue Freunde. Die Lübecker Bucht gehörte der Vergangenheit an, man traf sich jetzt in Kampen auf Sylt, dem Strand der Berliner. Die legendäre Buhne 16 war der Treffpunkt der glitzernden Prominenz. Unter ihresgleichen genossen Bubi und Helga schöne Wochen am Sandstrand. Voller Stolz, anerkannt und gefragt, verbrachte Bubi Scholz mit seiner schönen Frau die unbeschwerte Zeit auf Sylt. Das Traumpaar fuhr nicht mehr mit dem Auto nach Riccione, sondern flog mit dem Flugzeug nach Marbella oder Antibes.

Helga sonnte sich in Bubis guter Laune, sie war eine anregende Gesprächspartnerin und glänzende Gastgeberin. Wortgewandt und schlagfertig zog sie die Aufmerksamkeit auf sich, aus Nichts konnte sie in Windeseile ein Buffet zaubern. Die Freunde kamen gerne und blieben lange. Bubi liebte es, so lange zu schlafen, wie er wollte; mit Tennis, Golf und Skifahren verbrachte er seine freie Zeit. Auch hier wollte er immer der Beste sein, geradezu zwanghaft verglich er seine Leistung immer mit der der anderen.

Bubis egoistischer Drang nach Anerkennung und seine kompromißlose Haltung gegenüber Helga führte zu ersten Rissen zwischen dem Traumpaar. Wenn er mal wieder zu sehr nach dem Lustprinzip lebte, fühlte sich Helga vernachläßigt und betrogen. Konfliktscheu, wie er war, verließ er dann das gastliche Haus, das ihm schnell zu eng wurde. Auch der Sport war eine willkommene Flucht vor Helgas Kontrolle. Sie war alles andere als sportbegeistert. Ganze Nachmittage oder gleich ein paar Tage büchste er aus: auf den Golfplatz, in sein Apartment in der Berliner City oder auf die Skipisten in den Alpen. Scheinbar souverän ließ Helga ihm seine Freiheit. Seine war auch ihre. Inzwischen wußte sie, er kam immer wieder.

Vom Tonstudio zum Filmset, vom Filmset in den Urlaub. Wie ein bunter Jahrmarkt drehte sich alles um Bubi. An Langeweile war gar nicht zu denken. An der Seite von Willy Millowitsch und Peter Frankenfeld begleitete er den Siegeszug des Fernsehens in die deutschen Wohnzimmer.

Es entwickelte sich eine enge Freundschaft zu Peter und Lonny Frankenfeld. Ein Abstecher in ihr Haus in Wedel, auf dem Weg von oder nach Sylt, wurde zum festen Bestandteil der Reise. In der gleichen Zeit lernte Bubi Scholz Harald und Inge Quandt kennen. Die Quandt-Gruppe besaß Firmen und Beteiligungen an Unternehmen in Milliardenhöhe. Zu Quandts entstand eine seiner innigsten Freundschaften dieser Zeit. Durch einen befreundeten Sportreporter war Inge Quandt zur Siegesfeier nach dem Humez-Kampf gekommen. Ihr Mann mußte sich entschuldigen, lud aber im Gegenzug Bubi Scholz nach Bad Homburg ein. Gerne nahm er die Einladung an und besuchte sie, als er das nächste Mal mit Helga in Frankfurt war. Die Herzlichkeit, das perfekt ausgestattete Haus und nicht zuletzt der große Reichtum beeindruckten ihn. Es entwickelte sich eine enge Freundschaft, in deren Verlauf Bubi Scholz Patenonkel der vierten Tochter Bettina wurde. Viele Urlaube verbrachten sie gemeinsam an der Côte d'Azur in der

Villa der Quandts. Angeln, Wasserski, Tauchen – alles, was das Herz begehrte.

Einige Jahre später, Scholz hatte gerade in Frankfurt den Kampf von Karl Mildenberger gegen den Argentinier Oscar Bonavena kommentiert, wollte ihn Harald Quandt überreden, für ein Wochenende nach Südfrankreich mitzukommen.

»Nee, Harald, sei mir nicht böse, aber dieses Wochenende habe ich Helga versprochen.«

»Dann soll sie doch auch mitkommen.«

»Ich glaube, das ist keine gute Idee. Sie hat ziemlichen Streß im Laden und will endlich mal ein Wochenende in Ruhe in Berlin verbringen. Außerdem hat sich der Boehnisch angesagt. Da bin ich lieber dabei.«

»Wenn du meinst, dann bis zum nächsten Mal, tschüß.«

Aber es gab kein nächstes Mal. Das Flugzeug von Harald Quandt zerschellte am 22. September 1967 auf dem Flug nach Südfrankreich an einem Berg in der Nähe von Turin. Das beharrliche Drängen von Helga, das Wochenende gemeinsam in Berlin zu verbringen, hatte Bubi das Leben gerettet.

Die erste Pubicitywelle flaute ab. Bubis Beruf blieb das Boxen. Zwar reduzierte sich langsam die jährliche Anzahl seiner Kämpfe, aber vor jedem Kampf ging die Tortour für das zugelassene Gewicht von neuem los. Die Kämpfe wurden länger, gingen meist über die volle Distanz. Nur noch selten gelang ihm ein früher k.o.-Sieg, wie im Kampf um die Europa- und Deutsche Meisterschaft gegen Peter Müller, der es noch mal wissen wollte. ›De Aap‹ ging in der ersten Runde zu Boden. Nach seinem zweiten Kampf gegen den Hamburger Buttje Wohlers, der unentschieden endete, setzte Scholz der ewigen Qual mit dem Gewicht ein Ende. Im April 1961 gab er seinen Titel ungeschlagen zurück und wechselte in die nächsthöhere Gewichtsklasse, das Halbschwergewicht.

»Hast du dich mal wieder übernommen?« Helga schlug die Hände über den Kopf zusammen. »Wie sollen wir denn das bezahlen?«

Bubi wollte seinen Traum vom eigenen Heim erfüllen. Der Architekt und Visionär Max Hilberseimer hatte sich inzwischen in Amerika etabliert und als Professor für Städtebau einen Namen gemacht. Sein Haus Am Rupenhorn 9, bzw. das, was der Krieg davon übrig gelassen hatte, stand unter Denkmalschutz. Bubi hatte sich gut beraten lassen und alles perfekt geplant und durchdacht. Aus der ehemals vertikalen Zweiteilung des Hauses machte er eine horizontale. Im ersten Stock plante er zwei Mietwohnungen. Im Souterrain entstand außer der Bar und der Sauna eine weitere Wohnung. Die Mieteinnahmen sollten die anfallenden Kosten tragen. Es dauerte nicht lange, bis der weiße Klinkerbau in neuem Glanz erstrahlte. Ein Swimmingpool fand seinen Platz im Garten, vor dem Haus stand eine schmucke Hollywoodschaukel, im verglasten Vorbau befand sich ein Kamin, der zu gemütlichen Abenden am Feuer oberhalb der Havelchaussee einlud. Jetzt lebten sie dort, wo sie es sich immer gewünscht hatten: am Grunewald.

Kurze Zeit später, am 13. August 1961, schlossen sich die 155 Kilometer langen Sperranlagen um die Westsektoren Berlins. Die Grenze, die mit Zäunen und Stacheldraht zwei politische Weltbilder voneinander trennen wollte, wurde in der Folgezeit zu einem massiv gemauerten, schwer zu überwindenden Bauwerk. Ab 1965 ersetzten dann auch dort die Errungenschaften im Plattenbau – drei Meter fünfzig hohe, gegossene Betonwände – die verputzte Steinmauer.

Bis zum Mauerbau war die Zahl der ehemaligen Ostberliner und DDR-Bewohner, die jetzt in Westberlin lebten, auf 400 000 gestiegen, das waren über 21 Prozent der gesamten Westberliner Bevölkerung. Einer davon war Bubi Scholz. Auch seine Schwester Hilde war damals in den Westen gezogen, bevor sie 1958 in die Vereinigten Staaten auswanderte, wo sie seit drei Jahren glücklich verheiratet lebte. Die Eltern Scholz waren schon vor längerem im Kiez umgezogen. Mit ihrer Tochter Heidi lebten sie in einer für ihre Verhältnisse luxuriösen Altbauwohnung, mit Stuckdecken und einem reich verzierten Kachelofen in der Stargader Straße. Willi Scholz arbeitete beim ›Neuen Deutschland‹.

Alles schien bestens. Und doch sah Bubis Vater seinen ersehnten Sozialismus vor die Hunde gehen. Die Welt wurde wieder enger. Die Menschen, die vor nicht allzu langer Zeit unter dem Nationalsozialismus um ihr nacktes Überleben kämpften, wollten jetzt ihr politisches Überleben sichern. Willis Traum von einer neuen Gesellschaft sollte auch in diesem Land eine Illusion bleiben. Wie konnte etwas ein Symbol für Freiheit sein, das den Menschen eben jene nahm? So konnte er nicht weiterleben. Sein Entschluß stand fest: Er wollte in den Westen. Tochter Heidi, frisch verlobt und schwanger, blieb im Osten, was Grethe den Abschied schwermachte. Aber wer dachte schon an einen langen Abschied. Grethe schaffte in den Julitagen des Jahres 1961 die wichtigsten Papiere, Kleider und Schmuckstücke Koffer für Koffer in den Westen.

»Ist das deins, ist das wirklich deins?« Grethe verschlug es die Sprache beim Anblick des eleganten Hauses.

»Ja, Mama, das habe ich von meinen Gagen gekauft und renoviert. Natürlich mit Krediten. Komm rein!«

Grethe setzte sich auf das große Wohnzimmersofa. Helga servierte frischen Kaffee.

»Bubi, hast du Platz für uns?«

»Ihr wollt in den Westen?«

»Ja, Willi hat gesagt, wenn wir jetzt nicht gehen, kommen wir nie wieder raus.«

»Klar. Ihr könnt in die Wohnung im Souterrain ziehen. Gib mir den Koffer! Ist das alles?«

»Ja, fürs erste.«

»Und was ist mit Heidi?«

»Heidi bleibt. Sie ist glücklich, wird heiraten und, das weißt du noch gar nicht, sie erwartet ein Kind.«

»Oh, da werde ich wenigstens Onkel, wenn ich schon nicht Vater werde. Und wann kommt Papa?«

»Er will diese Woche noch ganz normal in die Arbeit gehen und dann am Wochenende kommen.«

Willi hatte alles genau geplant. Dennoch sollte er von den Genossen überrascht werden. Am Wochenende saß er fest. Die Übergänge waren plötzlich geschlossen worden. Die Grenze war dicht und Grethe schon im Westen. Ein Drukkerkollege, der in der Bernauer Straße wohnte, war die Rettung. Gemeinsam passierten sie die Kontrollstelle in die Bernauer Straße. Natürlich wußten die Soldaten um die Schwachstellen der Mauer.

»Soso, Herr Scholz, Sie sind bei ihrem Kollegen zum Essen eingeladen. Ich weise Sie darauf hin, daß Sie bis vierundzwanzig Uhr die Straße wieder verlassen haben müssen«, sagte in Befehlston ein Offizier der Nationalen Volksarmee.

»Darauf können Sie sich verlassen«, antwortete Willi Scholz.

Beide durften passieren. Lange vor Mitternacht, im Schutz der Dunkelheit, hatte Willi Scholz den Weg in die Freiheit genommen. Er hatte sich an einem Bettlaken abgeseilt.

Für viele, die von der Grenzschließung überrascht wurden, waren diese Häuser in der Bernauer Straße, die mit ihren Südfassaden an den Westsektor grenzten, das Fenster in den goldenen Westen. Wieder wehten weiße Laken über den Straßen. Und auch diese Flucht war lebensgefährlich. An der Bernauer Straße forderte die Mauer ihr erstes Opfer: Der 47jährige Rudolf Urban starb am 19. August bei seinem Fluchtversuch. Bald wurden alle Fenster zugemauert, die Häuser geräumt und abgerissen.

Willi hatte wieder einmal intuitiv zur rechten Zeit gehandelt. Die Eltern lebten die erste Zeit im Haus ihres Sohnes. Natürlich blieben Spannungen nicht aus. Vor allem das rege gesellschaftliche Leben, die Einladungen, die nachts das ganze Haus weckten, sorgten dafür. Während Bubi die Getränke an seiner Hausbar mixte, half Mama Scholz Helga in der Küche, ein paar Kleinigkeiten zum Essen zu bereiten. Die Feier war meist noch in vollem Gange, als sich die Eltern schon längst zurückgezogen hatten und trotz des hohen Lärmpegels versuchten, Schlaf zu finden. In den Briefen an ihre Tochter Hildegard klagte Grethe über die langen Nächte und die vielen leeren Flaschen am nächsten Morgen. Bubi nahm keine Rücksicht. Wenn, dann sollten sich seine Eltern an sein Leben anpassen.

Die Mauer trennte ihn endgültig von der Welt, aus der er sich schon vor so langer Zeit verabschiedet hatte. Er war voll und ganz im goldenen Westen etabliert, finanziell und gesellschaftlich. Der Prenzlauer Berg diente nur noch dazu, auf seine Herkunft hinzuweisen und damit einen Aufsteigermythos zu unterstreichen, der in jedem längeren Artikel über ihn aufgewärmt wurde. ›Vom Tellerwäscher zum Millionär‹: Bubi hatte seinen Traum wahr gemacht. Er wurde nicht müde zu betonen, daß allein sein Fleiß, seine Sparsamkeit und Disziplin seinen Erfolg ermöglichten, den er jetzt genoß.

Die Eltern waren Republikflüchtlinge. Als Heidi sie zu Großeltern gemacht hatte, durften sie ihrer Freude von der Aussichtsplattform an der Bernauer Straße Ausdruck verleihen. Von dort konnten sie einem weit entfernten Kinderwagen zuwinken, in dem ihr Enkelkind lag. Im Fernglas rückte die unberührbar ferne Gestalt ihrer Tochter ein wenig näher.

Das 1960 bezogene Haus war inzwischen fertig eingerichtet. Helga hatte ihre anfängliche Skepsis abgelegt und sich aktiv um die Ausstattung ihrer Wohnung gekümmert. Die äußere Schlichtheit des Hauses kontrastierte Helga innen mit Behaglichkeit.

Ein Schreiner fertigte die Eßecke und die beiden Bars im Erdgeschoß und im Keller an. Ein alter Friesenschrank schmückte als erstes Möbelstück das Wohnzimmer. Im gemeinsamen Schlafzimmer gab es einen Einbauschrank, in dem Helgas Abendkleider und ihre verschiedenen Pelze hingen. Vor dem Bett prangte ein großer Fernseher. Am Kopfende des Cordbettes füllte eine kleine Bildergalerie die ganze Wand. Ganz nach Bubis Geschmack stand ein kleiner altenglischer Tisch mit zwei Stühlen und zwei silbernen Kerzenständern am Fußende des Bettes. Auf den Nachttischen zwei Elephantenlampen, die an Drucks alten Laden erinnerten.

Helgas Reich war das Vorzimmer. Dort befand sich ein Teil ihrer Kleider; alles war an seinem Platz. Eine Unmenge an Blusen lag gebügelt und ordentlich zusammengelegt in den einzelnen Fächern, Gürtel hingen aufgereiht in den Türen und die Schuhe okkupierten jede freie Ecke. Außer einem kleinen Sofa standen noch zwei Sessel in dem Zimmer. Die Wände waren geschmückt mit Bildern, die von Doppelleuchtern betrahlt wurden. Weiße Vorhänge, auf denen sich kleine Blümchen rankten, verschlossen die Fenster. Hier war Helga ganz für sich. Um das kleine Handwaschbecken versammelte sie ihren Schmuck und ihre Kosmetik, zahllose Ketten hingen über den Handtuchhaltern.

Auch Bubi hatte sein kleines, privates Zimmer. Hier lag alles kreuz und quer. Umgefallene Pulloverstapel, undurchdringliche Berge an Jackets, Hemden und Hosen stapelten sich auf Sessel und Boden. Die Putzfrau brauchte jedesmal Stunden, um dieses Chaos zu bändigen.

Der barocke Stil der rustikalen Eßecke setzte sich im Wohnzimmer fort. Bubi liebte es gediegen. Auf dem alten Friesenschrank sammelte er Kupfertöpfe neben einem Segelschiffmodell aus Holz. Gleichsam majestetisch thronte ein hoher, weiß-gelb-grün gestreifter Sessel neben dem Pfeifenständer, die zusammen eine großväterliche Gemütlichkeit ausstrahlten. Immer wieder saß Bubi Scholz dort, blickte in den Garten, zog genüßlich an einer Pfeife und streichelte seinen Schäferhund, den er seit kurzem besaß. Das Schild über der Hausbar mit der scherzhaften Aufschrift, ›Wer Scholz kennt, kommt darin um‹, sollte Vorbote einer ungeahnten Tragödie sein.

In Helgas Parfümerien hatte sich in den letzten Jahren einiges getan. Das Geschäft ihrer Eltern war verpachtet. Nach der Parfümerie an der Bartningallee, inmitten des neu errichteten Hansaviertels, wurde ein weiterer Laden in der Brunnenstraße im Wedding eröffnet. Beides waren Parfümerien ohne Frisierstube. Die zwei Geschäfte forderten Helgas ganze Kraft und volle Konzentration. Am Anfang unterstützte sie ihre Mutter in dem kleineren Geschäft in Tiergarten. Helga arbeitete, wie Bubi früher trainiert hatte. Die ganze Energie ging in die Geschäfte, die sie wie Babys großzog. Nachdem sie zwei Geschäftsführerinnen eingestellt hatte, hatte sie wieder mehr Zeit für Bubi.

Ob sie an der Côte d'Azur tauchten, zwischen den Strandkörben auf Sylt feierten, sie in den Vereinigten Staaten seine Schwester Hildegard besuchten oder er in Südtirol Ski fuhr – Bubi Scholz sammelte sein Leben auf 8-mm-Filmen. Braungebrannt flanierte er durch die Straßen von Berlin, schlürfte Cocktails am eigenen Pool und spazierte mit den von den lauten Partys verschreckten Hunden zum Ausgleich um den See. Da er immer die Perspektive auf einen Kampf hatte, konnte er ganz gelassen die Zeit verstreichen lassen. Für die richtigen Gegner sorgte unverändert sein Manager Fritz Gretzschel. Daß er nicht zu spät mit den Vorbereitungen begann, dafür sorgte weiterhin Lado Taubeneck.

Gretzschel plante etwas ganz Besonderes für Berlin, für Scholz und für sein eigenes Renommee. Bubi war um nichts in der Welt dazu zu bewegen, in Amerika zu boxen. Daran hatte sich seit seinem ersten Gastspiel nichts geändert. Was lag also näher, als die Elite der Boxwelt nach Europa, nach Deutschland, ja nach Berlin zu holen? Nicht irgendein Amerikaner, der amtierende Weltmeister im Halbschwergewicht, Harald Johnson, sollte es sein! Einen Weltmeisterschaftskampf erstmalig nach Berlin zu holen war das ehrgeizige Ziel von Gretzschel.

Bubi war sofort begeistert. Der Gedanke, Weltmeister zu werden, war verlockend, bestechend die Aussicht auf eine Gage von 100 000 DM. Gretzschel führte unendlich viele Verhandlungen, in denen immer neue Leute auftauchten, die ganz eigene Interessen ins Spiel brachten. Zu guter Letzt meldeten sich sogar noch seine ewigen Kontrahenten Englert und Göttert, die den Kampf in den Ruhrpott nach Dortmund umleiten wollten. Doch Gretzschel ließ sich von seinem Ziel nicht abbringen. Er vertraute auf seine Erfahrung, auf sein Zugpferd Bubi Scholz und auf die Berliner.

Der Kampf wurde für den 23. Juni 1962 vereinbart – natürlich im Berliner Olympiastadion. Er hatte es geschafft! Es war die Chance für Bubi Scholz, seine ungewöhnliche Laufbahn mit einem Sieg über den amtierenden Weltmeister zu krönen. Es sollte der letzte große Kampf von Scholz werden.

Im Kampf gegen den Franzosen Diouf im Februar machte sich eine Veränderung bemerkbar. Als erfahrener Boxer spürte Bubi seine aufkommende Konzentrationsschwäche und seine nachlassende Schlagkraft. Die sechsstellige Summe, von der er so lange geträumt hatte, bestach jedoch all seine stillen Bedenken. In der Vorbereitung schlug er sowohl Jesse Bowdry als auch Neal Rivers durch K.o. Die Zeichen standen gut, die Vorbereitung lief nach Plan.

Bubi Scholz, mit seinen 14 Jahren Ringerfahrung, konnte so schnell nichts aus der Bahn werfen. Doch das dramatische Ende des 25jährigen kubanischen Weltklasseboxers Benny ›Kid‹ Paret war für ihn ein Schock. Wie einen Punchingball hatte Emile Griffith den Kopf von Paret bearbeitet. 18 Schläge hämmerten auf den Kopf des in die Ecke Gedrängten ein. Die Seile und der Eckpfosten ließen ihn einfach nicht umfallen. Der Boden hätte seine Rettung sein können. Sein Körper stand noch, aber der Hagel der Schläge hatte ihm schon das Bewußtsein geraubt. Neun Tage später starb Paret, ohne es wiedererlangt zu haben.

Ein tragischer Tod im Ring, der natürlich auch Bubi Scholz beschäftigte. So schnell konnte alles vorbei sein. Die Vorbereitungen für den WM-Kampf liefen, ungeachtet der Ereignisse, auf vollen Touren weiter. Es war wie immer, nach solchen Geschehnissen: ›Mich wird es schon nicht treffen‹. Ob Rennfahrer oder Boxer, jeder dachte das gleiche. Gegen Bubis Bedenken standen die hohe Gage und der Ruf, den er bei einem Rückzieher zu verlieren hatte. Noch war die Zeit nicht gekommen, sich aus dem Ring zu verabschieden. Die Zuschauer wollten ihn sehen, und er wollte den Titel.

Die Spannung war groß. Die Lokal-Prominenz versammelte sich, wie beim Kampf gegen Humez, in den ersten Reihen; erweitert durch die neuen Freunde aus dem Film- und Showgeschäft, die Bubi bei seiner ›Kunstpause‹ kennengelernt hatte. Wieder einmal waren Filmfestspiele. Keiner ließ es sich nehmen, den ›Kollegen‹ anzufeuern.

Über weite Strecken bot sich ihnen immer das gleiche Bild: Der Herausforderer, der rückwärts marschierte und der Titelverteidiger, der angriff. Johnson sammelte mit seiner hervorragenden linken Führungshand Punkt um Punkt. Bubis Talisman Helga, die – wie zu jedem Berliner Kampf – in einem neuen ›glückbringenden‹ Gewand erschienen war, konnte den Lauf der Dinge nicht ändern. Max Schmeling saß neben ihr. Seine Augen verfolgten einen technisch anspruchsvollen Kampf, mußten aber erkennen, daß Bubi der entscheidende Mut zum Angriff und der eiserne Wille zum Sieg fehlten. Er war nicht bereit, ohne Rücksicht auf sich selbst bedingungslos zu fighten. Wer ihn kannte, der wußte, daß es noch nie seine Sache gewesen war, ein unkalkuliertes Risiko einzugehen. Früher waren seine Konzentration stärker und seine Schläge präziser.

Den Kampf, in dem er seine einzige Chance gleich in der ersten Runde – eine seiner unerwarteten Linken – ungenutzt verstreichen ließ, verlor er klar nach Punkten. Viele gingen enttäuscht nach Hause. Bubi Scholz wollte sich seine

Niederlage nicht eingestehen. Wie ein Ertrinkender griff er nach jedem Versuch, der ein Unentschieden herbeiredete. De facto war er der Verlierer, sein Ruf und sein Image als Boxer sah er ruiniert. Helga hatte eine schwere Zeit vor sich. Bubi, in seiner Eitelkeit gekränkt und geplagt von Selbstzweifeln, dachte an Rücktritt.

Seine Karriere hatte wie vor sieben Jahren einen Knick bekommen. Damals war es die Tbc gewesen, die ihn aus der Bahn geworfen hatte. Diesmal gingen die Spekulationen über die Gründe seiner Niederlage von Liebesaffären über fehlendes Training und Durchsetzungsvermögen bis hin zu der Ablenkung durch die gleichzeitig stattfindenden Vorbereitungen für seine bürgerliche Existenz.

Der Mann, der nicht verlieren konnte, wollte sich nicht mit einer Niederlage aus dem Ring verabschieden. Sein Bild in der Öffentlichkeit war ihm wichtiger als alles andere. Wie damals, als er Helga mit der Hochzeit immer wieder vertröstet hatte in der Angst, mit einer anschließenden Niederlage würde er nur Hohn und Spott über den frisch Verheirateten ernten, trieb ihn jetzt seine Profilierungsneurose zu weiteren Kämpfen. Lange konnte seine Boxkarriere ohnehin nicht mehr dauern. Aber ein angemessener Abschied mußte sein, etwas Geld und Ruhm wollte er sich noch verdienen.

Innerhalb der nächsten zwei Jahre sollte er seine letzten drei Kämpfe bestreiten. Im Kampf gegen den Jugoslawen Prebeg mußte er die schlimmsten Schläge seines Boxerlebens einstecken, aber er gewann. Bubi boxte immer vorsichtiger. Er wollte, nachdem er fast vier Jahre ohne Titel geboxt hatte, standesgemäß abtreten. Gretzschel organisierte den Europameisterschaftskampf im Halbschwergewicht gegen den Italiener Giulio Rinaldi. Rinaldi hatte nur knapp den WM-Kampf gegen Archie Moore verloren, war noch ein härteres Rauhbein und vor allem noch viel unbeherrschter als Humez. Seine Unterlegenheit spürend, verpaßte er Scholz einen Nierenschlag. Doch diesen unfairen Schlag, auf den Rinaldi gleich noch nachlegen wollte, hatte der Ringrichter gesehen und disqualifizierte ihn.

Bubi war wieder Europameister. Diesmal strahlte kein Streichholzmeer wie im Berliner Olympiastadion. Den Sieg in der Dortmunder Westfalen-Halle verdankte er den scharfen Augen des Ringrichters. Unspektakulärer konnte man einen Titel fast nicht erringen. Die Schmerzen dämpften die Freude über die Meisterschaft. Bubi wußte, daß dies sein letzter Kampf gewesen war.

Bubi Scholz hatte seine Entscheidung getroffen, und nichts in der Welt konnte ihn in den Ring zurückbringen. Überraschend verkündete er seine Entscheidung im Fernsehen. Als er die Einladung zu der Gesprächsrunde mit dem Thema ›Die Lage des Berufsboxsportes‹ erhielt, wußte er, daß dies der rechte Moment sein würde, seinen Rückzug der Öffentlichkeit bekanntzugeben.

Zur besten Sendezeit sprach er in die Kamera: »Ich beende mit dem heutigen Tag meine Karriere als Boxer und gebe – ungeschlagen – meinen Titel als Europameister zurück. Ich habe sechsundneunzig Profikämpfe gemacht und davon nur zwei verloren, und das waren dann beide Male auch noch sehr umstrittene Entscheidungen. Man muß auf dem Höhepunkt Schluß machen.«

Gretzschel hatte noch versucht, ihn umzustimmen. Nichts half. Nur Taubeneck wunderte sich, wie lange Bubi noch dabei geblieben war. Helgas Freude war zwiespältig. Was würde jetzt passieren, nach 17 Jahren im Ring? War sich ihr Bubi klar darüber, daß die Öffentlichkeit schnell das Interesse an ihm verlieren würde?

Für Bubi war es eine Befreiung. Vor ihm lag eine neue Zukunft.

KAPITEL 10:
Geld allein …

Bubis Werbeagentur war schnell etabliert. Von Anfang an hatte er sich kompetente Berater und Partner gesucht. So wurde aus der anfänglichen Delta-Werbung die Scholz-Werbung. Sein Name mußte schon sichtbar sein. Zühlke und Scholz KG hieß die Firma 1968, nachdem die zwei Agenturen, die vorher schon kooperiert hatten, sich zusammenschlossen. Die Werbefirma Zühlke war im gleichen Jahr in Berlin gegründet worden, in dem Bubi zu boxen begonnen hatte. Der Schwerpunkt lag auf Werbung im Anzeigenbereich und Verlagswesen. Das Fachwissen und die langjährigen Erfahrung seines Partners verband sich mit Bubis gekonntem Auftreten gegenüber Auftraggebern und in der Öffentlichkeit. Für den ›Türöffner‹ Bubi Scholz zahlten sich die Jahre aus, in denen er die Berliner Prominenz unterhalten hatte und in denen wichtige Freundschaften geschlossen worden waren.

Die Fernsehauftritte wurden seltener, wenngleich Bubi mit der Sendereihe ›Faust aufs Auge – Hand aufs Herz‹ den Fernsehzuschauer in sein eigenes Wohnzimmer lockte, nachgebaut in den Studios des Südfunks – Hausbar inclusive. Hier plauderte er viele Abende mit seinen Gästen. Als Co-Komentator wurde er für Boxkämpfe verpflichtet. Am ›Tag der Prominenz‹ besuchte er ein Berliner Gefängnis und stand dort den Fragen der Häftlinge Rede und Antwort. Neben diesen öffentlichen Auftritten galt seine Konzentration seiner Firma.

Der Anzeigenmarkt boomte. Die Agentur entwickelte sich über die Jahre so gut, daß eine Dependance in Köln gegründet werden konnte. Mit über 20 Angestellten bewegte die Agentur hohe Werbeetats, die Bubi an seine Gagen denken ließen. Eine Großhandelskette wurde betreut und man stieg in die Markenartikel-Werbung ein. Einen konstant hohen Posten bildete der Werbeetat der Berliner Polizei, die ihre Personalwerbung in die Hände der Agentur legte.

Bubi, viel unterwegs für Akquisitionen und bei Präsentationen, war selten in der Agentur zu sehen. Sein Arbeitszimmer hatte er nur mit dem Nötigsten eingerichtet: ein Vitrinenschrank mit Gläsern und Getränken, ein paar Bilder an den Wänden und ein Stehpult, an dem er arbeitete. Mehr brauchte er nicht und mehr wollte er auch nicht.

»Helga, ich muß heute abend noch zu einem Geschäftsessen. Es kann spät werden.«

»Schade, ich dachte wir könnten mal wieder einen Abend zusammen verbringen.«

»Tut mir leid. Es geht um die neue Werbekampagne fürs Café Möhring.«

»Vergiß nicht, daß du morgen früh zum Golf verabredet bist!«

Die Parfümerien trugen weiterhin den Namen Bubi Scholz. Außer ein paar Autogrammkarten aber war von dem ehemals großen Sportler nicht viel zu sehen. Helga arbeitete oft bis tief in die Nacht. Ihre zwei ›Babys‹ waren groß geworden und forderten viel Zeit. Helgas Mutter hatte sich ganz aus dem Geschäftsleben zurückgezogen. Müde und erschöpft saß Helga abends allein zu Hause. Bubi kam oft spät und war froh, wenn sie schon schlief und ihm keine Fragen stellte. Wenn Helga aufstand, schlief Bubi noch tief und fest. Er hörte nicht einmal den Wecker. Beide führten ein intensives Berufsleben. Ihr Rhythmus war so verschieden, daß sie sich bald nur noch über Notizen auf dem Küchentisch verständigten. Ihr gemeinsames Privatleben beschränkte sich auf die Wochenenden.

An den Wochenenden jedoch war alles anders. Es war viel los im Hause Scholz. Wenn sie nicht eingeladen waren, gaben sie selbst eine Einladung, oder Freunde kamen spontan vorbei. Bubi stand an der Hausbar und mixte seine berühmte ›Rum-reiche‹ aus Kirschsaft, Cola und Rum, während Helga die leichtere Variante vorzog und den Gästen ihre ›Kalte Ente‹ aus Champagner und Aprikosensaft anbot. Sie bewegten sich zwischen Bar, Liegestuhl, Swimmingpool und Sauna, je nach Jahreszeit. Am Nachmittag drehte Bubi eine Runde mit Rex, dem Schäferhund. Für den Abend hatte Helga gewöhnlich Essen vorbereitet. Die Wochenenden vergingen, ohne daß beide sehr viel Zeit für einander hatten. Immer war irgendwer da. Immer gab es einen Grund, sich nicht mit sich selbst zu beschäftigen. Immer öfter ertranken aufkeimende Zweifel im Alkohol.

Helga war ein Organisationstalent. Trotz ihres Full-Time-Jobs fehlte es an nichts. Bubi konnte als Gastgeber glänzen. Helga tat alles für ihn. Auf die kritische Fragen des ausgesprochen sparsamen, fast ›schottischen‹ Bubi, korrigierte sie die Preise ihrer Einkäufe nach unten. Sie wußte mit der Zeit genau, wie sie ihn zu nehmen hatte, den großen Gastgeber, der jeder ausgegebenen Mark hinterhertrauerte. Je mehr sich seine öffentlichen Auftritte reduzierten, desto wichtiger wurde die Aufmerksamkeit, die ihm seine Freunde entgegenbrachten. Die Ausgelassenheit war eine willkommene Kompensation für den verblassenden Ruhm vergangener Zeiten. Helga bemerkte das bröckelnde Selbstwertgefühl und versuchte lange Zeit, ihrem Bubi zu helfen. Und Bubi nahm sich, was er brauchte. Aus einem ehemals symbiotischen Verhältnis entwickelte sich langsam ein Leben in Abhängigkeit.

Das Haus am Rupenhorn wurde zum gefragten Treffpunkt. An vielen Wochenenden fanden sich die engsten Freunde ein, und alle paar Monate gab es einen willkommenen Anlaß für eine große Party. Das traditionelle Spargelessen im Mai, an dem zwei Helferinnen kiloweise frischen Spargel schälten, war legendär.

Sein ›dolce vita‹ verlängerte Bubi bis weit in die 70er Jahre hinein. Konsumgenuß war die Droge dieser Zeit. Nach Tauchen, Skifahren und Golfen begann Bubi die innere Leere mit Wodka zu füllen. Seine Glücksmomente wurden seltener. Wie ein Verzweifelter suchte er das Glück in den Armen junger Frauen. Bubi wirkte nach außen nicht verbittert, und doch schien er alle Achtung und Demut sich selbst und anderen gegenüber zu vergessen. Die Öffentlichkeit schuf sich schnell neue Idole, umworbene Götter einer rauschenden Medienwelt. Bubi Scholz war dem Vergessen preisgegeben.

Gesellschaftliche Veränderungen und Ereignisse wie Studentenproteste, Hippiebewegung und die Anti-Atom-Demonstrationen zogen wie entfernte Wolken über die Baumwipfel des Grunewald. Gleichförmig vergingen die Jahre. Der anfänglich abwechslungsreiche Freizeit-Alltag lief sich tot auf den Greens im Golfclub Wannsee und verödetete auf den Tennisplätzen von Rotweiß.

Die vielen Geschäftsreisen ihres Mannes zehrten an Helgas Nerven und an seiner Glaubwürdigkeit. Natürlich blieben ihr die vielen Affären nicht verborgen. Außerdem wußte sie, daß er in Berlin eine eigene kleine Wohnung besaß. Immer wieder verschwand er auch für ein paar Tage in seine Ferienwohnung im oberbayerischen Saulgrub, wo er sich ein zweites privates Reich geschaffen hatte. Helga schluckte auch diese Kröte. Einmal fuhr sie mit. Aber Spazierengehen war ihr zu langweilig und Golfspielen interessierte sie nicht. So wuchs die Kluft zwischen diesen beiden, die sich einmal die ewige Liebe geschworen hatten. Von den Spannungen drang nichts nach außen. Zu sehr war Bubi auf seinen Ruf bedacht. Für die Außenwelt blieben beide ein Traumpaar.

Trotz ihrer Selbständigkeit im Geschäftlichen war Helga unfähig, sich von Bubi zu trennen. Sie war an ihn und ihre gemeinsame Vergangenheit gefesselt, an die Verehrung wie an den aufkommenden Haß. Sie kannte ihn zu gut, als daß sie die Affären ernst nahm. Zwanzig Jahre, in denen kein Geheimnis unentdeckt blieb und in denen sie sich immer wieder versöhnten. In den wenigen Momenten bedingungslosen Vertrauens schworen sie sich ihre Liebe und genossen die Momente tiefer Geborgenheit. Helga gab Bubi, was er brauchte, den Rückhalt und die Stütze für sein Leben. Immer wieder motivierte sie ihn und steckte ihre Energie in ihren Bubi.

Bubi gab wenig zurück. Seine Treueschwüre waren bei nächster Gelegenheit vergessen. Er war süchtig nach der Anerkennung junger Frauen. Seit er die 40 überschritten hatte, bahnte sich eine intensive Midlife-Crisis an. Helgas Geduld schien am Ende. Verzweifelt und voller Verachtung schrie sie ihn an und machte ihm Vorhaltungen, die er mit einer stoischen Gelassenheit über sich ergehen ließ. In ihrer Verzweiflung freundete sie sich mit seinen Gespielinnen an. Sie wollte sehen, was Bubi an ihnen fand, was sie ihm nicht geben konnte. Erschrocken blickte Bubi in das Wohnzimmer, wenn er nach Hause kam und Helga mit seiner neuen Flamme bei einem Glas ›Kalte Ente‹ saß. Bubi revanchierte sich und lud sie zu den Hausfeiern ein.

Bubis Aktivitäten im Büro reduzierten sich. Und wenn er nicht morgens zum Golfspielen verabredet war, gab es keinen Grund, um aufzustehen. Helga fühlte, wie sich Lethargie in ihm breitmachte: Wie damals, als Bubi nach der Tbc völlig orientierungslos versuchte, in der Parfümerie einen neuen Anfang zu finden. Immer wieder bat sie Bubis Partner, ihn für einige Zeit zu beschäftigen. Gemeinsam rissen sie ihn aus dem Dahindämmern heraus, fanden etwas, das ihn eine Zeitlang in Anspruch nahm. Aber natürlich roch Bubi den Braten, bemerkte die fürsorgliche Beschäftigungsstrategie. Die Whiskyflasche wurde zum engen Vertrauten und leerte sich bei jeder Stippvisite in der Agentur merklich.

Er begann mehr denn je, sich an seine Boxerjahre zu erinnern. Immer öfter saß er in seinem Partykeller und sah die Filme seiner Kämpfe. Allen voran studierte er den Johnson-Kampf, als ob er ihn noch mal kämpfen könnte, um ihn dann zu gewinnen. Es begann eine Emigration in die goldene Vergangenheit. Umgeben von alten Fotografien, die ihn mit der Prominenz der 50er und 60er Jahre zeigten, von seinen Siegerkränzen und den an der Wand baumelnden Boxhandschuhen warf der 16mm-Projektor immer wieder die gleichen Schwarzweißbilder auf die Leinwand.

Vielleicht ließen ihn seine Freundinnen, die ihn bewunderten und begehrten wie damals Helga, ja vergessen, daß seit diesen Jahren viel Zeit vergangen war. Für kurze Momente ließen sie die Illusion entstehen, alles sei wie früher.

Helga holte Bubi mit ihrer scharfen und verletzenden Art in die Realität zurück. An ihr sah er, wie die Zeit vergangen war. Sie erinnerte ihn immer wieder an das, was einmal war – Siege, Erfolge und ein Ziel. Immer noch attraktiv und bemüht, ihm zu gefallen, hatte sie für ihn den Reiz vergangener Jahre verloren. Scholz suchte weiter nach der 20jährigen Helga, die ihm seine Jugend zurückgeben konnte. Die Tage vergingen in Eintönigkeit.

Drei Jahre nach seiner Mutter starb Bubis Vater. Es war 1978. In diesem Jahr begann auch ein Projekt, das ihn für zwei Jahre beschäftigen und ausfüllen sollte. Der Krüger-Verlag wollte eine Biografie zu seinem fünfzigsten Geburtstag herausbringen. Er selber sollte sie schreiben. Bubi überlegte. Es war eine gute Gelegenheit, Bilanz zu ziehen. Ein schönes Geschenk, das er sich zu seinem runden Geburtstag machen konnte, im gleichen Jahr, in dem er mit Helga die Silberhochzeit feiern würde.

Die Autobiografie war ein Projekt ganz nach seinem Geschmack. Er, der schon fast in Vergessenheit geraten war, konnte mal wieder einen Coup landen. Er hatte die Chance, seine große Zeit noch einmal aufleben zu lassen und offene Rechnungen zu begleichen.

Helga fiel ein Stein vom Herzen. Sie ließ sich ihre schönen Haare wieder länger wachsen. Endlich hatte ihr ›Dikker‹ wieder etwas zu tun. Ein wenig blühte auch sie auf,

in der Hoffnung, daß etwas vom Vergangenen wieder auf-
lebte.

Viele Recherchen-Reisen, bei denen er sich alten Freunden ins Gedächtnis zurückrief, beschäftigten Bubi in dieser
Zeit. Wieder hielt Helga ihm den Rücken frei und tat alles,
um ihn zu stützen. Ein letztes Aufbäumen wider das Vergessen. Das ambitionierte Buchprojekt wurde am 12. April
1980, seinem fünfzigsten Geburtstag, im Journalisten-Club
des Springer-Hauses vorgestellt. Noch einmal waren sie alle
da, gratulierten, nickten anerkennend, als sie die Namensli-
ste am Ende des Buches überflogen.

Die Lektüre offenbarte Bubis Vorliebe, sich mit seinen
prominenten Freunden zu schmücken. Der Titel ›Der Weg
aus dem Nichts‹ verdeutlichte die einseitige Einschätzung
seiner Jugendzeit, an der er wenig Gutes ließ. Der rote Faden, der sich durch das Buch zog, war neben den Kämpfen
vor allem das Geld. Das Geld, das andere an ihm verdient
hatten. Sein Manager Gretzschel wurde zur Zielscheibe seines Geizes. Aus ›Papa Gretzschel‹ wurde der geldgierige
Manager. Bubis Zeit der Abrechnung schien gekommen,
und er verdrängte vieles, was so viele Menschen für ihn
und seine Karriere getan hatten. Selbst ein Drink, den ihm
seit 20 Jahren ein Journalist schuldete, durfte genausowenig
unerwähnt bleiben wie der ›Scholz-Effekt‹, der so oft Un-
mögliches möglich machte.

Bubi fühlte sich wie damals im Ring, als er jetzt, umringt
von Freunden und Reportern, Interviews gab und seine Bü-
cher signierte. Ein wenig abseits stand Helga. Sie hatte
schon ein paar Gläser getrunken, als sie zu einem Bekannten
so laut sprach, daß sich einige umdrehten: »Das nächste
Buch schreibe ich. Und das heißt ›Mein Weg mit dem
Nichts‹.«

Die anschließende Promotion-Tour durch die Kaufhäu-
ser der Republik sollte den restlichen Monat füllen und war
ganz nach Bubis Geschmack. Plötzlich war er wieder gefragt. Alle freuten sich mit ihm, gratulierten ihm und wun-

derten sich, daß seine große Zeit schon so weit zurück lag. Es wurde der letzte Höhepunkt in seinem Leben und nicht, wie erhofft, ein Neubeginn.

Alles schien wie früher: Bubi als gefragter Mann im Zentrum des öffentlichen Interesses, Helga an seiner Seite. Das Buchprojekt zögerte jedoch nur hinaus, was sich schon angedeutet hatte: Bubis latente Unzufriedenheit mit sich und der Welt. In der Rolle des Privatiers, ohne Aufgabe und Verantwortung, wuchsen sein Mißtrauen und sein Geiz. Depressionen ließen ihn in eine undurchdringliche Lethargie fallen. Gleichzeitig verstärkte sich sein Hang zum Perfektionismus.

Auf der Suche nach der verlorenen Zeit und einem Sinn für sein Leben konnte ihm auch seine ausgezehrte Frau nicht mehr helfen. Die leeren Vergnügungen, die er seinen Freunden im Prater vorgeworfen hatte, sollten ihn nun einholen. Bubi hatte seine Mitte verloren, seit er den Ring verlassen hatte. Sein eiserner Wille, der ihm Geld, Wohlstand und eine schöne Frau gebracht hatte, war ziellos geworden. All seine Wünsche zerschellten an ihrer Erfüllung.

»Wie geht es Karin? Was macht Manuela? Fliegen sie wieder, deine persönlichen Flugbegleiterinnen? Wollten sie dich nicht mitnehmen?«, fragte Helga vor der versammelten Sonntagsrunde, während sie in aller Ruhe Kaffee ausschenkte.

Bubi schwieg. Unter dem Tisch bohrten sich die Fingernägel in seine Handflächen, bis Blut an seinen Gelenken herunterrann.

Am Anfang half Alkohol, um sich in eine bessere Stimmung zu bringen. Eine innere Unruhe trieb ihn, wohin aber, wußte er selbst nicht. Nachts lief er stundenlang durch Wohnung und Garten. Mit Tabletten versuchte Helga ihn zu beruhigen. Ein falsches Wort genügte, um einen Wutausbruch zu erzeugen, der genauso schnell wieder verrauchte, wie er gekommen war. Unvermittelt bahnte sich die blokkierte Energie ihren Weg, wie damals, als er einem Autofahrer bei einem Streit um eine Lappalie mit einem Schlag das Nasenbein brach.

Sein Perfektionismus trieb ihn in jähzornige Ausbrüche. Ein Loch in der Tischdecke am Heiligen Abend brachte ihn so in Rage, daß er wie ein wildgewordener Stier brüllte. Heinz, sein langjähriger enger Freund, lobte Bubis hervorragend gelungene Gans und rettete damit den Weihnachtsabend.

Achtundzwanzig Ehejahre hatten sich wie Ketten um Helga und Bubi gelegt. Wie Ebbe und Flut umspülten die Wogen das Spiel von Liebe und Haß. Sie verletzten sich und sie liebten sich. Sie hingen aneinander. Keiner konnte den anderen loslassen. Was Bubi zunahm, nahm Helga ab. Ihr Schlankheitswahn trieb sie in die Magersucht und hielt Bubi nicht davon ab, in die Arme junger Frauen zu fliehen. Helga begann mehr zu trinken. Gleichzeitig versuchte sie, ihrem ›Dicken‹ zu helfen. Sie schickte ihn zu einer Entziehungskur. Sie mobilisierte ihre letzte Kraft, um zu retten, was nicht mehr zu retten war. Der desolate Zustand ihrer Ehe war kaum mehr zu verheimlichen. Die engsten Freunde wußten um das Drama, das sich abspielte, wußten um den Kampf, den beide fochten.

»Udo, ich kann ihn schon nicht mehr zum Einkaufen losschicken. Bis er im Geschäft ist, hat er schon vergessen, was er einkaufen sollte.« Helga saß erschöpft im Friseurstuhl. Die frisch gewaschenen Haare fielen glatt auf ihre Schultern. Der Pony klebte an ihrer Stirn.

»Na, seine Termine bei mir hat er bisher noch nie vergessen.«

»Weil ich ihn immer daran erinnere!«

»Sag Helga, wie willst du die Haare? Sie sind ja wieder ganz schön gewachsen.«

»Abschneiden. Ich will ein freies Gesicht.«

Udo kämmte die Haare nach hinten. »Du bist sehr

schmal geworden, Helga. Mit kurzen Haaren sieht man das um so deutlicher. Willst du das?«

»Ja. Er soll ruhig sehen, daß er mich meine letzte Kraft kostet. Wenn er es überhaupt bemerkt.«

»Willst ein Glas Schampus?«

»Aber immer, danke.«

Bubi ertränkte die quälende Gegenwart in Whisky und Wodka. Die schöne Vergangenheit betrachtete er immer wieder auf der Leinwand seines Heimkinos. Den Tag machte der Alkohol erträglich, und die Tabletten ließen ihn nachts schlafen. Helga arbeitete und trank, bis sie nur noch ein Bündel Haut und Knochen war. Unter der gläsernen Haut schimmerten die Wangenknochen. Die neue Frisur ließ sie wirklich verhärmt und ausgezehrt erscheinen. Den Vorschlag von Freunden, sich für eine gewisse Zeit zu trennen, wiesen beide entrüstet zurück. Das, was für beide die Rettung gewesen wäre, wurde zur unüberwindbaren Hürde.

Im Januar 1984 steckte Helga Bubi ins Paulinen-Krankenhaus zu seiner zweiten Entziehungskur. Danach fuhren sie gemeinsam zu Freunden an die Costa del Sol. Die Sonne tat ihnen gut. Ihre Beziehung schien sich zu stabilisieren. Zurück in Berlin, begann Bubi jedoch wieder zu trinken. In ihrer Verzweiflung vereinbarte Helga einen Termin bei einer Heilpraktikerin. Sie sollte Bubi entgiften. Am Samstag waren sie bei Harald Juhnke eingeladen. Sie spielten ihre Rollen perfekt: Bubi den charmanten Herrn und Helga die redegewandte Dame. Doch unter der glatten Fassade hatten all die Kränkungen ihr Narben hinterlassen.

Die Ehe war der Ring, der Alltag der Boxkampf. Jede Schwäche, die der eine zeigte, forderte den anderen zum Schlag.

»Was kannst du überhaupt?« höhnte Helga.

Bubi hatte gerade vergeblich versucht, seiner attraktiven Gesprächspartnerin die Zigarette anzuzünden, als Helga wie zufällig an beiden vorbeiging. Es war immer die gleiche

Frage, immer derselbe abfällige Ton. Nur der Zeitpunkt, wann Helga sie stellte, war offen.

»Ich habe mir alles selbst erarbeitet, mit meinen eigenen Fäusten.«

»Ja, aber nur, weil dir so viele dabei geholfen haben!«

»Die haben mir nur geholfen, weil sie an mir verdienen konnten. Den Kopf habe ich hingehalten!«

»Das merkt man!«

KAPITEL 11:
Der Schuß

Seit einiger Zeit besaß Bubi Scholz eine kleine Waffensammlung. Ein Repetiergewehr, eine Tontaubenflinte und zwei Revolver samt den dazugehörenden Magazinen, Schrot- und Kugelpatronen. Er hatte sie vor längerer Zeit geschenkt bekommen; fast alle schmückten den Gewehrschrank neben der Hausbar.

Der Wecker klingelte gegen sechs Uhr. Es war spät geworden auf Juhnkes Feier. Helga drehte sich auf die andere Seite, brabbelte etwas Unverständliches. Bubi quälte sich aus dem Bett. Die Aussicht, den Sonntag auf dem Golfplatz zu beginnen, motivierte ihn, seine müden Knochen in Richtung Bad zu bewegen. Um halb sieben traf er sich mit Eva und Rolf bei der ›Alten Liebe‹ an der Havelchausee. Um sieben Uhr war Abschlag. Bubi erzählte vom angenehmen Urlaub auf Marbella, der leider schon wieder zwei Wochen hinter ihnen lag.

Nach neun Löchern fuhren sie gemeinsam ins Haus Am Rupenhorn, saßen im Garten, tranken Kaffee und plauderten.

»Na, Dicker, gewonnen?«

»Frag besser nicht, Helga«, sagte Eva.

»Gibt es etwas Tragischeres als einen Verlierer, der nicht verlieren kann?«

»Ach, hör auf.« Unruhe stieg in Bubi auf. Es war wieder eine dieser zynischen Bemerkungen, die Helga gut zu plazieren wußte.

Bubi entschuldigte sich, ging ins Haus und nahm in der Küche zwei Tranxilium. Mit diesen Tabletten bekämpfte er seit einiger Zeit aufkommende Angstzustände.

Als die Freunde sich verabschiedeten, wirkten die Beruhigungsmittel. Bubi fühlte eine entspannende Ruhe in sich aufsteigen, die ihn unempfindlich machte gegen Helgas Attacken. Wie ins Nichts verpufften dann Helgas Sticheleien und Kränkungen. Sein Gleichmut verhinderte, ihre Worte ernst zu nehmen. Eine fast depressive Kraftlosigkeit bemächtigte sich seiner.

Dieser ewige Jammerlappen, dachte sich Helga, als er wie ein alter Mann durchs Haus schlurfte.

Sie ging in die Küche und schenkte sich ein Glas ›Kalte Ente‹ ein. Scholz hatte geduscht und sich den Bademantel übergezogen. Er spazierte durch den Garten zum Swimmingpool.

»Jetzt sind wir schon über zwei Wochen wieder zu Hause, und du hast es immer noch nicht geschafft, Willi zu sagen, er soll Wasser ins Becken einlassen.«

»Wer steht denn die ganze Woche und auch noch die Samstage in der Parfümerie? Und wer ist den ganzen Tag zu Hause und hängt schon mittags vor dem Fernseher? Muß ich mich denn um alles kümmern! Außerdem, falls du dich nicht erinnerst, war das Wetter nicht besonders schön die letzten Tage.« Helga nahm einen kräftigen Schluck aus ihrem Glas.

»Nein, ja. Aber es wäre schön, wenn da jetzt Wasser drin wäre.«

Wortlos stand Helga vom Liegestuhl auf und ging zum Telefon. Zehn Minuten später war der Gärtner da. Er ging durch den Garten in die Küche, wo er Helga traf:

»Guten Tag, Frau Scholz.«

»Guten Tag, Willi.« Helga hatte einen verschwommenen Blick. Der Champagner machte ihre Zunge schwer.

»Schau doch mal nach dem Scholz. Der wollte das Schwimmbad vollaufen lassen, vielleicht kannst du ihm dabei helfen.«

Im Garten saß Bubi, völlig in sich versunken, auf dem Boden des leeren Swimmingpools, ein Glas Gin neben sich. Er sah auf, als er den Schatten des Gärtners wahrnahm.

»Hallo, Willi, das ging ja schnell. Entfernen Sie doch die Blätter und schauen Sie, bevor Sie das Wasser einlassen, ob alles in Ordnung ist.«

»Mach ich, Herr Scholz.«

Bubi kletterte aus dem Pool. Nachdem Willi das Laub aus dem Becken entfernt hatte, stieg er ebenfalls aus dem Pool und ließ das Wasser einlaufen. Scholz stand am Rand des Beckens und sah zu, wie sich langsam der Wasserspiegel hob. Die Wellen verzerrten sein Spiegelbild zur Unkenntlichkeit. Gedankenverloren ging er in Richtung Haus, vorbei an Helga, die sich in der Küche ›Kalte Ente‹ nachschenkte, ins Schlafzimmer. Helga hörte, wie er sich durch die Fernsehprogramme schaltete. Sie bat Willi, der in die Küche gekommen war und das stumme Spiel verfolgt hatte, sich noch ein wenig um den Garten zu kümmern.

»Wenn du Durst hast, komm einfach in die Küche und bedien dich.«

»Danke.«

»Er ist wieder so knurrig heute. Wahrscheinlich hat er beim Golf verloren.«

»Na, so schlimm wird's doch nicht sein.«

»O doch, ich sag's dir, du bekommst ja nicht einmal die Hälfte mit. – Ich hab nichts vom Leben. An den Wochenenden ist nichts los. Unter der Woche nichts als Arbeit. – Am liebsten würde ich hier verschwinden.«

Sie leerte ihr Glas in einem Zug.

»Jetzt will er Whisky haben, ich kauf ihm aber keinen, den soll er sich selber besorgen. – Zwei Fehler hab' ich in meinem Leben gemacht, Willi. Hätte ich gewußt, wie alles kommt, hätte ich Peter Boehnisch geheiratet. Der zweite Fehler war, ich hätte ihm seine Manuela lassen sollen.«

Manchmal steigerte sich Helga in ihr verpaßtes Leben hinein und dramatisierte Bubis Affären, über die sie sonst so souverän hinwegging.

»Ich gehe jetzt, Frau Scholz. Es ist schon acht Uhr«, rief der Gärtner, der sich umgezogen hatte.

»Willi, gehst du schon wieder? Ich bin auf dem Klo eingeschlafen – das ist mir auch noch nicht passiert – gehe mal in die Küche, ich komme gleich. Diese Sonntage werden immer fürchterlicher.«

»Sie gehen schon?« Bubi war in der Küche und trank Gin-Tonic.

»Zum Wohl! Hatten Sie wieder einen Streit?«

»Ach was. Helga! Sie kennen sie doch. Wenn ich ernst nehmen würde, was sie sagt, wäre ich schon längst tot.«

»Ich muß jetzt los. Auf Wiedersehen.«

Bubi und Helga waren wieder allein. In der Tagesschau lief der Wetterbericht.

Die nächsten Stunden exakt zu rekonstruieren, scheitert an den lückenhaften und widersprüchlichen Aussagen von Bubi Scholz, der sich nicht daran erinnern konnte oder wollte.

Helga kam ein wenig blaß in die Küche und war überrascht, Bubi dort anzutreffen.

»Oh, ich denk, du bist im Bett und siehst fern.«

»Und ich denk, du sitzt auf dem Klo und kotzt dich aus.« Einen kurzen Moment blitzte jener Blick auf, mit dem er im Ring so viele Gegner paralysiert hatte. Die Zunge war vom Gin etwas schwer.

Wortlos ging Helga wieder dahin, woher sie gekommen war, aufs Gästeklo, und schloß sich ein.

»Komm raus, so war das doch nicht gemeint.« Bubi rüttelte an der Tür.

»Jetzt mach schon auf! Sonst hol' ich dich da raus!«

»Wie willst du denn das anstellen? Geh du mal schön zu deiner geliebten Glotze. Du kannst doch nicht mal 'nen Schraubenzieher gerade halten! Oder willst du die Tür eintreten, mein tapferer Held?«

»Das werden wir ja sehen, ob ich die Tür aufbekomme!«

»Oh, da krieg ich aber Angst!«

176

Helga schloß sich in letzter Zeit öfter auf dem Klo ein. Bubi steigerte sich mal wieder in eine Lappalie hinein. Daß Helga sich nichts von ihm sagen ließ, war ja nicht gerade außergewöhnlich. Aber an diesem Tag wurmten ihn diese Erniedrigungen im eigenen Haus. Es rumorte schon den ganzen Tag in ihm. Immer deutlicher fühlte er, daß er jede Macht über Helga verloren hatte. Durch die verriegelte Klotür entzog sie sich seinem Zugriff.

So vieles hatte sich in den letzten Jahren seiner Kontrolle entzogen. Ein Gedankenstrudel setzte sich in Bewegung: die vielen verlorenen Freunde, das vergangene schöne Leben mit Helga, als er noch jung und erfolgreich war. Er nahm einen kräftigen Schluck aus der Ginflasche. Der Boden schwankte leicht. Helga, seine Stütze im Leben, das einzige, was ihm nach dem Boxen geblieben war, entzog sich ihm, ja, sie riß ihn in die Tiefe. Sein Leben schrumpfte auf fünfzehn Jahre, in denen er sich hochgeboxt hatte. Seine erfolgreiche Zeit, die ohne Helga nicht denkbar gewesen wäre.

Plötzlich sah er klar. Er wollte alles ändern. Er spürte eine Kraft wie damals im Ring. Er mußte sie herausholen aus dem Klo und mit ihr reden.

»Mach auf, bitte!«

Keine Antwort. Wut stieg in ihm auf. Schlimmer als ihre Beschimpfungen war ihre Ignoranz. Jetzt würde er sich endlich den nötigen Respekt verschaffen. Bubi ging in sein Ankleidezimmer. Er räumte einen Stapel Hosen beiseite, bis er das Repetiergewehr, das unter dem Heizkörper lag, in Händen hielt. Wie im Wahn rannte er durch die ganze Wohnung in den Barraum, wo Gewehrschloß und Kugelpatronen lagen. Er setzte das Schloß in das Gewehr, suchte die passende Munition und führte die kleine Patrone in den Lauf ein.

»So, jetzt werde ich dich da rausholen!«

Ein leises Kichern war vom Klo zu hören. Scholz setzte sich davor. Beide trennte diese verfluchte Tür. Warum öffnete sie nicht? Bubi nahm einen Schluck. Irgend etwas Unverständliches drang aus der Toilette. Sie verstand es, ihn aufs äußerste herauszufordern. Bubi blickte auf die Tür, das Gewehr im Anschlag. Er stand auf.

»Was machst du da?« fragte Helga durch die Tür.

»Ich schieß dich da raus.«

»Oh, so mutig bist du!?«

Bubi drückte ab – Stille!

Entsetzen und Genugtuung machten sich gleichzeitig in ihm breit. Erschrocken über seinen Finger, der wirklich den Abzug durchgedrückt hatte, aber zufrieden, gezeigt zu haben, wer hier der Herr im Haus ist, legte er das Gewehr auf die Golftasche hinter sich und ging mit einem »So!« ins Schlafzimmer. Er stellte den Fernseher an, trank Whisky und schlummerte ein.

Ein scharfer Ton weckte Bubi. Das Testbild, das er so lange schon nicht mehr gesehen hatte, weil Helga immer den Fernseher ausmachte, flimmerte vor seinen Augen. Seine Hand tastete nach Helga. Das Bett neben ihm war leer. Er wunderte sich, daß Helga immer noch nicht zurückgekommen war. Bubi stand auf und ging in den Flur.

»Helga?«

Totenstille herrschte im Haus.

»Helga! Wie lange dauert's denn noch? Komm endlich da raus!«

Bubi rief nach seiner Frau, die nicht mehr antworten konnte. Jetzt hatte er entgültig die Nase voll und trat gegen die Tür. Als sich immer noch nichts tat, griff er von neuem nach dem Gewehr und schlug auf die Tür ein. Der Schaft brach ab. Nichts rührte sich hinter der Tür. Ahnte Bubi, was passiert war? Das zerbrochene Gewehr legte er zurück in das Ankleidezimmer und holte einen Hammer, mit dem er gegen die Tür schlug. Panik und Verzweiflung bemächtigten sich seiner.

Draußen wurde es hell. Der Whisky war leer, Scholz fand

noch eine volle Ginflasche. Ein Klingeln drang an sein Ohr. Mit Hammer und Glas in der Hand folgte er dem Geräusch, das ihm zum Telefon führte. Es war die Nachbarin von oben.

»Was machen Sie denn, Herr Scholz?«

»Helga sitzt auf der Toilette und kommt nicht raus.«

»Sagen Sie ihr doch, sie soll aufmachen.«

»Mach ich doch, aber es rührt sich nichts, und ich bekomm die Tür einfach nicht auf.«

Die Nachbarin hörte an seiner Stimme, daß er betrunken war.

»Ich komme runter, machen Sie die Tür auf.«

Auch die beiden Damen – die zweite Nachbarin war gleich mitgekommen – konnten nichts hinter der Tür hören. Sie beschlossen, von außen durch das Fenster ins Klo zu sehen. Von der angelehnten Leiter aus sahen sie die am Boden liegenden Beine von Helga.

»Mein Gott, sie liegt da wie tot!«

Sie holten aus ihrer Wohnung passendes Werkzeug und öffneten die Tür. Bubi saß in seinem Morgenmantel apathisch daneben und starrte vor sich hin. Immer wieder trank er einen Schluck Gin.

Als die Damen die Tür aufschoben, war ihnen sofort klar, Helga war tot. Schnell schlossen sie die Tür und versuchten, Bubi zu beruhigen. Sie ahnten nicht, was geschehen war. Sie dachten an einen Unglücksfall, an eine Tablettenvergiftung. Sie riefen Bubis Schwester Hildegard, seinen Freund Heinz, Feuerwehr und Polizei. Ab sieben Uhr war das Haus voller Menschen.

»Herr Wachtmann, die Frau ist schon tot.«

Der Streifenbeamte wunderte sich über die klare Aussage. Mit seinem Kollegen ging er zur Toilette, und beide versuchten, Helga herauszuziehen. Sie bemerkten die eingetretene Leichenstarre.

»Ich wollte sie doch nur rausholen, ich wollte sie doch nur rausholen.« Bubi weinte.

Der zweite Polizist versuchte, den Puls zu fühlen. Er schüttelte den Kopf und wies seinen Kollegen auf die aufgebrochene Tür hin.

»Ich denke, wir sollten die Kollegen der Kripo verständigen.«

»Alles umsonst, alles ist umsonst gewesen.« Bubi lief unruhig in der Wohnung herum. Seine Schwester versuchte, ihn zu trösten.

Auch den Kripobeamten blieb zuerst verborgen, daß Helga von einer Kugel getroffen worden war. Sie zogen Helga aus dem Klo, und erst dann entdeckten sie das Einschußloch in der Tür und das kleine Loch hinter Helgas rechtem Ohr, aus dem ein dünnes Rinnsal Blut ausgetreten war. Ihr Blick fiel auf die Munitionsschachtel, die noch im Flur lag; das zerbrochene Gewehr fand ein Kollege im Ankleidezimmer unter einem Regal.

»Meine Maus, wo ist meine Maus? Ich liebe sie doch. Warum ist sie tot, das verstehe ich nicht. Sie war doch so lieb und verständnisvoll. Sie hat mir doch immer alles verziehen. Ich kann doch nicht ohne sie leben!«

Als der Kripobeamte mit dem Gewehr im Gang erschien, wurde aus dem Unglück ein Fall für die Mordkommission. Sie baten Bubi Scholz in die Küche.

»Herr Scholz, es geht hier nicht um eine Tablettenvergiftung. Ihre Frau ist erschossen worden.«

»Ich wollte sie doch nur raushaben. Ich hab gegen die Tür gedonnert und dann hat sich ein Schuß gelöst.«

»Herr Scholz, ich muß Ihnen sagen, daß Sie tatverdächtig sind und von daher keine Aussage machen müssen.« Er legte Bubi Scholz beruhigend die Hand auf die Schulter.

»Fassen Sie mich nicht an. Einen größeren Gefallen können Sie mir nicht tun.« Vollkommen aufgelöst setzte er sich kurz, sprang sofort wieder auf und lief wie wild umher.

Als die Beamten der Mordkommission, der Gerichtsmediziner und der Leichenwagen eintrafen, belagerten schon die Fotoreporter die Einfahrt.

»Wir müssen Sie vorläufig festnehmen.«

»Helga, meine Helga. Ich wollte sie doch da nur rausholen.«

Scholz stammelte immer wieder die gleichen Worte. Selbst noch, als er in Handschellen zum Polizeiwagen geführt wurde. Nach zwei Blutproben und Versuchen einer Befragung brachte man ihn gegen 19 Uhr in das Polizeigefängnis in der Gothaer Straße.

Von einem Tag auf den anderen war Bubi Scholz wieder ins Zentrum des öffentlichen Interesses gerückt. Allerdings anders, als er sich das je gedacht hatte. Die Journalisten, die er selbst so oft zu nutzen wußte, fielen wie Hyänen über ihn her. Getreu dem spanischen Sprichwort ›Aus einem gefallenen Baum macht man Brennholz‹ verheizten sie das Drama wochenlang auf den ersten Seiten der Boulevardpresse.

Im Durchschnitt werden jedes Jahr allein in Berlin 30 bis 40 Partnertötungen registriert. Warum der eine tötet, während der andere unter denselben Voraussetzungen krank wird, bleibt offen. Die Presse zerrte gnadenlos alles ins Rampenlicht, auch wenn es die wildesten Spekulationen waren über Bubi, Helga, den Alkohol und das Unglück, das sich am Rupenhorn ereignet hatte.

Freunde leisteten Bubi Beistand und versuchten Schadensbegrenzung. Die Anwälte Knauthe und Studier übernahmen seine Verteidigung. Hildegard, seine Schwester, erhielt alle Vollmachten, sich um die Geschäfte und das Haus zu kümmern.

Bubi war inzwischen in das Untersuchungsgefängnis Moabit verlegt worden. Über die Anwälte und Hildegard, die sich aufopfernd um ihren Bruder kümmerte, blieb Bubi mit der Außenwelt in Kontakt. Alle zwei Wochen kam Hildegard und brachte meistens einen Überraschungsgast mit ins Gefängnis: den Schauspieler Hardy Krüger, der eine Zeit lang am Rupenhorn gewohnt hatte, den Sportreporter Harry Valerien und den Sportjournalisten Gerhard Reimann, der Bubi seit seinem ersten Kampf begleitet hatte. Sie trafen auf einen gebrochenen, in sich versunkenen Mann. Den Menschen, der ihn aufrecht gehalten hatte, hatte er erschossen, und sein Ruf, auf den er immer so penibel geachtet hatte, war zerstört. Immer wieder stammelte er die Worte: »Alles umsonst, es war alles umsonst.« Die Briefe, die er aus der Untersuchungshaft schrieb, ähnelten sich. Sie schwankten zwischen pathetischem Selbstmitleid und nachdenklicher Erkenntnis.

Wenn er nicht am Tisch saß, lag er im Bett. Immer quälten ihm die gleichen Sätze: ›Ich wünschte, ich wäre an ihrer Stelle. Helga, wo ist meine Helga, wie soll ich ohne sie leben?‹

Um 6 Uhr 30 morgens nahm Bubi Scholz das Rasiermesser aus der hereingereichten Waschschüssel und legte sich wieder ins Bett. Über die installierten Kameras bemerkte der Wächter unter der Bettdecke verdächtige Bewegungen. Sekunden später war er in Bubis Zelle und riß ihm die Rasierklinge aus der Hand. Der Anstaltsarzt war sofort zur Stelle und verband die verletzten Handgelenke. Die Schnittwunden waren nicht lebensbedrohlich, aber sein Suizidversuch wurde ernst genommen. Sie verlegten ihn in eine ›selbstmordsichere‹ Zelle und gaben ihm einen Trockenrasierer, mit dem zu rasieren er sich allerdings weigerte.

Bubis Schwester Hildegard organisierte die Beerdigung und die Trauerfeier. Sie arbeitete bei einem Bestattungsunternehmen. Am 9. August 1984 fand die Beisetzung auf dem Berliner Waldfriedhof statt. Bubi stellte keinen Antrag auf Haftentlassung. Er schickte 100 Rosen in ihrer Lieblingsfarbe – rosarot –, mit einer Schleife ›Für Helga‹. Das rosarote Abendkleid, das sie in der Nacht davor auf der Feier bei Juhnke getragen hatte, hing noch über der Tür des Schlafzimmerschrankes.

Achtzig geladene Verwandte und Freunde drängten sich in die Kapelle der Friedengemeinde in der Heerstraße. Ein

Blumenmeer und Kränze mit Schleifen schmückten die Halle. Mit bestimmten und einfühlsamen Worten nahm Pfarrer Behrend Bezug auf das Gleichnis von Kain und Abel und die Verstrickungen, in die ein Mensch geraten kann.

Die vielen Schaulustigen konnten der Trauerfeier nur akustisch folgen. Über Lautsprecher wurde sie nach draußen übertragen. Als Frau Druck, gestützt von einer Pflegerin und Bubis Schwester, hinter dem Sarg die Trauerhalle zu Helgas Lieblingsmusik von Frank Sinatra verließ, umringten sensationslüsterne Leser und Macher der Boulevardpresse schon das offene Grab. Um sich einen der vorderen Plätze zu erkämpfen, zertrampelten sie andere Gräber. Als der Pfarrer die segnenden Worte am Grab sprechen wollte, klickten die Auslöser der Pressefotografen so laut, als ob sie mit ihren eigenen Schüssen Helga in den Himmel befördern wollten. »Wir wollen alle zusammen sprechen und das Fotografieren während der Zeit einstellen«, sagte der über soviel Pietätlosigkeit sichtlich verärgerte Pfarrer und sprach damit der Trauergemeinde aus dem Herzen.

Ein letzter Gruß kam von Anny und Max Schmeling. Dietrich Garski, seit 20 Jahren mit Helga und Bubi befreundet, kam mit seiner Frau Claudia, Traudl Rosenthal und ihr Sohn Gerd gaben Helga, unter vielen anderen, das letzte Geleit. Auch Bubis ehemaliger Trainer Taubeneck war erschienen. ›Du lebst weiterhin unter uns. Bist nur vorausgegangen. Deiner in Unvergessenheit: Gernot, Roswitha und Lado‹ stand auf der Schleife, die Taubeneck nachdenklich in die Blumenstraße eingereiht hatte.

Im Oktober eröffnete die Schwurgerichtskammer Berlin Moabit das Hauptverfahren gegen Gustav Scholz. Sie folgte damit dem von der Staatsanwaltschaft erhobenen Tatvorwurf, wonach der Angeklagte des Totschlags an seiner Frau hinreichend verdächtig erschien. Es wurden fünf Verhandlungstage im Januar des nächsten Jahres angesetzt, sechsundzwanzig Zeugen und fünf Sachverständige sollten ge-

hört werden. Bis dahin hatten die verschiedenen Sachver-
ständigen ihre Ergebnisse zu präsentieren, die medizinischen Gutachten mußten ausgewertet und die ballistischen
Untersuchungen durchgeführt werden, um den Tathergang zu rekonstruieren.

Bubi zog Bilanz. In der Untersuchungshaft kehrten die
Bilder jenes Tages und der Vergangenheit immer wieder. In
Briefen gab er seinen wehmütigen Gedanken Ausdruck:

»Es passiert mir jetzt noch oft, daß ich auf ein Zeichen, einen Anruf warte. Und nie war ich lange ohne sie. Ich warte,
und nichts passiert, ich bin allein, ganz allein. Ich bin im Gefängnis, und keiner ist für mich da, keiner der mich liebt,
auf mich wartet, keiner, niemand, nirgends. Ich bin jetzt allein auf dieser Welt, obwohl mich Millionen kennen … Dafür habe ich 35 Jahre gekämpft, gearbeitet, gespart, Opera-
tionen, offene Lungentuberkulose, Brüche und andere
Krankheiten überstanden, um hier in der Zelle 48 nach einem Unglück, daß mich immer zeichnen wird, zu vegetie-
ren … Allein, glaube ich, schaffe ich es nicht mehr … Kann
denn nicht auch ein Staatsanwalt diese Unterschiede erkennen. Kriminelle, Asoziale, und einen Menschen der sein Leben nur gearbeitet, mehr noch, fast nur hat alles erkämpfen
müssen. Der jetzt auch noch seine große Liebe verloren hat,
der durch seinen Bekanntheitsgrad jetzt doppelt gestraft
ist … In diesem Unglücksfall wäre es mir lieber gewesen,
wenn es mich voll + ganz getroffen hätte und nicht über den
Umweg ›Helga‹.«

Wie ein Häufchen Elend, zusammengebrochen unter der
eigenen Tat, saß er manchmal da. Ein andermal lief er durch
die Zelle, euphorisch über die viele Post, die er vor allem
von Frauen bekommen hatte und die er stolz seinen Zellen-
genossen vorlas.

In einer schlaflosen Nacht brachte er den ›Versuch einer
Erinnerung‹ zu Papier. Dort heißt es unter anderem: »Wir,
Helga und ich, haben, wie sonntags immer, die meiste Zeit
im Bett gelegen, ferngesehen, etwas getrunken, gegessen,

Genaues weiß ich dazu nicht ... Ich kann seit Jahren nicht schlafen, und an der Bar fiel mir dann der Karabinerhaken des Kleinkalibergewehrs ins Auge. Ich stellte alles in den Flur, scheinbar fühlte ich mich an der Bar zu nackt. Zwischendurch kam auch die Helga auf das Gästeklo, obwohl das Badezimmer direkt am Schlafzimmer ist. Aber wahrscheinlich war das eine verdeckte Aufforderung, wieder ins Bett zu kommen. Also folgte ich dem und rubbelte mich mit dem Rücken an der Wand und Schranktür hoch. Dabei löste sich ein Schuß. Die Kugel ging in die Tür. Ich dachte auch hier an nichts Ernstes, da eine so kleine Kugel, an einer so stabilen Tür nichts anhaben konnte. Ich ging dann ins Schlafzimmer und da ich schon genug getrunken hatte, wollte ich nur schlafen ...«

KAPITEL 12:
Das Urteil

»Der Angeklagte wird wegen fahrlässiger Tötung und wegen unerlaubten Besitzes von Schußwaffen und von Munition zu einer Gesamtfreiheitsstrafe von drei Jahren verurteilt.«

Der besonnene Richter Heinze, die Beisitzenden und Geschworenen hatten die schwierige Aufgabe zu Ende geführt. Aus dem großen Puzzle, bei dem einige Lücken nicht geschlossen werden konnten und vieles auf Wahrscheinlichkeiten basierte, hatten sie versucht, einen logischen Tathergang abzuleiten.

Getragen und unterstützt wurde das Urteil in weiten Teilen von einem psychologischen Gutachten, das einen plötzlichen angressiven Ausbruch als Erklärung für Bubis persönlichkeitsfremdes Verhalten heranzog.

In der Begründung wurde konstatiert, daß die Begleiterscheinungen der sogenannten Midlife Crisis den gefeierten und umjubelten Boxchampion besonders hart getroffen hätten. Seine letzten Jahre hätten massive Schlafstörungen, Niedergeschlagenheit, Antriebsarmut, mangelnde Zukunftsperspektiven, wenig Freude am Leben und zunehmende Depression gekennzeichnet. Trost habe er im Alkohol gesucht, der ihm Ruhe, Entspannung und Euphorie brachte. Zeichen für einen typischen Erleichterungstrinker. Helga habe sich widersprüchlich verhalten. Zum einen habe sie, die selbst offensichtlich alkoholabhängig war, versucht, ihren Mann mit zwei Entziehungskuren davon abzubringen, und andererseits animierte sie ihn zum Alkoholgenuß, da sie ihn dann als umgänglicher empfunden habe. Ihre zum Teil brutalen Äußerungen über ihren Mann nahm dieser, wenn er sie denn hörte, nicht ernst. Für Helga schien die Ehe die Hölle zu sein. Bubi habe die Probleme nicht gesehen und sich an die Fiktion einer harmonischen Ehe geklammert.

Da sich Bubi Scholz an diese Nacht nicht erinnerte und seine Taten nicht mehr von Erzähltem und Erlebtem unterscheiden konnte, entstand der ›Versuch einer Erinnerung‹, der dem Gericht außerordentlich unwahrscheinlich erschien.

Das Gericht rekonstruierte, daß Helga, als sie sich auf dem Klo einschloß, einen Akoholgehalt von ca. 2,5 Promille im Blut hatte, und daß Scholz zwischen 22 Uhr 15 und 22 Uhr 45 aus höchsten fünf Zentimeter Entfernung zwischen Laufmündung und Türblatt in einem durch alkoholische Beeinflussung begünstigten aggressiven Durchbruch einen Schuß auf die Tür abgefeuert habe. Das Geschoß sei in einer Höhe von 134,3 Zentimetern, etwa in der Mitte zwischen den beiden Türenden, eingedrungen, habe in einem leicht ansteigenden Winkel einen Hohlraum zwischen beiden Türblättern durchschlagen und die in gebückter Haltung hinter der Tür stehende Helga Scholz zwei Zentimeter hinter der rechten Ohrmuschel getroffen. Sie sei zwischen linker Wand und Toilettenbecken zusammengebrochen und innerhalb einer Stunde verstorben.

Der weitere Verlauf der Nacht konnte nicht geklärt werden. Fest stand nur, daß Bubi Scholz noch nach dem Schuß Alkohol getrunken haben muß, da die Blutentnahmen am folgenden Mittag ca. 1,9 Promille Alkoholkonzentration ergaben. Ohne Nachtrunk hätte er zur veranschlagten Tatzeit vier Promille gehabt – in der Regel eine tödliche Alkoholkonzentration.

Die Schilderung der Ereignisse durch den Angeklagten und die Erklärung des Schusses der Verteidigung durch Ausrutschen erschien dem Gericht so unwahrscheinlich, daß es einen Unfall ausschloß. Das Gericht sah es als erwiesen an, daß Bubi Scholz bewußt und grob fahrlässig gehandelt hat, bei erheblich verminderter, aber nicht aufgehobener Schuldfähigkeit. »Bei starker Alkoholintoxikation kommt es – wie der Kammer aus zahlreichen Gutachten bekannt – zu einer erheblichen Verminderung der Koordination der Bewegung ...« Das nicht unkomplizierte Zusammenbasteln des Gewehres setze eine gewisse Fingerfertigkeit und Konzentration voraus. So könne sich Bubi Scholz zur Tatzeit nicht halbtot getrunken haben und ein erheblicher Nachtrunk müsse stattgefunden haben.

Der psychiatrische Sachverständige, Dr. Zeller, überzeugte das Gericht von der Wahrscheinlichkeit eines aggressiven Durchbruchs, die ihren Ursprung in den seit langem bestehenden schweren Depressionen von Bubi Scholz hätte. Es schien dem Gericht die plausibelste Erklärung für sein persönlichkeitsfremdes Tatverhalten. Das Gericht blieb mit seinem Strafmaß 21 Monate unter der möglichen Höchst-Gesamtstrafe.

Der Presserummel und das öffentliche Interesse an Bubi Scholz war während des Prozesses unverändert groß. Für die meisten war das Urteil viel zu niedrig.

»Der hat doch seine Frau ganz gezielt umgenietet und sich danach einen angesoffen, damit er auf unzurechnungsfähig behandelt wird.«

»Nee, nee, so einfach ist das nicht. Daß er mit dem Gewehr genau zwischen zwei Türleisten hindurchschießt, konnte er genausowenig ahnen wie die Tatsache, daß hinter der Tür seine Frau stand. Wenn er sie wirklich vorsätzlich hätte erschießen wollen, hätte er ja auch seinen großkalibrigen Revolver griffbereit gehabt und hätte nicht das Gewehr zusammensetzen müssen.«

»Ach, alles Papperlapapp. Er hat das einfach ganz clever durchdacht.«

»So gut war er aber auch schon nicht mehr bei Kopf. Was hatte Helga der Zeugin gesagt? ›Einer von uns beiden muß dran glauben, er oder ich‹ und ›Der Tod ist die beste Art der Trennung‹. Also!«

»Andere Zeugen sprachen von einer ›normalen‹ Ehe, mit Höhen und Tiefen‹. Ich glaube ja auch, daß sie der eigentliche Teufel war. Ihm ist nur irgendwann die Hutschnur geplatzt. Wenn einer dauernd getreten wird, dann tritt er halt irgendwann zurück. Früher konnte er das im Ring kompensieren, aber da war es ja auch noch nicht so schlimm mit den beiden.«

»Ich glaube, der hatte einfach einen gigantischen Minderwertigkeitspkomplex, die Firma lief nicht mehr richtig, im Haus hatte sowieso sie die Hosen an und seine Affären entdeckte sie auch immer.«

»Der wird auch noch vorzeitig freigelassen, da wette ich was. Dann war das ein super Deal. Peng und weg ist die Alte.«

»Du hast gut reden. Hast du nicht gesehen, wie geknickt er war? Daran hat er bis an sein Lebensende zu tragen. Das ist kein Typ, der das auf die leichte Schulter nimmt.«

So und ähnlich dachte die Volksseele. Bubis Freunde Heinz und Willi stellten die Kaution. Bubi Scholz mußte seine Haft erst im März antreten. Die Presse verfolgte jeden Schritt ihres Schlagzeilenlieferanten. Und doch konnte er unbemerkt von allen mit seiner Schwester und Willi Helgas Grab besuchen. Er stellte die Blumen in eine Vase beim Grabstein. Die beiden traten zurück und beobachteten die Wege. Lange stand er vor dem Grab und weinte. Über seine Schwester ließ er Helgas Mutter Blumen und eine Karte überbringen: »Verzeih mir, wenn du kannst, Bubi.« Mit versteinertem Gesicht nahm Frau Druck den Strauß entgegen.

Im März 1985 trat Bubi Scholz seine Haft im Haus 2 in Berlin-Moabit an. Unweit des Krankenhauses, in dem er vor fast 55 Jahren zur Welt gekommen war. Von dort kam er nach Plötzensee, wo er in einer Vier-Mann-Zelle lebte und in der Wäscherei arbeitete – einem Metier, das ihm ja durchaus bekannt war. Im Gefängnis war Schluß mit den

Vorteilen durch den Scholz-Effekt. Bubi war einer unter vielen. Er fühlte sich sogar benachteiligt wegen seiner Prominenz und beklagte sich in Briefen an seine Anwälte.

Bubi schrieb weiterhin viel. Tagtäglich kamen Briefe ins Gefängnis. Wildfremde Menschen sprachen ihm Mut zu, und unzählige Frauen machten ihm Heiratsangebote. Adele, eine der aufdringlichsten Bewunderinnen, schrieb fast täglich. Andere Briefe gingen direkt ans Rupenhorn, wo inzwischen Bubis Schwester Hildegard eingezogen war. In dieser Zeit übernahmen mal wieder die Frauen die schwierigen Aufgaben. Seine Schwester im Haus und in den Parfümerien die Geschäftsführerinnen Ebeling und Erdmann, in der Agentur Frau Lachmann.

Auf Antrag kam Bubi für ein paar Stunden raus, wenn er wichtige geschäftliche Dinge zu erledigen hatte. Seine Schwester drängte ihn, er solle mit den beiden Damen, die die Parfümerien über die schwere Zeit brachten, essen gehen. Bubi ließ sich nicht lange bitten und lud als erste Frau Ebeling ein, die seit 1969 in der Brunnenstraße war. Eine kleine Anerkennung ihrer Arbeit, die noch Folgen haben sollte.

Mit der Zeit normalisierte sich sein Gefängnisleben. Die öffentliche Aufregung hatte sich gelegt. Helgas Lebensversicherung wurde an ihn ausgezahlt, da er wegen fahrlässiger Tötung verurteilt worden war und nur bei vorsätzlichen Handlungen der Versicherungsanspruch entfällt.

Von Plötzensee ging es nach einem halben Jahr ins Gefängnis Düppel. In der Lichterfelder Söthstraße durfte Bubi das Leben eines Freigängers genießen. Die Werbeagentur war inzwischen umgezogen. Als Bubi sie besuchte, standen ihm vor Rührung die Tränen in den Augen, als er in sein Arbeitszimmer trat, das unverändert mitgezogen war. Doch nach Rücksprache mit den Anwälten sollte Bubi nicht in seiner Firma arbeiten, wo er keine konkrete Aufgabe gehabt hätte. Sein Freund, Harald Schmidt, der in Reinickendorf eine Kabelwerkfirma besaß, gab ihm Arbeit und stellte ihm einen Schreibtisch zur Verfügung. So konnte Bubi jeden Morgen das Gefängnis verlassen. Doch vorher ging es im goldenen Oktober zu einem zehntägigen Urlaub nach Bayern.

Ab November verließ Bubi um sechs Uhr das ›Apartment‹, wie dort die Zelle genannt wurde, und kehrte zwischen 22 und 23 Uhr wieder zurück. Zeit genug, sich auch um die Parfümerien zu kümmern und im Rupenhorn nach dem Rechten zu sehen. Seine Schwester war wieder in ihre Wohnung zurückgezogen.

Er war fast jedes Wochenende zu Hause. Nur noch unter der Woche schlief er im Gefängnis. Immer noch labil, latent depressiv, weckte er das Mitgefühl und die Zuneigung der Frauen. An seinem Geburtstag, den er im Rupenhorn feierte, fiel auch bei ihm der Groschen. Frau Ebeling hatte sich in ihn verliebt, und sie schien ihm gutzutun. Doch die Geister der Vergangenheit ließen Bubi nicht los. Wieder betäubte er die Gedanken im Alkohol. Vergessen, vergessen …

Nur die Erfolge sollten in sein Bewußtsein dringen. Wenn ihn seine Schwester am Wochenende besuchte, saß er in seinem Sessel und las in seinem Buch ›Der Weg aus dem Nichts‹.

»›Den Sieg gaben die Kampfrichter an Charles Humez. Ich hatte meine erste Niederlage weg, und es hilft mir auch heute noch nichts, daß ich sie nicht verstanden habe – der Presse gelang das übrigens ebensowenig … Es war kein korrektes Urteil.‹ Was meinst du, Hilde?«

»Ja, ja Bubi. Komm, leg das Buch weg. Laß uns was essen!«

»Und hier, hör zu! ›Der englische Ringrichter gab Harald Johnson einen Punktsieg. Die Meinungen der Journalisten liefen weit auseinander. Der SFB sagte, Scholz gebührt der Sieg, RIAS sagte, Johnsons Sieg geht in Ordnung, und der AFN war für Unentschieden.‹«

Als ob er sich in sein Leben zurücklesen wollte, las er

wieder und wieder seine eigene Biografie. Dann trank er wieder, als ob er es nicht ertragen könnte, die glorreiche Vergangenheit nur noch zwischen zwei Pappdeckeln zu erleben. Zum Glück gab es Frau Ebeling, die sich sogar von ihrem Mann scheiden ließ, um Bubi heiraten zu können.

Eine Woche, bevor über seine vorzeitige Entlassung beschlossen werden sollte, kehrte Bubi betrunken und zu spät in sein ›Apartment‹ zurück. Es war ein schöner Abend mit seiner neuen Liebe, aber er hatte einen hohen Preis. Er verlor seine Freigang-Erlaubnis und kam in die Haftanstalt Tegel. In Haus 5 landeten jene, die im offenen Vollzug versagten. Das Jahr in Tegel war hart. Zuletzt arbeitete er dort in der Materialausgabe für Putzmittel, Glühlampen und ähnliches. Im geschlossenen Vollzug wurde es unerträglich. Einer seiner Gefängnisgenossen besorgte ihm Schnaps.

Frau Ebeling besuchte Bubi. Der Anwalt Salm, den sie über Bubis Haus- und Hof-Fotograf Thierlein kennengelernt hatte, managte ihre Scheidung und übernahm Bubis Betreuung. Bubi änderte sein Testament zu Frau Silvelin Ebelings Gunsten. Seiner Schwester schickte der Anwalt die Mitteilung, daß ihr jegliche Vollmachten entzogen seien und er sich jetzt um alles kümmern werde. Sie selbst konnte nur durch Bubis persönliche Einladung zu Besuch ins Gefängnis kommen. Doch Bubi schickte keine einzige Einladung aus Tegel.

Der bittere Rückfall in den geschlossenen Vollzug wurde für Bubi nur dadurch gemildert, daß Frau Ebeling die Rückkehr in eine heile Welt vorbereitete. Einen Tag vor dem offiziellen Ende seiner Strafe, welches auf ein Wochenende fiel, stand der Anwalt mit einem Rolls Royce vor der Tür, um seinen prominenten Schützling abzuholen. Um 9 Uhr 30 verließ Bubi, bepackt mit Taschen und Kartons, die Haftanstalt. Vor dem Portal 1 warteten Fotografen und Fernsehteams. Im braunen kleinkarierten Sportsakko,

beigefarbener Hose und blauen Schuhen trat er vor das
Tor. Ohne ein Wort zu sagen, stieg Bubi ins Auto. Seine Ge-
fängnisstory hatte der geschäftstüchtige Scholz schon an
eine Münchener Illustrierte verkauft. Sie fuhren ins Rupenhorn.

»Schatz, willkommen daheim«, sagte die kühle Blonde.

KAPITEL 13:
Verlieren

Immer wieder bemächtigte sich das Vergangene der Gegenwart. Nicht nur Bubis Siege, die er in all den Kämpfen errungen hatte, auch die Szenen seiner Ehe kehrten wieder und wieder. Je mehr alles im dichten Nebel der Vergangenheit entschwand, desto deutlicher brannte sich Helgas Bild in sein Bewußtsein. Vor seinem geistigen Auge lag der leblose Körper, den er für einen kurzen Moment durch die geöffnete Tür gesehen hatte.

Täglich ging er die vertrauten Wege durchs Haus. Alles war an seinem Platz. Nur Helga fehlte. Bubi setzte sich in seinen Sessel. Sein Blick fiel auf das Ölgemälde an der Wand, das ein Männergelage und vor dem Tisch eine tote Frau zeigte. Rex, sein Schäferhund, legte die feuchte Schnauze in seinen Schoß. »Du hast es gut, mein Kleiner, dich plagt das hier alles nicht.« Bubi nahm zwei Beruhigungstabletten. Langsam verschwanden die quälenden Gedanken. Für kurze Zeit schien die Welt erträglich.

Fast jeden Tag kam Frau Ebeling ins Rupenhorn. Ihre Zuneigung, die Tabletten und der Alkohol verbesserten vorübergehend Bubis Gemütszustand. Der ruhelose Mann sollte jedoch auch für die geduldigste Frau zu einer harten Probe werden.

Seit der Filmprojektor im Keller defekt war, führten all die Siegerkränze und Prominentenfotos ein einsames Dasein. Bubi verstaute die Aufnahmen des Johnson-Kampfes, die er so oft gesehen hatte, für immer in den Filmdosen. Er setzte sich in seinen Sessel und ließ die Zeit an sich vorübergehen.

Manchmal raffte er sich auf und ging zu einer der vielen Einladungen. Statt wie früher »Du schau mal, das ist doch der Bubi, der Boxer«, tuschelte man jetzt »Das ist doch der Scholz, der seine Frau erschossen hat.« Wie eine Marionette bewegte er sich durch diese Welt. Warum noch einmal einen Neuanfang? Frau Ebeling erkannte die Ausweglosigkeit ihrer Bemühungen, mit Bubi ein normales, glückliches Leben zu führen. Mehr und mehr ließ sie Bubi allein.

»Sie fahren am besten mit ihm gleich nach Hause, er hat schon genug getrunken.« Bubis Schwester verabschiedete sich von ihrem Bruder und Hans, die sie beide nach Hause begleitet hatten.

Als sie hinter der Eingangstür verschwunden war, meinte Bubi: »Ach was, laß uns noch auf ein Glas in die ›Spitze‹ gehen. Günther freut sich und gibt uns sicher einen aus.« Er wußte, Hans mußte er nicht lange bitten.

»Whisky?« Bubi nickte und sah die goldene Flüssigkeit das Eis umspielen.

An einem der Tische wurde Geburtstag gefeiert. Eine junge Frau verließ die Runde und kam an die Bar.

»Sie sind doch Bubi Scholz, der berühmte Boxer! Ich kenn' Sie schon lange. Ich bin damals beim Zeitungsaustragen von Ihrem Hund gebissen worden.«

»Das muß aber schon sehr lange her sein.« Bubi schob Günther das Whiskyglas zum Nachfüllen hin.

»Na, so alt bin ich aber auch noch nicht.«

»Verzeihung, so hab' ich das nicht gemeint.«

»Wollen Sie mit mir anstoßen? Ich feiere heute meinen zweiunddreißigsten Geburtstag.«

»Na ja, warum nicht. Zum Wohl, alles Gute!«

»Ich heiß Sabine, aber meine Freunde nennen mich Biene.«

Alkohol und Tabletten, Bubis Verbündete im Kampf um Ruhe und Gelassenheit, verloren zunehmend ihre Wirkung. Die Dosis stieg, und sein Zustand verschlechterte sich von Tag zu Tag. Die Auseinandersetzungen mit Frau

Ebeling spitzten sich zu. Manchmal erinnerten ihn die Vorhaltungen und die Tränen an Helga.

»Dir ist nicht zu helfen, weil du dir nicht helfen lassen willst.«

»Laß mich endlich in Ruhe!«

»Gut, wie du willst!«

Frau Ebeling verließ ihn. Auch die Werbeagentur wollte sich von der gemeinsamen Vergangenheit lösen und schickte Bubi mit der Post den Auflösungsvertrag ihrer Geschäftsverhältnisse.

In der Nacht, in der die Berliner sich am Brandenburger Tor überglücklich in die Arme fielen, in der eine Stadt, ein Land, die Welt vor Glück taumelten, saßen Bubi und Biene am Rupenhorn; die Welt zog an ihnen vorüber. Bubi legte den Kopf auf ihre Schulter. ›Du Traum des Glücks, den ich einmal geträumt.‹ Rudolf Schock erfüllte das Wohnzimmer, und Biene sang leise mit.

Die vielen Ansprachen und das Deutschland-Lied, das Willi Brandt, Helmut Kohl und Eberhard Diepgen auf den Stufen des Schöneberger Rathauses in die Berliner Nacht entsandten, sollte wie vieles nicht mehr in die Welt von Bubi Scholz vordringen. »Nun wächst zusammen, was zusammengehört!« In den Straßen Berlins flossen Rotkäppchen-Sekt und Champagner in Strömen. Die geeinte Stadt sollte noch lange an den Folgen der Trennung und den falschen Erwartungen zu tragen haben.

Ein Jahr, nachdem sie in der Bar auf ihren Geburtstag angestoßen hatten, feierten Biene und Bubi mit engen Freunden und Verwandten die Verlobung an gleicher Stelle. Voller Enthusiasmus überreichte Bubi an jenem Abend dem Wirt Günther die Reste seiner Hausbar: »Ich trinke nie wieder Alkohol!« Der ehemalige Innensenator Lummer, der Karikaturist Möllendorf und Bubis Schwestern klatschten Beifall zu den Klängen des Trio Costello. Biene führte ihren Bubi zum Verlobungswalzer auf die Tanzfläche.

»Komm, laß uns zum Prenzlauer Berg fahren und ein Stück durch unseren alten Kiez spazieren«, schlug ihm seine Schwester Hildegard vor, als sie Bubi im Sommer am Rupenhorn besuchte.

»Aber wir können doch nicht mit dem Auto hinfahren, da brauchen wir doch eine Erlaubnis!«

»Bubi, das ist doch kein Problem mehr. Die Mauer ist weg.«

»Ach so ja, natürlich.«

»Wir fahren mit der U-Bahn. Die hält ja direkt bei uns. Die Danziger Straße heißt jetzt Dimitroffstraße.«

Am Gleisdreieck stiegen sie in die Linie 2 in Richtung Pankow. Die Ost-U-Bahn, die Bubi wie eine fahrende Wellblechhütte vorkam, lief ein.

»Hast du unsere Ausweise dabei, Hilde?« fragte Bubi plötzlich nervös.

»Bubi, die Mauer gibt es nicht mehr! Wir brauchen keine Ausweise. Die einzigen, die wir hier brauchen, sind Fahrausweise.«

»Natürlich Hilde, ich bin so zerstreut.«

Nicht zum erstenmal bemerkte seine Schwester, daß Bubi Erinnerungslücken überspielte.

Sie stiegen an der Dimitroffstraße aus und gingen durch die Choriner Straße.

»Steht ja noch.« Bubi blickte auf die Nummer 54.

»Weißt du noch, wie wir im Hof Kasperletheater gespielt haben?«

»Ja, die mußten einen Sechser als Eintritt zahlen.«

»Und wie wir mit den Rollschuhen durch die Straßen gerast sind?«

»Ja, lang ist das her. Und wie der Ball unter die Räder gekommen ist. Mensch, hab' ich da geweint!«

Sie gingen weiter durch die Oderberger Straße, vorbei am Schwimmbad, und bogen in die Kastanienallee.

»Den Prater gibt es auch noch. Na ja, alles ein bißchen runter, aber das wird schon.« Bubi hielt sich am Zaun fest und versuchte hinten bei der Baracke etwas zu erkennen. Tränen stiegen ihm in die Augen. Damals …

»Glaubst du an Gott?« Hilde trat an seine Seite und hakte sich bei ihm ein.

»Nicht an den mit dem Wallebart, so wie man ihn immer darstellt. Ich glaube, es gibt eine Unendliche Weisheit, die dafür sorgt, daß die Bäume nicht in den Himmel wachsen.« Sein Blick heftete sich an die Kronen der Kastanienbäume.

»Willst du eine Currywurst?«

»O ja, gerne.«

Sie gingen zu Konnopke, unter den Gleisen der Hochbahn. Fast wie früher stand Erwin bei der Currywurstbude.

»Das ist aber eine Überraschung! Hallo Hilde. Tag Bubi. Gibst du uns die Ehre und besuchst deinen alten Kiez. Wie geht's?«

»Es muß. – Was machen die anderen? Die, na wie heißt sie gleich?«

»Die Inge.«

»Ja genau, die Inge.«

»Die Inge, die hat, glaub' ich, einen Feuerwehrmann geheiratet. Die anderen hab' ich auch aus den Augen verloren.«

»Ach so. Ja – Erwin – dann komm doch mal rüber und besuch mich. Wir müssen jetzt wieder los. Meine Verlobte wartet auf mich.«

»Ja dann – vielleicht bis bald mal. Tschüß Bubi, tschüß Hilde.«

Drei Jahre später, 1993, heiratete Bubi ein zweites Mal. Diesmal wurde es kein Medienereignis, kein Bürgermeister brachte Nelken und kein Kinderchor sang ein Ständchen. Im kleinsten Kreise wurde die Zeremonie im Standesamt vollzogen. Nur seine neue Schwiegermutter und sein Anwalt Ülo Salm waren dabei – als Trauzeugen.

Biene versuchte ihn von seiner Erinnerung zu befreien. Nach vierunddreißig Jahren zog Bubi aus dem Rupenhorn aus. Ein seltsames Gefühl befiel ihn, als die Tür hinter ihm für immer ins Schloß fiel. Noch im selben Jahr sollte er sich von seinem geliebten Saulgrub verabschieden. Auch die Berge sollten ihn verlassen, hier hatte er so oft Zuflucht vor der Welt gefunden, die ihn mit gierigen Augen verfolgt hatte.

Als das Haus am Rupenhorn sich leerte, saß Bubi bereits im neuen Haus in seinem alten Sessel vor dem Friesenschrank. Durch die heruntergelassenen Jalousien schimmerte das Licht in schmalen Streifen durch den Raum. Bubi nahm die bereitgelegten Tabletten. Seit jenem Verlobungsfest hatte er tatsächlich keinen Alkohol mehr getrunken. Nur …

»Guten Morgen Herr Scholz, wie geht es Ihnen denn heute? Sie haben Besuch.« Hinter dem Pfleger stand Hildegard.

»Hallo Bubi, ich bin's, Hilde, deine Schwester, erkennst du mich nicht?«

»Doch, doch. Tag Hilde. Schön, daß du mich besuchen kommst.«

»Geht es dir gut hier?«

»Ja.«

»Grüße von Heidi, sie kommt dich auch bald besuchen.«

»Heidi …«

»Unsere Schwester!«

»Ach ja.«

»Sollen wir ein Stück spazierengehen? Draußen scheint die Sonne.«

»Ja.«

Hilde begleitete Bubi aus seinem Zimmer im Max-Bürger-Haus. Draußen stand Heinz. Ihre Blicke trafen sich. Als sie auf gleicher Höhe waren, sagte Hilde: »Bubi, erinnerst du dich an deinen Freund Heinz?«

Bubis Blick suchte Halt. Für einen kurzen Moment blieb er an der Silhouette jenes Mannes haften.

»Ja, ich hatte mal einen Freund, der hieß Heinz.«

Sie gingen weiter. Hilde drehte sich um und sah, wie sich Heinz die Tränen aus den Augen wischte.

Alles gaben Götter die unendlichen
Ihren Lieblingen ganz
Alle Freuden die unendlichen
Alle Schmerzen die unendlichen ganz

Goethe

Bubi Scholz – Sein Leben in Stichpunkten

1930
Geboren im Arbeiterkiez Prenzlauer Berg. Vater Schmied, Mutter Hausfrau, Hildegard die zwei Jahre ältere Schwester.

1936
Einschulung Volksschule in der Kastanienallee, mit Kriegsbeginn Schule in der Eberswalder Straße.

1941/43
Kinderlandverschickungen nach Thüringen und Ostpreußen.

1942
Geburt der zweiten Schwester Adelheid.

1943
Eigenmächtige Rückkehr von Ostpreußen nach Berlin.

1944
Vater wird zwangsverpflichtet zu Kriegshilfsdiensten, Bubi Scholz beginnt Feinmechaniker-Lehre in den Nöckel-Werken und kommt in die Hitler-Jugend.

1946
Koch-Lehre bei Aschinger.

1947
Erste Boxstunden in der Boxschule von Karl Schwarz.

1948
Erster Kampf in der Westarena (Leibnizstraße); Trainer: Lado Taubeneck; Manager: Fritz Gretzschel. Job als Zeitungsjunge.

1949
Abbruch der Lehre. Begegnung mit Helga Druck.

1951
Deutscher Weltergewichtsmeister.

1952
Rückgabe des Titels wegen Gewichtsschwierigkeiten.

Ab 1953
Hundebesitzer: die Pudel Sherry und Whisky, später die Schäferhunde Arko und Wolf.

1954
Tennisspieler im Club Rot-Weiß. Erste eigene Wohnung beim Fehrbelliner Platz.

1955
Im Juni Tbc-Diagnose. Sanatoriumsaufenthalt im Schwarzwald. Im Oktober Übernahme des Frisiersalons Druck. Eröffnung der ersten Parfümerie am Hansaplatz. Im November Hochzeit mit Helga. Gemeinsame Wohnung in der Bayerischen Straße.

1957
Comeback. Deutscher Mittelgewichtsmeister durch K.o.-Sieg gegen Peter Müller.

1958
Paris: Erste Niederlage, gegen Humez. Berlin: Europamei-

ster im Mittelgewicht, wieder gegen Humez. Goldenes Band der Sportpresse.

1959/60
Erstes Buch ›Ring frei‹. Filme *Marina* und *Gehn Sie nie allein nach Haus*. Schallplatten *Der Starke Joe aus Mexiko* und *Sie hat nur Blue Jeans*.

1960
Bezug des Hauses Am Rupenhorn. Eröffnung der Parfümerie an der Brunnenstraße. Helga Scholz Geschäftsführerin der Parfümerien.

1961
Rückgabe des Titels wegen Gewichtsschwierigkeiten.

1962
Zweiter verlorener Kampf in Berlin: Weltmeisterschaft im Halbschwergewicht gegen den US-Amerikaner Harold Johnson im Olympiastadion. Gründung der Delta Werbung.

1964
Europameister im Halbschwergewicht. Gründung der Gustav Scholz Werbegesellschaft mbH und Co. KG.

1965
Abgabe des Titels und Rückzug vom aktiven Boxsport. Eigene Fernsehshow *Faust aufs Auge, Hand aufs Herz*.

1968
Manager und geschäftsführender Gesellschafter der Werbeagentur Zühlke & Scholz KG.

1977
Verurteilung wegen gefährlicher Körperverletzung.

1980
Buchveröffentlichung zum 50. Geburtstag: die Autobiografie ›Der Weg aus dem Nichts‹.

1983
Behandlung wegen Alkoholmißbrauch in der Schloßpark-klinik.

1984
Am 22. Juli erschießt Scholz seine Frau Helga durch die geschlossene Toilettentür. Selbstmordversuch während der Untersuchungshaft.

1985
Am 1. Februar wird Scholz wegen fahrlässiger Tötung und unerlaubtem Waffen- und Munitionsbesitz zu drei Jahren Haft verurteilt. Zunächst auf Kaution frei. Haftantritt am 11. März in Berlin-Tegel.

1986
Offener Vollzug. Arbeit als Industriekaufmann in Frohnau. Nach alkoholisierter Rückkehr ab August wieder geschlossener Vollzug.

1987
Im August Entlassung aus dem Gefängnis.

1989
Scholz lernt Sabine Arndt in der Kneipe ›Die Spitze‹ kennen.

1993
Sabine Arndt und Bubi Scholz heiraten. Er bleibt noch im Haus Am Rupenhorn.

1994
Das Ehepaar Scholz zieht zusammen, aber in ein anderes Haus.

1997
Drehbeginn des ARD-Zweiteilers *Die Bubi Scholz Story* über die Zeit von 1946 bis 1987.

Die Kämpfe von Bubi Scholz

Datum		Ort	Gegner	Ergebnis	Gage
1948	8.10.	Berlin	H. Eichler, Berlin	gew. P. 4 Rd.	*200*
	31.10.	Querfurt	Bernsee, Berlin	gew. P. 4 Rd.	*300*
	12.11.	Berlin	Löbnitz, Halle	gew. P. 6 Rd.	*250*
	19.11.	Berlin	Wertke, Berlin	gew. P. 4 Rd.	*250*
	10.12.	Berlin	Pörtner, Berlin	gew. P. 4 Rd.	*300*
1949	29.01.	Berlin	Halte, Berlin	gew. P. 4 Rd.	*300*
	03.04.	Berlin	Saalbach, Berlin	gew. k.o. 5. Rd.	*0*
	23.04.	Berlin	Hintze, Berlin	gew. P. 6 Rd.	*56*
	14.05.	Berlin	Hörauf, Berlin	gew. k.o.1. Rd.	*80*
	26.05.	Berlin	Pregla. Magdeburg	unent. P. 4 Rd.	*400*
	05.06.	Berlin	Glink, Leipzig	gew. P. 4 Rd.	*500*
	24.07.	Berlin	Völker, Berlin	gew. P. 6 Rd.	*300*
	04.09.	Berlin	Grötsch, Augsburg	gew. k.o. 6. Rd.	*400*
	26.10.	Berlin	Langer, Berlin	gew. P. 6 Rd.	*300*
	05.11.	Berlin	Tauber, Berlin	gew. P. 6 Rd.	*500*
	10.12.	Berlin	Georgi, Bremerhaven	gew. k.o. 1. Rd.	*300*
1950	14.01.	Berlin	Dieckmann, Hannover	gew. k.o. 2. Rd.	300
	10.02.	Nürnberg	Lücker, Traunstein	gew. k.o. 1. Rd.	300
	25.02.	Berlin	Spitzkopf, Hamburg	gew. P. 6 Rd.	400
	01.04.	Berlin	Pregla, Magdeburg	gew. k.o. 2. Rd.	400
	18.05.	Berlin	Franke, Hettstedt	gew. k.o. 2. Rd.	500
	04.06.	Berlin	Häfner, Bamberg	gew. P. 6 Rd.	500
	08.07.	Erlangen	Rodewald, Dortmund	gew. k.o. 2. Rd.	300
	30.07.	Berlin	Spitzkopf, Hamburg	gew. P. 8 Rd.	500
	10.09.	Berlin	Minnich, Österreich	gew. k.o. 4. Rd.	700
	07.10.	Bielefeld	Blumenthal, Hildesheim	gew. k.o. 3. Rd.	500
	17.11.	Berlin	Sänger, Celle	gew. P. 8 Rd.	1500
	25.12.	Frankfurt	Stock, Frankreich	gew. P. 8 Rd.	2000
1951	15.04.	Berlin	Fratalia, Italien	gew. P. 8 Rd.	800
	19.05.	Berlin	Schneider, Celle	gew. P. 12 Rd.	1500
		(Deutsche Weltergewichts-Meisterschaft)			
	04.08.	Garmisch	Kroner, Rumänien	gew. k.o. 3. Rd.	1000

Datum		Ort	Gegner	Ergebnis	Gage
	17.08.	München	Schneider, Celle	gew. P. 12 Rd.	4000
		(Deutsche Weltergewichts-Meisterschaft)			
	01.09.	San			
		Sebastian	Lopez, Spanien	gew. P. 10 Rd.	1500
1952	01.02.	Stuttgart	Walter, Österreich	gew. k.o. 2. Rd.	750
	23.02.	Berlin	Kid Marcel, Frankreich	gew. k.o. 5. Rd.	2500
	08.03.	Gießen	Escher, Bonn	gew. k.o. 2. Rd.	1000
	04.04.	Hamburg	Garz, Magdeburg	gew. k.o. 1. Rd.	1000
	26.04.	Berlin	Clavel, Frankreich	gew. P. 8 Rd.	2200
	02.05.	München	Öchsle, München	gew. P. 12 Rd.	5000
		(Deutsche Weltergewichts-Meisterschaft)			
	07.06.	Köln	Luyten, Rheinhausen	gew. k.o. 2. Rd.	2200
	15.06.	Essen	Starosch, Essen	gew. P. 12 Rd.	5000
		(Deutsche Weltergewichts-Meisterschaft)			
	18.09.	Kopenhgn.	Christensen, Dänemark	unent. 10 Rd.	4500
		(Scholz gab den Weltergewichtstitel wegen			
		Schwierigkeiten ungeschlagen zurück)			
	21.11.	München	Degouve, Frankreich	gew. k.o. 7. Rd.	4000
	26.12.	Berlin	Roger Crecy, Frankr.	gew. k.o. 4. Rd.	2000
1953	01.03.	Berlin	Christensen, Dänemark	gew. k.o. 10. Rd.	4000
	05.07.	Berlin	Navarro, Spanien	gew. k.o. 5. Rd.	2500
	28.08.	Berlin	Szüzina, Bremen	gew. k.o. 10. Rd.	14000
	04.12.	Berlin	Day, USA	gew. k.o. 3. Rd.	10000
	27.12.	Berlin	D'Haes, Belgien	gew. k.o. 3. Rd.	10000
1954	15.01.	Hamburg	Allotey, Goldküste	gew. k.o. 2. Rd.	12000
	11.02.	Berlin	Snoek, Holland	gew. P. 10 Rd.	17000
	26.03.	New York	Andrews, USA	gew. P. 10 Rd.	$7000
	10.06.	Berlin	Delmine, Belgien	gew. k.o. 4. Rd.	12000
	11.07.	Dortmund	Milazzo, Frankreich	unent. 10 Rd.	12000
	08.10.	Berlin	Armstrong, Schottland	gew. k.o. 8. Rd.	14000
	10.12.	Berlin	Milazzo, Frankreich	gew. P. 10 Rd.	20000
1955	21.01.	Hamburg	Buxton, England	gew. P. 10 Rd.	19000
	25.03.	Berlin	Fontana, Italien	gew. k.o. 5. Rd.	21000
	20.05.	Berlin	Portuguez, Costa Rica	gew. P. 10 Rd.	19000
		(Kampfpause wegen Erkrankung			
		und Sanatoriumaufenthalt)			

Datum		Ort	Gegner	Ergebnis	Gage
1957	02.03.	Oldenburg	Frances, Spanien	gew. k.o. 4. Rd.	4500
	29.03.	Berlin	Correa, Spanien	gew. k.o. 5. Rd.	7000
	17.05.	Berlin	Albanese, Italien	gew. k.o. 1. Rd.	9800
	02.06.	Stuttgart	Gamero, Spanien	gew. k.o. 3. Rd.	12000
	29.06.	Berlin	Müller, Köln	gew. k.o. 3. Rd.	20000
		(Deutsche Mittelgewichts-Meisterschaft)			
	14.09.	Stuttgart	Ruellet, Frankreich	gew. k.o. 8. Rd.	12000
	08.11.	Berlin	Martinez, USA	unent. 10 Rd.	24000
	30.11.	Stuttgart	Buxton, England	gew. P 10 Rd.	15000
1958	08.02.	Oldenburg	Masson, Frankreich	gew. k.o. 7. Rd.	6650
	10.03.	Paris	Humez, Frankreich	verl. n. P.10 Rd.	15000
	03.05.	Dortmund	Resch, Stuttgart	gew. k.o. 4. Rd.	34150
		(Deutsche Mittelgewichts-Meisterschaft)			
	23.08.	Oldenburg	Mena, Spanien	gew. k.o. 4. Rd.	10000
	04.10.	Berlin	Humez, Frankreich	gew. k.o. 12. Rd.	20000
		(Europameisterschaft im Mittelgewicht)			
	05.12.	München	Portuguez, Costa Rica	gew. k.o. 1. Rd.	11200
	15.12.	Paris	Ballarin, Frankreich	gew. P. 10 Rd.	23000
1959	08.05.	Berlin	Calzavara, Italien	gew. P. 10 Rd.	30000
	05.06.	Hamburg	Farhat, Tunesien	gew. k.o. 9. Rd.	16000
	04.07.	Berlin	Wohlers, Hamburg	gew. P. 15 Rd.	37150
		(Europameisterschaft und Deutsche Meisterschaft Mittel-gewicht)			
	04.09.	Berlin	Halafihi, Tonga	gew. P. 10 Rd.	30000
	14.11.	Berlin	Müller, Köln	gew. k.o. 1. Rd.	40000
		(Europameisterschaft und Deutsche Meisterschaft im Mittelgewicht)			
	05.12.	Berlin	Drille, Frankreich	gew. k.o. 14. Rd.	40000
1960	11.03.	Wien	Köhler, Österreich	gew. k.o. 2. Rd.	9000
	19.03.	Berlin	Holt, Südafrika	gew. P. 10 Rd.	30000
	02.04.	München	Mazzola, Italien	gew. P. 10 Rd.	15000
	19.08.	Berlin	McCormack, Schottland	gew. P. 10 Rd.	30000
	14.09.	Frankfurt	Don Fullmer, USA	unent. 10 Rd.	25000
1961	08.04.	Wien	Wohlers, Hamburg	unent. 10 Rd.	10000
		(Scholz gab Europa- und Deutsche Meisterschaft im Mittelgewicht wegen Schwierigkeiten ungeschlagen zurück)			

Die Handlung des 200 Minuten langen ARD-Zweiteilers »Die Bubi Scholz Story« beginnt zu den Zeiten des Schwarzmarkts: Vor Razzien war man nie sicher (oben); "Amis", wie man damals US-Zigaretten nannte, die Benno Fürmann als junger Bubi Scholz hier an den Mann bringt, waren eine beliebte "Währung".

Im Kreise ihrer Freundinnen feuert die junge Helga (Nicolette Krebitz, oben Mitte) einen jungen Boxer an - und der gewinnt dann auch, zur Freude seines Trainers (Michael Gwisdek, unten links).

Erste Begegnung und der Beginn einer großen Liebe: Helga Druck (Nicolette Krebitz, oben) in der elterlichen Parfümerie. Doch Bubis Freundin Renate (Alexandra Maria Lara, unten, mit Benno Fürmann) ist noch präsent.

Sie sind lange unzertrennlich, aber das bringt bald Probleme mit sich: die drei Freunde Klaus, Bubi und Renate (Heinrich Schmieder, Benno Fürmann und Alexandra Maria Lara).

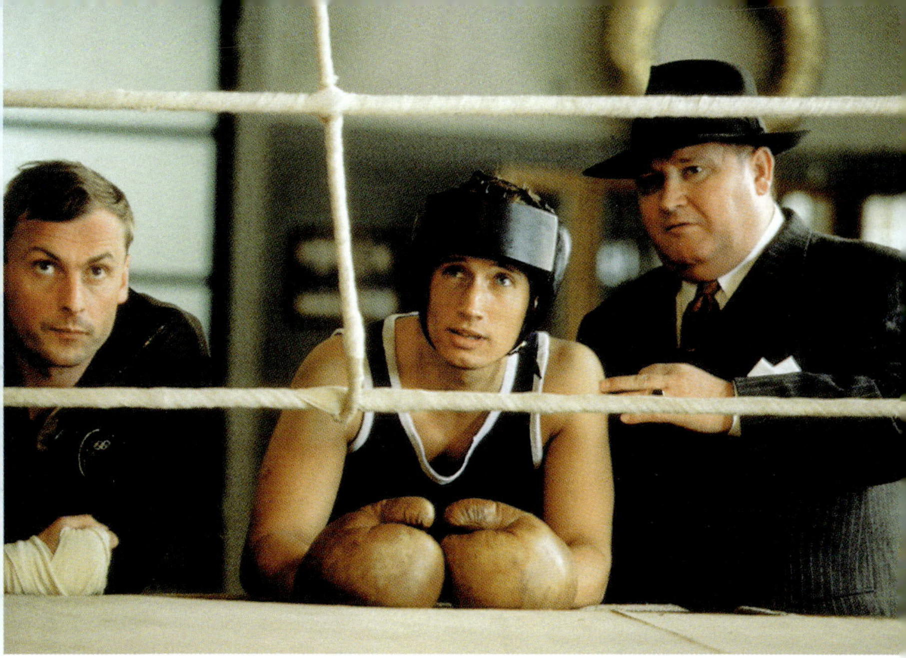

Aus Bubi wird ein Profi, nicht zuletzt dank seines Managers (Horst Krause, oben rechts), und immer öfter steht er jetzt - stets siegreich - im Ring.

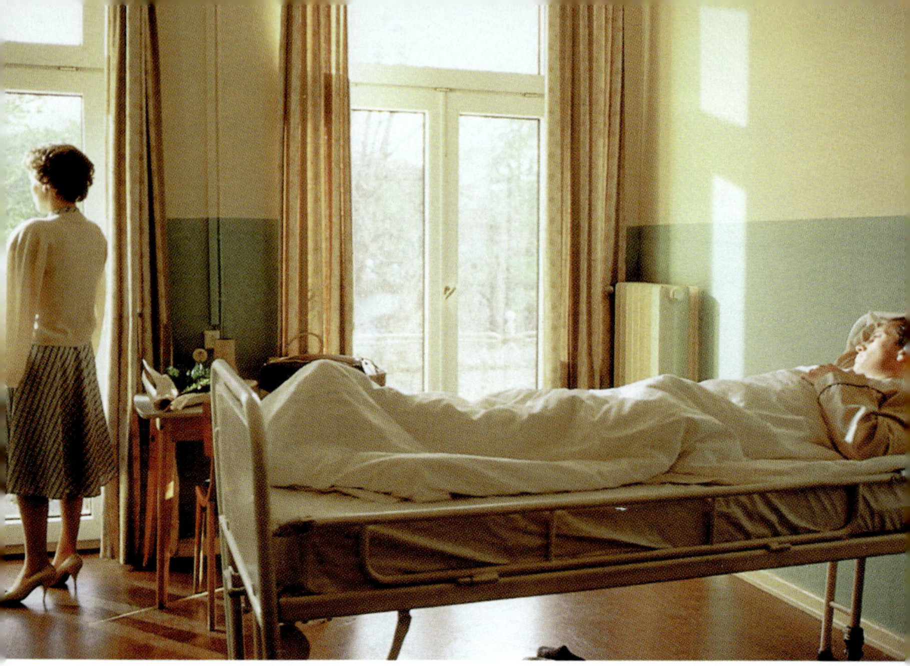

Ein schwerer Schlag und ein Start in ein neues Leben: Helga Druck besucht den an TBC erkrankten Bubi – und wird nach seiner Genesung Frau Helga Scholz.

Nach Bubis Comeback und dem Abschied vom Boxsport zerrütten Alltag und Alkohol die Ehe: Helga (als ältere gespielt von Angela Winkler) hält sich an ihre «Kalte Ente«, Bubi (als älterer gespielt von Götz George) ist manchmal schon mittags betrunken und ballert in den Swimming Pool.

Nach dem tödlichen Schuß auf seine Frau Helga: Bubi Scholz spricht im Gefängnis mit einer Psychologin (Katharina Meinecke). Er ist zu diesem Zeitpunkt ein gebrochener Mann (und Götz George sieht ihm verblüffend ähnlich).

Datum		Ort	Gegner	Ergebnis	Gage
	11.08.	Hamburg	Andina, Uruguay	gew. P. 10 Rd.	20000
	27.09.	Frankfurt	Roux, Frankreich	gew. P. 10 Rd.	24000
	02.12.	Köln	van Oostrum, Holland	gew. k.o. 14. Rd.	27750
1962	02.02.	Hamburg	Diouf, Frankreich	gew. P 10 Rd.	25500
	07.04.	Berlin	Bowdry, USA	gew. k.o. 7. Rd.	40300
	05.05.	Dortmund	Rivers, USA	gew. k.o. 7. Rd.	23600
	23.06.	Berlin	Johnson, USA	verl. n.P. 10 Rd.	100000

(Weltmeisterschaft im Halbschwergewicht)

1963	09.03.	Köln	Prebeg, Jugoslawien	gew. P. 10 Rd.	18300
	16.11.	Dortmund	Calderwood, Schottland	gew. P. 10 Rd.	46550
1964	04.04.	Dortmund	Rinaldi, Italien	gew. Disq. 8. Rd.	82400

(Europameisterschaft im Halbschwergewicht;
Scholz gab auch diesen Titel ungeschlagen zurück)

1948–1964   96 Kämpfe
              46 K.o.-Siege
              41 Punktsiege
               1 Sieg durch Disqualifikation
               6 Unentschieden
               2 Punktniederlagen

---

gew. P. = Punktsieg, gew. k.o. = gewonnen durch k.o., unentsch. = unent-
schieden, verl. n. P. = verloren nach Punkten, gew. Disq. = gewonnen durch
Disqualifikation.
Die in kursiv gesetzten Gagen wurden in »Ostmark« ausgezahlt.

Ruhmesblätter der deutschen Boxgeschichte

Eine Bilanz von 1911 bis zur Gegenwart

Von Gerhard Reimann

Der einsame Weltmeister

»Langsam fühle ich mich vereinsamt als einziger deutscher Boxweltmeister. Es wird Zeit, daß ich Gesellschaft bekomme.« In einer Gastkolumne für den damals von mir geleiteten Sportteil des Berliner *Tagesspiegel* schrieb Max Schmeling diese Sätze am 23. Juni 1962. ›Maxes‹ Hoffnung erfüllte sich nicht. Der große Tag von Gustav Scholz war nicht sein größter. Er verlor gegen den US-Amerikaner Harold Johnson im Berliner Olympiastadion im Kampf um den Titel im Halbschwergewicht.

Ein historisches Datum ist dieser Tag dennoch. Er war zum einen der erste weltweit anerkannte Weltmeisterschaftskampf in einem deutschen Ring. Zum anderen markiert er Gipfel- und Absturzpunkt in der Karriere eines Idols, dem dieses Buch gewidmet ist. Am Ring saß Schmeling, der bis zum heutigen Tag der einzige universell geführte deutsche Boxweltmeister geblieben ist. Die inflationistische Entwicklung mit Serientitelkämpfen eines Henry Maske oder Darius Michalczewski droht diese Fakten zu verschleiern.

Für ›Bubi‹ Scholz entwickelte sich die Niederlage zu einem Trauma, das bis zu jenem seelisch-alkoholischen k.o. und dem Todesschuß auf seine Frau Helga der Riesenschar seiner Bewunderer verborgen blieb. Bis zum Überdruß sah sich Scholz in seiner Villa oberhalb das Stößensees den

Kampffilm an, blieb uneinsichtig bei dem Glauben, gegen Johnson um den Sieg betrogen worden zu sein. Das Echo des Todesschusses ein Dutzend Jahre später begleitete den Jungen vom Prenzlauer Berg zurück in das Nichts, aus dem er gekommen war. Der Weg ist noch nicht beendet, ein Happy End aber wäre nochmals märchenhaft.

Von jenem topografischen Gipfel des 23. Juni 1962 fasziniert der Blick zurück und nach vorn auf die Geschichte des deutschen Boxsports wie die gesamte Historie des Kampfes Mann gegen Mann. Dieses nie endende dramatische Schauspiel von Blut, Schweiß und Tränen, von Triumphen und Tragödien schlug Poeten von Homer über George Bernard Shaw, Bertolt Brecht bis Norman Mailer gleichermaßen in den Bann wie Maler und Psychologen vom Range eines Eduardo Arroyo oder Jan Philipp Reemtsma.

Polizeiknüppel und der Kronprinz

Betrüblich hinterher hinkt nur die deutsche Boxsport-Geschichtsschreibung. Längst hatten in den USA und in Großbritannien Faustkampfpioniere (auch deutschstämmiger Herkunft) um die Jahrhundertwende um Titel gekämpft. Im kaiserlichen Deutschland regte sich embryoähnlich nur in Boxabteilungen Berliner, Hamburger und Kölner Turnvereine erstes Leben. Die Prinzen des Hauses Hohenzollern erlernten bei dem englischen Boxlehrer Jack Slim die edle Kunst des Faustfechtens. Knüppel der Polizei aber drohten jenen, die ›richtig‹ zur Sache gehen wollten. Die Legende will wissen, daß aus einem illegalen Kampflokal auch der boxbegeisterte Kronprinz vor den Häschern flüchten mußte.

So vollzogen sich die ersten Schritte im Dämmerlicht des Nahezu-Vergessenseins. Zwar erscheint schon 1911 mit dem Namen Otto Flint ein erstes Datum, doch nicht einmal offiziös existieren Kampfrekorde. Selbst nach dem Fall des polizeilichen Verbots gleich nach dem Ende des Ersten Weltkriegs irrlichtern Daten, Namen und Ergebnisse unkorrigiert bis zum heutigen Tage durch die Annalen. So steht auch der 13. August 1919 mit Flints k.o.-Sieg in Berlin über Willy Metz und dem Gewinn der ersten Deutschen Schwergewichtsmeisterschaft auf wackligen Beinen. Das Datum liegt wenige Wochen nach der Gründung des Berliner Box-Verbandes in ›Blechschmieds Diele‹ am Schlesischen Tor. Er gilt als Keimzelle das Dachverbandes der deutschen Amateurboxer. Aus ihren Reihen rekrutierte sich stets die Blutauffrischung der ›Berufler‹ – bis zum heutigen Tage umkreisen sie sich aber mißtrauisch wie feindliche Brüder. Als eine Art Gewerkschaft gründeten die Berufsboxer am 19. Oktober 1919 in Berlin den Verband deutscher Faustkämpfer. Zum Vorstand gehörte mit Arthur Bülow auch der spätere Chefredakteur des ›BoxSport‹ und Entdekker von Max Schmeling.

Kriegsheimkehrer als Geburtshelfer

Ehe Schmeling ein knappes Jahrzehnt später den deutschen Pugilisten das Tor zur Boxwelt aufstieß, avancierten hartgesottene Männer zu Geburtshelfern. Das Interniertenund Kriegsgefangenenlager Knockaloe auf der Isle of Man gilt als Wiege des deutschen Boxsports: Hans Breitensträter, Adolf Wiegert, Willy Spörl, Ernst Koch, um nur einige Namen zu nennen, entdeckten dort ihre Berufung. In den Revolutionswirren erschienen Zeitungen nur unregelmäßig, doch lassen sich allein in Berlin 1919 sage und schreibe 78 Kampftage nachweisen. Im Zirkus Busch, im Admiralspalast, im Sportpalast und einem Dutzend anderer Arenen flogen die Fetzen.

Erobert wurden die skeptischen Hauptstädter am 18. Februar 1919. Als Einlage zu einem Radrennprogramm plakatierte man das Duell Richard Naujoks – Gustav Völkel als

Deutsche Leichtgewichtsmeisterschaft. 3000 Besucher im Sportpalast langweilten sich rundenlang, dann entfachten Pfiffe die Kampfeswut des schlaksigen Berliners Naujoks. Als Völkel in der siebenten Runde ausgezählt wurde, war die Bresche geschlagen. Naujoks, Breitensträter, Wiegert und Kurt Prenzel traten als erste Heroen eine Lawine los. In fast jeder deutschen Stadt etablierte sich die ›neue‹ Sportart. Parallel zur Inflation der Währung erreichte 1923 die Veranstaltungszahl den Rekordpegel von 233 ...

Die Amerikaner horchen auf

Frühzeitig kamen aus fast allen Ländern der Erde die Gegner. Etliche mit ›frisierten‹ Rekorden und dubios-exotischen Namen, Signale bis heute gängiger Manipulationspraktiken. Unaufhaltsam aber schwang sich der flügge gewordene deutsche Boxsport in die internationale Sphäre. 1926 besuchte Amerikas ›Boxpapst‹ Nat Fleischer, Begründer des marktbeherrschenden Magazins *The Ring,* auf einer Europareise auch Deutschland. Beeindruckt sagte er Konkurrenz für Briten, Italiener, Franzosen voraus. Wochen vor dieser US-›Marktanalyse‹ hatte in der Kaiserdamm-Arena vor 15 000 Zuschauern der Thüringer Metzger Franz Diener dem schon in der Weltspitze angesiedelten ›Baskischen Holzfäller‹ Paolino ein für schier unglaublich gehaltenes Unentschieden abgetrotzt – als Ersatzmann. Zuschauen mußte verletzt der ›Blonde Hans‹ Breitensträter. Das Idol, das mit seinem Löwenherzen und unerschrockenem Kampfstil alle anderen harten Männer überragte und noch im Fallen zurückschlug, setzte einen weiteren Meilenstein.

Wenige Monate vor der internationalen Sensation durch Diener beließ die explosive Kraft des gröbsten deutschen Kalibers keinen Superlativ in den Hirnen der Journalisten. Da sorgten der einstige Seemann aus Magdeburg und der in amerikanischen Ringen zum ›Ironman‹ geschmiedete Zwikkauer Kohlentrimmer Paul Samson-Körner für die bis heute härteste und blutigste Ringschlacht in einem deutschen Seilgeviert. ›Baule‹ mit dem Yankeeimage baute nach zwei K. o.-Siegen über den Publikumsliebling auf einen dritten Streich. Am Ende der 15 niederschlagsträchtigen Runden wurde Samsons Protest gegen das Punkturteil abgeschmettert, und auf dem Kaiserdamm brach wie schon bei der Anfahrt der Verkehr so zusammen wie bei heutigen Super-Staus. Wer kein Ticket bekommen hatte, konnte Tage später den ersten in Deutschland gedrehten Boxkampffilm über die Leinwand flimmern sehen.

Europapremieren durch Hein und Max

Die Zeit war reif, doch Europas Thron noch zu hoch. Der Kölner Supertechniker Hein Domgörgen mußte dem belgischen Punktsieger René Devos am 19. März 1926 wieder mit dem Mittelgewichtsgürtel aus Berlin heimreisen lassen – im 63. Kampf hatte er seine Chance erhalten. Auch das ein Indiz für heute kurze Wege zu Ruhm und Geld. Erst fünf Jahre später durfte sich der Ausnahmekönner des Jahrgangs 1898 im dritten Anlauf auf den europäischen Regentensitz schwingen. Die Glorie als erstem deutschen Europachampion gebührt so ebenfalls Max Schmeling. In der Dortmunder Westfalenhalle hob am 19. Juni 1927 der belgische Titelverteidiger Fernand Delarge in der 13. Runde unterminiert und weinend die Hände zum Zeichen der Aufgabe. Als Europameister im Halbschwergewicht, die bis zur Gegenwart deutsche Domäne geblieben ist, winkte Schmeling nun das Land mit den Millionen-Dollar-Gagen.

Vor dem Aufschwung in die Schwergewichtsklasse zwangen die Regeln jedoch zur Verteidigung des deutschen und europäischen Championats – gegen Domgörgen. Im Schatten des Völkerschlachtdenkmals, im Leipziger Achilleion, drohte Schmeling ein Waterloo. Nahezu deklassiert, haushoch nach Punkten im Rückstand, legte Schmeling alle Kraft und Wut in der ›ominösen‹ siebenten Runde in das Markenzeichen seiner dynamitgeladenen Rechten. Das ›Aus‹ für Hein bedeutete grünes Licht für den Sieger. Ihm lag nun zuerst alles zu Füßen, was auf gesellschaftlichem Parkett Rang und Namen hatte. Die Boxwelt folgte erst mit erheblicher Verspätung. Und als knapp zwei Monate nach diesem 6. November 1927 Mussolinis unfairer Streiter Michele Bonaglia dem Dampfhammer schon in Runde eins erliegt, macht sich – kommende chauvinistische Gefahren andeutend – auf den Rängen des Sportpalastes mit dem spontanen Anstimmen des Deutschlandliedes Begeisterung Luft, die nicht nur sportliche Motive kennt.

Prägende dreißiger Jahre

Auf dem Sprungbrett in die dreißiger Jahre lassen wir noch viele Männer, viele Fights zurück, die es wert wären, in die Erinnerung zurückgerufen zu werden. In diesen Zeitläufen der wirtschaftlichen Depression und der Machtübernahme durch die Nazis prägen vier Dinge das Boxgeschehen: Rücksturz der Kampftage auf 89 im Jahre 1930, Max Schmelings späte Anerkennung als Weltmeister, in seinem Sog Chancen auf Teilweltmeisterschaften für weitere deutsche Ringstars und beim Heraufdämmern das Zweiten Weltkriegs Politisierung und Spaltung.

Im Geburtsjahr von Gustav Scholz erobert Schmeling als erster Deutscher eine Weltmeisterschaft. Der 12. Juni 1930 und die Begleitumstände des Titelgewinns im New Yorker Yankee-Stadion dokumentieren den Charakter der ›Bestie Publikum‹. Im Kampf um das Erbe des zurückgetretenen Gene Tunney unterlief dem Amerikaner Jack Sharkey ein schwerer Tiefschlag, Schmelings Kampfunfähigkeit stieß nicht bei allen auf Anerkennung. Aberkannt hätte am liebsten die deutsche Boxbehörde ihrem Heros den Titel, der nie zuvor auf solche Weise gewonnen worden war. Alle jene, die ›Maxe‹ hofiert und umjubelt hatten, ließen ihn fallen wie eine heiße Kartoffel. Carl von Ossietzky, der später von den Nazis im KZ umgebrachte Nobelpreisträger, konterte in der *Weltbühne* die jahrelang mit dem Boxer betriebene nationalistische ›Wiederaufrüstung‹ unter der ironischen Überschrift ›Endlich ein Sieger‹.

Schmeling wehrte sich auf seine eigene Art, geduldig, verbissen, mit jenem langen Atem, der da prophezeit, daß alles zu dem kommt, der warten kann. Seine Helfer: Trainer Max Machon und der jüdische Manager Joe Jacobs. An ihm hielt Schmeling auch fest, als ihm die Nazimachthaber ihre Gunst zu entziehen versuchten. Als die ans Ruder kamen, hatte sich der Uckermärker Steuermannssohn durch die schwersten Brecher durchgeschippert. Mit einem zerstörerischen K.o.-Sieg über Young Stribling stopfte er 1931 alle Kritikermäuler im In- und Ausland, ließ sich auch durch das Fehlurteil nicht mehr aus dem Gleis werfen, mit dem Sharkey sich 1932 in New York im Titelduell revanchierte.

Joe Louis – ein Sonderkapitel

In Deutschland setzte man gleichwohl schon auf einen in französischen, britischen und US-Ringen zum heimlichen Schmeling-Nachfolger stilisierten ›Blonden Tiger‹, den Bochumer Walter Neusel. 105 000 Zuschauer faßte die Hamburger Dirt-Track-Bahn, in der sich der gerissene Promoter Walter Rothenburg die Wachablösung erträumte. ›Maxe‹ riß ihn und den in neun Runden gezähmten ›Tiger‹ aus derartigen Träumen.

Kaum ein andere Boxsportkapitel ist so oft und ausführlich abgehandelt worden wie das folgende der beiden Joe-Louis-Dramen. Zu den zehn größten Sensationen der

216

Boxgeschichte rechnet man noch heute des 30jährigen ›Veteranen‹ K.o.-Sieg über den schon als unschlagbar bezeichneten, fast zehn Jahre jüngeren ›Braunen Bomber‹. Zahllose Wetten gehen noch heute verloren, weil viele diesen Triumph für Schmelings Weltmeisterschaftsgewinn halten. Um die ging es bei politisch verdüstertem Szenarium und nach einem infamen Intrigenspiel zu ungunsten des vermeintlichen Nazi-Propagandisten fast auf den Tag genau zwei Jahre später. Ein revanchedurstiger und entfesselter Joe Louis zertrümmerte in rücksichtslosem Inferno seinen Demütiger in 124 Sekunden. »Max, Max, steh' doch wieder auf« – die beschwörenden Worte des Radioreporters Arno Hellmis an jenem 22. Juni 1938 aus dem fernen Yankee-Stadium klingt mir noch heute in den Ohren.

Olympia-Gold nicht an der Profibörse

Als zum Spielball der Politik gewordene Sportler sahen sich Sieger wie Verlierer machtlos ausgeliefert. Jahre nach dem Krieg schlossen sich Max und Joe als Freunde in die Arme. Wahre Gentleman des Ringes, ehe man mit solchen Ehrentiteln großzügiger umging. Politisch benutzt wurden auch die Olympischen Spiele 1936. Wenige Wochen nach Schmelings Sensationssieg ging dabei bei den deutschen Amateuren endlich eine seit zwei Jahrzehnten gesäte Ernte auf: Mit der Gladbecker ›Fliege‹ Willi Kaiser und dem Wuppertaler ›schweren Jungen‹ Herbert Runge erklommen erstmals Deutsche den obersten Podest. ›Profis‹ waren trotz des Propagandawertes von Schmeling nicht sonderlich gelitten. So schlug sich erst ein Jahrzehnt später der Kriegsheimkehrer Runge noch für ein paar Papiermark. Unter anderem auch mit dem Hamburger Richard (Riedl) Vogt, der sein olympisches Silber im Halbschwergewicht seit 1938 zu ›versilbern‹ begann – auf der Trabrennbahn wie im Profiring. Er mußte an einem froststarrenden Nach-

mittag des 31. Oktobers 1948 in der Waldbühne den Schluß-
strich unter die Laufbahn seines Vorbilds Max Schmeling
setzen. Auch ›Maxe‹ trieben wirtschaftliche Gründe in ein
Comeback, das den Verlust eines Gutes in Pommern nicht
auszugleichen vermochte, wohl aber eine Basis für den erfolgreichen Geschäftsmann Schmeling schuf.

Kampfmaschine Heuser und die IBU-Titel

Damit haben wir den Gong für die letzten Runden unserer Chronologie zu früh angeschlagen. Zurück also unter
die Tiefstrahler bis zum Ausbruch des zweiten Weltbran-
des. Die sportpolitische Ranküne gegen Schmeling – oder
deutlicher gesagt: die drohende Entführung der lukrativ-
sten Krone des Boxbusiness nach Europa, sprich Deutschland – forcierte die Spaltung der Boxwelt. In Europa setzte
die International Boxing Union (IBU) als Vorläufer der heutigen European Boxing Union (EBU) eigene Welttitelkämp-
fe an. Deutschland-Premiere am 29. Oktober 1936 im Berliner Sportpalast. Doch das Kieler Rauhbein Adolf Witt versucht vergeblich Belgiens ›Flitzer‹ Gustave Roth zu stellen.
Fünfzehn Monate danach wehrt sich der Mann aus Brüssel mit beispielloser Tapferkeit gegen die wohl unver-
gleichlichste deutsche Kampfmaschine. Der kleine Bonner
Adolf Heuser schmettert Roth fünfmal in den Ringstaub,
dann zwingt dessen Manager Premonte nach einem verheerenden Leberhaken seinen noch im Unterbewußtsein protes-
tierenden Mann durch Handtuchwurf zur überfälligen Kapitulation. »Mit deutschem Sportgruß«, so berichten die Ga-
zetten, dankt der Teilweltmeister made in Germany den en-
thusiasmierten Fans auf den Rängen der Deutschlandhalle.
Dieser Fighter von 18 Karat erhielt so ein Trostpflaster für
eine knappe Niederlage 1933 in einem ›echten‹ WM-Kampf.
In New York mußte er Maxie ›Slapsie‹ Rosenbloom den
halbschweren Titel überlassen. Heusers Kämpferherz und

Moral ließen ihn auch vor den besten Schwergewichtlern nicht zurückschrecken. Er bezahlte eine bis in die Nachkriegszeit zwangsläufig verlängerte Laufbahn mit einem Lebensabend in einer Nervenheilanstalt.

Als ›Maxe‹ Adolf Hitler k. o. schlug

Sein Vorname bringt Heuser auch in das Anekdotenkästchen. Wenige Wochen vor Kriegsausbruch gab der angehende Fallschirmjäger Schmeling dem deutschen Halbschwergewichtsmeister die Chance, eine Klasse höher Europameister zu werden. In 52 Sekunden vernichteten Schmeling-Volltreffer alle Ambitionen. Und die (später eingestampfte) Schnellausgabe einer Lokalzeitung mit der verwechselten Schlagzeile »Max Schmeling schlägt Adolf Hitler in der Adolf-Heuser-Kampfbahn k.o.« zählt heute zu den Raritäten von Souvenirsammlern.

Zu den fast tragisch zu nennenden Fakten des deutschen Berufsboxens gehört die Negierung von Boxkünstlern unterhalb des Weltergewichts. Masse lockte mehr zur Kasse als Klasse. Dabei beweisen Amateur-Europameister und Olympiamedaillengewinner wie Willi Kaiser, Edgar Basel, Manfred Homberg und Horst Rascher, daß sie mehr Geld wert gewesen wären als manch nur auf der Waage stärkere Mann. So bleiben von den ›Weiße-Westen-Trägern‹ nur wenige wie Franz Dübbers, der Allround-Ringfuchs Herbert Nürnberg und Harry Kurschat die Ausnahmen, die sich auch als Rahmenkämpfer nicht zu schade waren. Das Fernseh-Zeitalter verpaßten sie zu ihrem Leidwesen.

Der ›Eiserne Gustav‹ und sein Erzrivale

Es heißt zwar, je schwerer sie sind, um so härter fallen sie, doch rechtfertigt dieses Risiko den Primat der Boxer, die mehr als 80 Kilo auf die Waage bringen? Der vage und künstlich kreierte Titel ›Meister aller Klassen‹ indiziert dem Publikum, der gesamte Boxsport sei immer nur soviel wert wie der Träger der Schwergewichtskrone. Daß es deren nun schon lange mehr als einen gibt, stört am allerwenigsten die Manager und in die Promoterrolle geschlüpften Televisions-Drahtzieher. Mit Börsen-Brosamen mußten die ›Kleinen‹ in Deutschland fast bis in die Gegenwart zufrieden sein. Nur in Ausnahmefällen durften Könner wie Willy Metzner, Paul Noack, Paul Czirson, Karl Sahm, Richard Stegemann, Conny Rudhof, Willy Quator oder der ›großdeutsche‹ Wiener Ernst Weiß in Hauptkämpferrollen rücken. Sie müßten sich im Grab umdrehen, wüßten sie um die Zahltage ihrer Kollegen vom Schlage Michael (Trabi) Trabant oder Artur Grigorian.

Größeres Geld blieb auch den beiden anderen deutschen Extrakläßlern versagt, die von den Dreißigern bis in die Nachkriegsepoche die Fäustlinge schnürten, denen jedoch beim Schuß nach IBU-Titeln die Trefferquote von Heuser versagt blieb: Jupp Besselmann aus Paderborn und Gustav Eder aus Bielefeld. Im Welter- und Mittelgewicht duellierten sich beide dreimal in Titelfights, zweimal remis, einmal Eder als k.o.-Matador. Aber dem ›Eisernen Gustav‹ standen schon die sportpolitischen Machtkämpfe im Wege, als er nach zweijähriger ›Regentschaft‹ 1936 auf seinen europäischen Lorbeer verzichtete und im Land der unbegrenzten Möglichkeiten erfahren mußte, wie begrenzt sie sind. Sechs Siege binnen vier Monaten bei einer Niederlage gegen US-Elite verbannten den Enttäuschten zurück in die Alte Welt. In Brüssel blieb er in seinem 100. Jubiläumskampf auch gegen den Belgier Felix Wouters ohne das Glück des Tüchtigen. Er teilte sein Schicksal mit dem Erzrivalen Besselmann. Der als nervös-launische Diva geltende Boxer-Puncher ließ nie zweimal binnen drei Monaten den Heimvorteil aus den Fäusten gleiten. Im ungewohnten Halbschwergewicht nach Punkten gegen Gustave Roth, im

Mittelgewicht gar durch technischen K.o. gegen den Franzosen Edouardo Tenet.

Das IBU-Zwischenspiel, viermal in Berliner Luft, ergab so 1938 eine unbefriedigende Bilanz. Nur wenige Insider erfuhren von einer deutschen Niederlage in einem ungleich bedeutsameren WM-Kampf: In Cleveland fiel der aus Deutschland emigrierte Deutsche Halbschwergewichtsmeister Erich Seelig gegen Al Hostak schon frühzeitig in den Ringstaub; es ging um den Gürtel der NBA, Vorläufer der WBA.

Ein beispielloser Rekord

Von der Klasse und dem Kaliber eines Gustav Eder, dem nach Schmeling wohl besten deutschen Faustkämpfer, sollen noch ein paar Zahlen zeugen: Deutscher Weltergewichtsmeister von 1930 bis zum ungeschlagenen Rücktritt 1949, acht erfolgreiche EM-Titelverteidigungen, 34 Meisterschaftsduelle in insgesamt 162 Starts. War es schon ein Omen, daß ›Bubi‹ Scholz im zweiten Berufsjahr in der Grunewaldvilla seines Managers Fritz Gretzschel in das Bett von ›Gustav I.‹ schlüpfte? In dessen Off-Ku'damm-Lokal etablierte sich über Jahre der Treffpunkt des ›Klubs der alten Meister‹ und der Berliner Fans.

Wie Phönix aus der Asche

Noch aber setzte Eder ein Zeichen: Im Friedrichstadt-Palast verteidigt er bei der ersten Nachkriegsmeisterschaft am 23. Juni 1946 unter tumultartigen Begleiterscheinungen seinen Titel. Der Ersatzmann Fredi Teichmann erlebte ein kurzrundiges Ende. Am Ende war mit der totalsten Niederlage im totalen Krieg der Boxbetrieb nur kurze Zeit. Titelkampffinale war am 3. September 1944, als Heinz

Seidler seinen Dauerkonkurrenten Riedl Vogt in der Waldbühne auspunktete. Noch lagen die Hallen in Schutt und
Asche, da erhob der Boxsport seine Schwingen wie Phönix.
Ganze 138 Tage nach der Kapitulation ertönte in Hamburg
der Eröffnungsgong zum Neubeginn. Walter Nausel und
Richard Vogt trennten sich unentschieden. An die Meister-
pforten der Veteranen pochten bald unüberhörbar desi-
gnierte Nachfolger wie Hein ten Hoff. Wie der baumlange
Amateur-Europameister von 1942, so drängte es neben ›alten Kanonen‹ weitere heil aus dem Krieg heimgekehrte Ex-
amateure und blutjunge Kerlchen in die Ringe. Hungrige
Fighter im wahrsten Sinne des Wortes. Kalorienreiche
›Futtermittel‹ aller Art bedeuteten im Kampf um das nackte
Leben weit mehr als Börsen und Meistergürtel, die nicht
mehr als Beiwerk darstellten.

Bürgermeister erster Hauptkämpfer

Neben den alten Mitbewerbern Hamburg und Köln
trachtete auch Berlin nach Wiederherstellung des Rufes als
Boxhochburg. Als am 3. November 1945 in ›Kliems Festsä-
len‹ in der Hasenheide unter den Augen sowjetischer Offi-
ziere (Amateurboxen verbot eine alliierte Gesetzgebung)
das Comeback eingeläutet wurde, gab es als Sieger auch
gleich einen ›Meister‹. Der 44jährige Paul Wallner, der den
noch einige Lenze älteren Jakob Schönvath auspunktete,
war mit britischer Billigung als Bezirksbürgermeister von
Wilmersdorf im Amt …

Zweiter Boom bis zur Währungsreform

Was nun bis zur Währungsreform 1948 einsetzte, ähnelte
jenem Boom nach dem Ersten Weltkrieg. Zahlenvergleiche
relativieren die fernsehgeprägte Euphorie der von Henry

Maske geprägten 90er Jahre. 200 Kampftage lassen sich für 1946 nachweisen, etliche mehr fanden statt, man sucht sie in den Zeitungsarchiven indessen vergeblich. Als 1951 im Osten Deutschlands zwangsweise die Lichter über Profiringen erloschen und etliche Boxer sich in der DDR reamateurisieren lassen durften, sanken die Zahlen wieder auf deutsche Norm. Im internationalen Sinne normalisierte sich die Situation erst, als mit dem Wirtschaftswunder die harte D-Mark Magnetkraft ausübte.

Pfingsten 1950 kletterte mit dem schon legendären Jersey Joe Walcott in Mannheim der erste Weltklassemann durch die Seile. Gegen ihn wuchs der neue Schwergewichtsstar Hein ten Hoff über sich hinaus, verlor nur nach Punkten. Ein gutes Jahr später glückte im damals biblischen Boxeralter von 36 Jahren ›Methusalem‹ Walcott im vierten Anlauf der ›goldene Schuß‹ auf die WM-Krone. Nota bene: Harold Johnson, der WM-Kontrahent von Scholz 1962, hatte gegen Jersey Joe zwei Monate vor dessen Deutschland-Trip nach drei Runden das ›Aus‹ über sich ergehen lassen müssen. Und schon Johnsons Vater steht 1945 als Walcott-Opfer in den Rekorden.

Frischer Wind in Freiluft und Europa

Wie in Mannheim, so dienten meist Freiluftarenen als Kampfstätten, solange die Hallen noch in Trümmern lagen. Waldbühne und Olympiastadion präsentierten nicht nur ›schwere Jungs‹.

Der frische Wind der Youngster blies Vollblutfighter wie Hans Stretz, Peter Müller oder Gerhard Hecht mitten unter die Publikumslieblinge. International sollten bald die Kerle der Kategorie bis 79,378 Kilo in die Fußstapfen der Schmeling, Pistulla, Heuser treten. Diese Halbschweren stellen mit zwölf Europameistern das Gros deutscher Edelklasse. Wobei es prägnantes Zeichen der Zeit ist, daß in ihrem Reigen

Henry Maske und Dariusz Michalczewski fehlen. Sie durften ihren weltmeisterlichen Glanz ohne deutsche und kontinentale Vorprüfungen genießen. Das Diadem dieser Sonderklasse wurde zuerst weitergeknüpft durch Conny Rux. Der blonde Neuköllner Jung-Siegfried-Typ mit seiner beim Radsport erworbenen Boxernase setzte zugleich im noch unüberdachten Sportpalast 1952 dessen Tradition als Meisterschmiede fort.

Zehn Monate davor hatte Hein ten Hoff nach dem ›Gnadenerlaß‹ der EBU mit der Wiederaufnahme Deutschlands das Tor aufgestoßen. Unter den Augen zahlreicher internationaler Experten schlug er am 23. September 1951 in der Waldbühne den britischen Gardeoffizier Jack Gardner mit dessen eigener englische Waffe, der punktenden langen Linken. Hein, später in den USA vergeblich auf Spuren von Schmeling und noch später Präsident des Bundes Deutscher Berufsboxer (BDB), war unter den Schwergewichtlern derjenige, der den europäischen Staffelstab der Hein Müller (1931), Arno Kölblin (1937), Adolf Heuser und Max Schmeling (beide 1939) übernahm und weiterreichte an seinen Bezwinger Heinz Neuhaus (1952/55), den ehrenvoll als Muhammad-Ali-Herausforderer gescheiterten Karl Mildenberger (1964/68), Peter Weiland (1969/70) und den beim bisher vergeblichen Warten auf Axel Schulz letzten Mohikaner Jürgen Blin (1972).

Am Himmelfahrtstag 1949 mag der leichtgewichtige Einleitungskämpfer ›Bubi‹ Scholz im Olympiastadion erstmals gespürt haben, welche Faszination ein Idol auf die Menge ausübt. Der sieghafte Lokalmatador Conny Rux vermittelte ihm das besonders schmerzlich, weil seine Siegesserie durch ein Unentschieden erstmals gestoppt wurde. Daß Scholz an gleicher Stätte gar um die Weltmeisterschaft kämpfen und wie lang der Weg über Welter- und Mittelgewicht sein würde, das schildert die vorliegende Biografie im Detail. Die europäischen Lorbeeren der Halbschwergewichtler eroberten nach Rux sein Stallgefährte Gerhard

Hecht von 1954 bis 1957 im Wechselspiel mit dem Hamburger Willy Hoepner (nochmals 58), der Dortmunder Erich Schöppner (1958/61), nach Scholz (1964) der Frankfurter Lothar Stengel (1967/68), Conny Velensek (1971/72), Rüdiger Schmidtke (1972/73) und drei Jahre nach dem Gewinn der IBF-Weltmeisterschaft im Supermittel (1988) der Berliner Graciano Rocchigiani.

Maske – Profiteur der Vereinigung und Spaltung

Keiner der EM-Champs mit Ausnahme von Scholz und ›Rocky‹ durfte je nach der höchsten Krone greifen. Aus der Krone von Henry Maske bricht es nur einen winzigen Zakken, wenn man auf die krebsartig auswuchernde Zahl sogenannter ›Weltverbände‹ im Verein mit mehr als nur einer Verdoppelung der einstmals klassischen acht Limits hinweist. Der erfolgreichste deutsche Amateurboxer aus Frankfurt an der Oder profitierte nicht nur davon, sondern auch von der Wiedervereinigung unseres Landes. Er durfte nun olympisches und weltmeisterliches Edelmetall dank des TV-Werbepotentials in dem lange so verpönten Profigeschäft millionenschwer verhökern. Die sportliche Vorbildrolle hielt bis zum theatralischen *Time to say Goodbye,* als ihn die Niederlage gegen Virgil Hill zu einem verbalen Tiefschlag gegen USA-Machtansprüche verführte.

Schwamm drüber. Ohne Henry Maske hätte die deutsche Berufsboxszene in ähnlichem Koma verharrt wie seit dem Ende der Scholz/Mildenberger-Epoche. Das sichert ihm seinen Ehrenplatz für immer, mögen die Schnellebigkeit, gewandelte Sportwertvorstellungen und Leistungskriterien zur Errichtung das Denkmals Maske beigetragen haben. Gegenspieler des Ex-NVA-›Offiziers und Gentleman‹ wie der in die ›Böser-Bube‹-Rolle gedrängte ›Rocky‹ Graciano und Dariusz Michalczewski werden um die endgültige Positionierung in der ›ewigen‹ Ehrenliste noch streiten müssen. Der von Maske zweimal bezwungene Berliner mit italienischem Blut in den Adern sinnt darauf, den Betrug im Duell mit dem Deutsch-Polen 1996 heimzuzahlen, der ›Tiger‹ bleibt auch mit insgesamt drei WM-Gürteln nur bei jenen der überragende Deutsche, für die allein die im Dutzend billiger zu erhökernden Titelkämpfe zählen.

Über Gracianos moralisch-menschliche Qualitäten mag man streiten. Nicht aber darüber, daß er – fast analog zu Schmeling nach seiner Ausbootung aus dem WM-Geschäft 1937 – zum Opferlamm auf den Zahltresen der Machthaber des Business zu werden droht. Nicht genug die fragwürdigen Urteile gegen Chris Eubank, im ersten Maske-Kampf und gegen Michalczewski, den mühsam erkämpften WBC-Titel gegen Michael Nunn stufte man plötzlich selbstherrlich zu einem Interims-Championat herunter. Selbstzerstörerischer kann man den Boxsport kaum noch foulen. Der Konkurrenzneid der führenden Manager Sauerland und Kohl sorgt ohnehin dafür, aus dem Boom einen Quotenabsturz zu machen. Ob mit den Klitschko-Brüdern oder Axel Schulz und einem Schielen auf Mike Tyson – die vermeintlich goldene Gans wird peu à peu geschlachtet. Wie lange wohl läßt sich das zahlende Publikum noch ›verarschen‹, wie es ›Rocky‹ drastisch ausdrückt.

Multi-Kulti im Kommen

Dennoch: Der Ruhm der Kämpfer wird nicht untergehen, verniedlichen sich auch bei steigenden Gagen die Titel. Schmeling am nächsten kommt eigentlich der bekennende Alkoholiker Eckhard Dagge als Champion des World Boxing Council (WBC) im Supermittelgewicht von 1976/77. Für viele wiegt dieser Titel schwerer als die WBO-Gürtel im Cruiserlimit von Markus ›Cassius‹ Bott 1992 und Ralf Rocchigiani 1995/97 oder der von Juan Carlos Gomez im selben Limit bei der WBA. Die Multi-Kulti-Entwicklung ›deutscher‹ Weltmeister, die ihr Handwerk im ehemaligen Ostblock oder in Kuba erlernten, zeigen nach dem ›Tiger‹ seine Stallgefährten Michael Löwe (Welter) und Artur Grigorian (Leicht, beide WBO) an. Fast so lachhaft wie in den achtziger Jahren die Eintagesfliegen-Gloriole des ›schönen René‹ Weller bei der Kunstgeburt eines Verbandes namens WAA ist der WBU-›Weltmeister‹ Norbert Nieroba, dem im alphabetischen Verbandssuppenkessel mehr auszuschöpfen erlaubt wurde als statthaft. Wo bleiben da die Meriten seiner Kollegen Conny Rudhof, Lothar Abend, Gerhard Piaskowy oder des Dortmunder ›Westentaschenbombers‹ Willy Quatuor? In jenen Jahren, als für den fast schon totgesagten deutschen Profiboxsport der Nagel schon einschlagbereit lag, klappten sie den Deckel auch dann noch auf, wenn der WM-Traum beispielsweise von Quatuor im fernen Tokio 1967 unter den Fäusten des Japaners Paul Fuji abrupt endete.

Zeit für eine Ruhmeshalle

Wer zu spät kommt, den bestraft das Leben. ›Gorbis‹ Statement trifft auch die Macher im deutschen Profi-Boxsport. Ihre jetzt erst in Angriff genommene Aufarbeitung der Geschichte krankt am brüchigen Fundament und jener akribischen Recherchearbeit, die dem Geschäft von Beginn an untergeordnet blieb. Diese skizzenhafte Schilderung kann Hilfestellung leisten. Im Boxmuseum in Sagard auf Rügen ließe sich manch Versäumtes nachholen. Wie wäre es nach US-Vorbild mit einer ›Hall of Fame‹? Neben den von uns porträtierten Meisterboxern verdiente eine große Zahl von Protagonisten der härtesten Männersportart, in solcher Ruhmeshalle verewigt zu werden. Meine (unvollständige) Vorschlagsliste:

›**Pionierzeit**‹: Harry Stein, Urban Grass, Fritz Rolauf, Ernst Grimm, Hermann Herse, Friedrich Dubois, Ludwig Haymann.

Ära 1930 bis 1945: Hans Schiffers, Karl Beck, Franz Dübbers, Willi Seisler, Karl Blaho, Jean Kreitz.

Neuzeit-Epoche bis zur Gegenwart: »Orje« Tietzsch, Rudi Langer, Hans Häfner, Werner Handtke, Walter Schneider, Ernst Zetzmann, Dieter Hucks, Erich Campe, Fritz Gahrmeister, Frank Wissenbach, Georg Steinherr.

Eine besondere Nische müßte jenen gewidmet sein, die Opfer ihres Berufes wurden: Paul Völkner (1932), Karl-Heinz Bick (1957) und Jupp Elze, der 1967 unwissentlich gedopt den Tod im Ring im Mittelgewichts-EM-Kampf gegen den Italiener Carlo Duran erleiden mußte.

(Statistisch abgeschlossen im Juli 1998)

Die Bubi Scholz Story

– Der Zweiteiler im Ersten

Von Gebhard Hölzl und Thomas Lassonczyk

»Die Verlierer langweilen, immer, ich weiß das, weiß es genau, von Berufs wegen. Verlierer sind die Langweiler.« Dies kommt aus dem Munde eines – nicht nur vom Gefängnisaufenthalt, sondern vom Leben an sich – gezeichneten alten Mannes, der in den fünfziger Jahren zum Idol einer ganzen Nation emporstieg und dadurch förmlich zur Symbolgestalt des deutschen Wirtschaftswunders wurde. Damals war Bubi Scholz – um einen Begriff zu verwenden, der in den Siebzigern Cassius Clay alias Muhammed Ali gebührte – der Größte. Einer, der sich im wahrsten Sinne des Wortes nach oben geboxt hatte, der Europameister im Halbschwergewicht und beinahe sogar Weltmeister wurde. Aber dann, in den Achtzigern, kam die Krise, der Alkohol, der Abstieg und schließlich jenes Ereignis, das Bubi Scholz auf so tragische Weise berühmter machen sollte als sämtliche Titel, die er einst errungen hatte: Am 22. Juli 1984 erschießt er in volltrunkenem Zustand seine Frau Helga durch die geschlossene Toilettentür.

Es wurden in der Vergangenheit zahlreiche Versuche unternommen, die Biografie von Gustav Scholz auf Zelluloid zu bannen. Doch sie scheiterten allesamt, mal an der Finanzierbarkeit, mal am unausgereiften Drehbuch – oder weil es ganz einfach Scholz selbst nicht wollte, auf diesem Wege erneut ins Rampenlicht zu geraten. Inzwischen scheint die Zeit reif dafür zu sein, sich mit Persönlichkeiten der jüngeren deutschen Geschichte auf filmische Weise auseinanderzusetzen. Joseph Vilsmaier etwa, der zuletzt den *Comedian Harmonists* ein Denkmal setzte, wird sich demnächst an einem Film über Marlene Dietrich versuchen. Des weiteren befinden sich Biografien über Romy Schneider und den Verleger-Tycoon Axel Springer in der Planungsphase.

Damit liegt Regisseur Roland Suso Richter mit seiner aufwendigen Fernsehproduktion *Die Bubi Scholz Story* voll im Trend. Der am 7. Januar 1961 in Marburg geborene Schauspielersohn entdeckte schon früh seine Leidenschaft für die bewegten Bilder und erhielt 1983 für *Kolp,* seinen ersten abendfüllenden Spielfilm, zahlreiche Preise und Auszeichnungen sowie eine Einladung zu den Internationalen Filmfestspielen von Cannes. Inzwischen pendelt Richter erfolgreich zwischen ambitionierten Leinwand-Produktionen wie dem Gefängnis-Thriller *14 Tage lebenslänglich* (1996) und aufsehenerregenden Fernsehprojekten wie jenes über den berühmt-berüchtigten Kaufhauserpresser *Dagobert* (1994). Den Regisseur interessierte an der Geschichte des Bubi Scholz in erster Linie, den Aufstieg und Fall einer Figur zu zeigen: »Wir haben es hier mit einem Menschen zu tun, der sich aus dem Elend hochgeboxt hat. Auf dem Höhepunkt seiner Karriere hört er auf und wird zum Alkoholiker. Dies alles unter einen dramatischen Spannungsbogen zu zwingen, war für mich eine große Herausforderung.«

Die Bubi Scholz Story ist ein klassischer Fernseh-Zweiteiler mit einer Gesamtlänge von rund 200 Minuten. Um dem Leben der Box-Legende adäquat gerecht werden zu können, beschränkten sich die Filmemacher darauf, ihre Geschichte erst im Jahre 1946 beginnen und bereits 1987 enden zu lassen. Dies besaß für Drehbuchautor Uwe Timm vor allem einen dramaturgischen Hintergrund: »Bubi Scholz war 16, als er von seinem Freund Klaus Eckleben, einer Figur, die ich erfunden habe, seine ersten Boxhandschuhe geschenkt bekam. Dies bedeutete somit auch für ihn den Einstieg in seine sportliche Karriere. Das Paar alter Handschuhe zieht sich dann wie ein Leitmotiv durch den gesamten Film, bis sich – rund 40 Jahre später, als sie sich im Gefängnis erneut begegnen – der Bogen wieder schließt. Als Scholz entlassen wird, gibt er sie mit den Worten ›Wirst sehen, bringen Glück!‹ an Eckleben zurück.«

Diese Konstruktion ist nicht die einzige, die Uwe Timm beim Entwickeln des Drehbuchs angewendet hat. Der Schriftsteller, zu dessen Werken unter anderem die Romane ›Kerbels Flucht‹ und ›Johannisnacht‹ sowie das mit dem deutschen Kinderbuchpreis ausgezeichnete Buch ›Rennschwein Rudi Rüssel‹ gehören, nimmt keinesfalls für sich in Anspruch, mit seinem Skript die historische Wahrheit zu erzählen. Authentisch sind lediglich einige Fakten, die aus Scholz' 1980 erschienener Autobiografie ›Der Weg aus dem Nichts‹ stammen, sowie die Boxkämpfe. Aber gerade die haben Timm nur am Rande interessiert: »Für mich war es von vornherein klar, daß ich keine Dokumentation über sein Leben schreiben wollte. Ich habe mich vielmehr daran gehalten, wie ich Wirklichkeit an sich erlebt habe. Es gibt ja diesen wunderbaren Konjunktiv, der Grundlage eines jeden Romans und, genau genommen, auch eines jeden Films ist. Und den habe ich in diesem Falle voll und ganz ausgeschöpft.« Auch Roland Suso Richter war in erster Linie daran interessiert, das Psychogramm eines Menschen zu erstellen: »Wir wollten die Entwicklung zeigen, die zu dieser grauenhaften Tat geführt hat. Der genaue Tathergang interessierte uns nicht so sehr, schließlich ist unser Film keine ›Tatort‹-Folge.«

Die Bubi Scholz Story beleuchtet aber nicht nur das Schicksal eines einzelnen, der Film erzählt auch die Geschichte der Bundesrepublik. Er beginnt mit den vierziger Jahren, in dem von Krieg und Zerstörung geprägten Nachkriegsdeutschland oder, wie Timm es formuliert: »Die Ära unmittelbar nach der Kapitulation, kurz vor der Währungsreform, also eine wirkliche Umbruchsituation. Damals war alles auf zufälligen Tausch ausgerichtet, und das nannte man

Schwarzmarkt. Hier war nicht Geld das Schmiermittel, sondern amerikanische Zigaretten – ein chaotisches Prinzip, das aber sehr interessant, sehr kreativ ist.« Danach kam die Blütezeit, die fünfziger Jahre, die Epoche des Wirtschaftswunders – gefolgt von den Sechzigern, als Scholz auf dem Höhepunkt seines Erfolges war und zu denen gehörte, die es geschafft hatten und die es sich leisten konnten, das auch zu zeigen.

Den Abschluß bildet schließlich die erste Hälfte der achtziger Jahre, eine Phase, die – obwohl sie kaum eine Dekade zurückliegt – sich bereits deutlich von unserer heutigen Zeit unterscheidet. Damit stellte *Die Bubi Scholz Story* auch in bezug auf Kostüme, Ausstattung und Produktionsdesign eine besondere Herausforderung dar, die letztlich mit immensem Aufwand gelöst wurde. Im Film tummeln sich insgesamt 133 Kleindarsteller sowie über 2000 Komparsen in rund 2200 verschiedenen Kostümen, Make-up und Frisuren inklusive. Außerdem wurden unzählige Details berücksichtigt wie entsprechende Automarken oder signifikante Einrichtungsgegenstände in Wohnungen, Restaurants und Geschäften.

Und was für die Kulissen galt, sollte natürlich auch für die Wahl der Schauspieler Bedeutung erhalten. Regisseur Richter war es von Anfang an klar, daß er seine Hauptfiguren von zwei verschiedenen Darstellern verkörpern lassen wollte. So kommt es in *Die Bubi Scholz Story*, die immerhin mehr als vier Jahrzehnte umspannt, zu einer vierfachen Pärchenbildung. Nicolette Krebitz und Angela Winkler ›teilen‹ sich die Rolle der Helga, Heinrich Schmieder und Dietmar Mues spielen Klaus Eckleben, Alexandra Maria Lara und Elisabeth Trissenaar sind jeweils als junge bzw. ältere Renate, Bubis Jugendliebe, zu sehen.

Die Titelfigur haben schließlich Benno Fürmann und Götz George übernommen. Dank der Möglichkeiten der modernen Make-up-Technik wäre es ein leichtes gewesen, etwa den jungen Bubi Scholz alias Benno Fürmann auf ›alt‹

zu schminken, doch Richter weiß, warum er sich in diesem Fall lieber nicht auf die neuesten Errungenschaften des ausgehenden 20. Jahrhunderts verlassen wollte: »Ein Schauspieler wie Götz George füllt eine Szene ja nicht nur durch sein Äußeres, sondern auch durch das, was er erlebt, was er durchgemacht hat. Das heißt, man benötigt ganz einfach die Erfahrung des Alters, um eine Geschichte präzise zu erzählen. Wenn wir lediglich eine Szene gehabt hätten, in der der alte Bubi in einem Boxstudio kurz auftaucht und ›Guten Tag‹ sagt, dann hätte dies wohl auch mit Maske funktioniert. Aber hier galt es ja, ein Psychogramm zu erstellen, und – ohne Benno zu nahe treten zu wollen – Lebenserfahrung und Lebensalter ist etwas, was man sich durch harte Arbeit erkämpfen muß.«

Ohne wiederum Götz George, der seinen relativ kleinen, aber um so prägnanteren Part des älteren Gustav Scholz in gewohnt souveräner Manier meistert, zu nahe treten zu wollen – die eigentliche Entdeckung des Films ist Benno Fürmann. Der am 17. Januar 1972 geborene Berliner ist zwar – trotz seiner Jugend – bereits seit einigen Jahren als Schauspieler aktiv, doch der große Durchbruch steht ihm wohl erst jetzt endgültig bevor. Allein 1998 stand der Sohn einer Lehrer-Familie für drei Kinofilme vor der Kamera – für Caroline Links Kästner-Adaption *Pünktchen und Anton*, an der Seite von Til Schweiger in Granz Henmans *Der Eisbär* sowie für Sönke Wortmanns *St. Pauli Nacht*. Roland Suso Richter, der Fürmann bereits aus einigen Fernsehfilmen wie Bernd Schadewalds *Schicksalsspiel* oder Jörg Grünlers *Lemgo* kannte, besetzte den aufstrebenden jungen Mann jedoch nicht nur wegen seines schauspielerischen Talents: »Für ihn sprachen noch einige andere Dinge. Erstens sieht er wie Bubi Scholz gut aus, zweitens haben die beiden die gleiche Körpergröße und das gleiche Gewicht. Und Benno war schon vor Drehbeginn gut durchtrainiert, außerdem ist er sehr ehrgeizig. Es paßte einfach alles zusammen.«

Trotzdem ließ es sich Fürmann nicht nehmen, sich seinen

Part regelrecht zu erarbeiten. So durchlief er nicht nur Monate vor Drehbeginn ein ausführliches Ausbildungsprogramm im Boxring, er versuchte auch, die spezielle Technik, die Scholz so ausgezeichnet hatte, zu erlernen. Fürmann interessierte sich vor allem aber auch für das Innenleben seiner Figur: »Für mich war es wichtig, zu erfahren, wieso Bubi Scholz überhaupt ein Idol geworden ist und was ihn dazu gemacht hat. Denn mich würde bei der Schauspielerei nichts mehr langweilen, als einen eindimensionalen Charakter zu spielen.«

Bei der Vorbereitung für die Rolle hielten sich denn auch die psychischen wie physischen Anforderungen für Fürmann in etwa die Waage. Die Boxkämpfe selbst wurden ganz bewußt an das Ende der Dreharbeiten gelegt. Denn die Fights sollten so realistisch wie möglich aussehen, die Verletzungsgefahr war deshalb entsprechend hoch. Vor jeder Szene sah sich Fürmann noch einmal den Original-Kampf auf Video an, um die signifikanten Merkmale des jeweiligen Fights nachahmen zu können. Obwohl dann beim Dreh jegliche Vorsichtsmaßnahmen getroffen wurden, mußte der junge Berliner doch einiges einstecken: »Wir haben schließlich mit den Originalhandschuhen aus den fünfziger Jahren geboxt, die waren schon ziemlich dünn gescheuert. Aber es war schon okay so, dadurch sind die Box-Szenen jetzt so, wie sie sein sollen: dramatisch. Denn das Publikum vor dem Bildschirm merkt sehr schnell, ob da einer nur so tut oder ob er wirklich kämpft.«

Ursprünglich war geplant, insbesondere für die Box-Sequenzen Originalmaterial zu verwenden, um ein Höchstmaß an Authentizität zu erreichen. Doch Richter entschloß sich, den größten Teil selbst zu drehen und in diesem speziellen Fall doch der modernen Technik zu vertrauen. Digitale Tricks kamen so beispielsweise beim Kampf im Olympiastadion, der laut Drehbuch vor 30 000 begeisterten Menschen stattfand, zum Einsatz. Dieser Fight wurde in einer Halle in Köln aufgenommen. Der Raum wurde um den Box-

ring und die etwa 200 Zuschauer drumherum schwarz aus-
gekleidet. Anschließend setzte man das Publikum – ähnlich
einem Tortenstück – auf eine Tribüne, tauschte es immer
wieder aus und positionierte es anders. Danach wurden diese Szenen am Computer verkleinert und in ein Modell des
Stadions eingesetzt. Durch den Einsatz von Schwarzweiß-
und Farbmaterial erreicht man geschickt, daß sich die Grenzen zwischen Realem und Inszeniertem bis zur Unkenntlichkeit verwischen. Dabei entsteht die Illusion, Benno Fürmann würde als Bubi Scholz tatsächlich eine mit Zehntau-
senden von Zuschauern gefüllte Arena betreten.

Außerdem wurden – ähnlich wie bei Robert Zemeckis'
Forrest Gump – Originalaufnahmen von Prominenten, die
dem Boxkampf beiwohnten, in das Filmmaterial einkopiert.
So entsteht der Eindruck, Persönlichkeiten wie Willy Brandt
oder Curd Jürgens hätten sich bei den Dreharbeiten zu *Die
Bubi Scholz Story* leibhaftig die Ehre gegeben. Tatsächlich
aber entstand der Fernsehfilm im Jahre 1997 – gedreht wurde insgesamt 57 Tage, von Mitte September bis Mitte Dezember. Die Außenszenen wie Schwarzmarkt, Tanzcafés,
Prater, Flughafen Tempelhof, Strandbad Wannsee und einige historische Straßenzüge wurden in Berlin realisiert. Sämtliche Innenaufnahmen fanden in Köln und Umgebung statt.

Insgesamt stand Richter ein Budget von etwa neun Millionen Mark zur Verfügung, für ein Projekt dieser Größen-
ordnung an sich nichts Ungewöhnliches. Wenn man aber
bedenkt, daß Sportfilme hierzulande keinerlei Tradition haben, ist man mit *Die Bubi Scholz Story* ein hohes Risiko einge-
gangen. Nicht umsonst gibt es bis heute kein gültiges Werk
über des Deutschen liebste Freizeitbeschäftigung, den Fußball. Und bis heute hat kein Filmemacher versucht, Tennis-
größen wie Boris Becker oder Steffi Graf, Formel-1-Super-
star Michael Schumacher oder Golf-Idol Bernhard Langer
zum Objekt eines abendfüllenden Spielfilms zu machen.

Insofern verwundert es nicht, daß sich sowohl Autor
Uwe Timm als auch Regisseur Richter und sein exzellenter

Kameramann Martin Langer, der 1997 für seine Arbeit an *14 Tage lebenslänglich* mit dem Deutschen Filmpreis ausgezeichnet wurde, an einem Meilenstein der Kinogeschichte orientierten, Martin Scorseses *Wie ein wilder Stier* aus dem Jahre 1979. Darin behandelt der amerikanische Ausnahmeregisseur Aufstieg und Fall des ehemaligen Boxweltmeisters im Mittelgewicht, Jake LaMotta, im Zeitraum von 1941 bis 1964, auf geniale Weise verkörpert von Robert De Niro.

Und so, wie sich die Biografien der Boxer LaMotta und Scholz ähneln, gibt es auch zahlreiche Parallelen zwischen den beiden Filmen – was Richter im übrigen gar nicht abstreitet: »*Wie ein wilder Stier* liegt mir sehr am Herzen. Ich habe viel daraus gelernt, wie man bei Box-Szenen Regie führt, wie diese unglaublichen Schnitt-Sequenzen entstehen. Bei Scorsese sind die Fight-Szenen wunderbar eingesetzt, aber richtig geboxt wird eigentlich wenig. Ich denke, daß wir dennoch einiges anders gemacht haben als er und auch mehr von den eigentlichen Kämpfen zeigen.« Auch Uwe Timm beschränkte sich bei seinen Recherchen nicht nur auf das Sichten von Wochenschaumaterial und alten Fotobänden, auch Boxerfilme standen auf dem Programm: »Ich habe mir *Wie ein wilder Stier* dreimal angesehen. Scorseses Werk hat ja ein wenig das Problem, daß er kein Ende findet. Aber insgesamt gesehen ist es natürlich ein fantastischer Film.«

Wie alle Geschichten, die von Personen des ›öffentlichen Lebens‹ handeln, ist auch *Die Bubi Scholz Story* eine Gratwanderung, bei der auch der kleinste Schritt in die falsche Richtung direkt ins Verderben führen kann. Denn die Gefahr, den einstigen Liebling der Nation zu glorifizieren, war in diesem Fall mindestens ebenso groß wie jene, einer tragischen Figur den letzten Stoß zu versetzen. Doch Richter gelang das Kunststück, den Menschen hinter dem Idol zu entdecken und ihn somit fürs Publikum transparent zu machen.

Zwar beschäftigt sich der Film zum überwiegenden Teil

mit dem Aufstieg und den Höhepunkten aus dem Leben des Boxers, doch auch der tiefe Fall des Bubi Scholz wird nicht unter den Teppich gekehrt, geschweige denn beschönigt. Gerade jene Szenen zwischen Götz George und Angela Winkler, in denen die völlige Desillusionierung eines gebrochenen Individuums zum Tragen kommt, gehören zu den mitreißendsten Momenten des Films. Entsprechend sensibel verliefen denn auch die Begegnungen mit dem ›echten‹ Bubi Scholz. Benno Fürmann etwa war »sichtlich bewegt, als ich nach all dem, was ich über ihn erfahren hatte, schließlich vor ihm stand. Ich habe aber versucht, die Unterhaltung mit einem gewissen Abstand zu führen. Bubi hatte erst wenige Zeit vorher einen Schlaganfall gehabt, schon deshalb wollte ich unsere Begegnung nicht unnötig ausdehnen.«

Auch Uwe Timm führte zwei sehr lange und ausführliche Gespräche mit Gustav Scholz: »Ich habe ihn als defensiven und unaggressiven Menschen kennengelernt. Das stimmte so gar nicht mit jenen Klischees überein, die ich von Boxern hatte. Obwohl ich viele Geschichten in seiner Biografie nachlesen konnte, gab es doch einige Eckpunkte, die mir beim Schreiben des Drehbuchs sehr behilflich waren. Dazu zählten die Erlebnisse, wie er in den Besitz seiner ersten Boxhandschuhe kam, wie er sich sein Geld mit der Wäscherei verdiente, und insbesondere die Erzählungen über den äußerst autoritären Vater.«

Gerade dieses gestörte Verhältnis zwischen Vater und Sohn kommt letztlich in einer Schlüsselszene des Films zum Ausdruck. Im Gefängniskrankenhaus erzählt Bubi Scholz der Psychologin, wie sehr er unter den Prügeln seines Vaters gelitten habe und daß gerade diese traumatischen Erfahrungen ein wesentliches Motiv für seine Berufswahl waren: »Am wenigsten Schläge habe ich beim Boxen gekriegt. Da konnte ich mich wehren.«

Diese Aussage bestätigt in gewisser Weise, warum Filme aus anderen Sportbereichen entweder gescheitert oder erst gar nicht realisiert worden sind. Denn das Boxen ist weit mehr als nur eine Leibesübung. Dahinter steckt eine ganze Lebensphilosophie. Nicht umsonst spricht man auch im übertragenen Sinne vom ›Sich nach oben boxen‹ oder vom ›Sich durchboxen‹. Daß dieser Sport, dieser Kampf Mann gegen Mann, auch etwas sehr Filmisches ist, überzeugte letztlich auch Regisseur Roland Suso Richter: »Boxen war für mich immer eine Sportart, die ich fürs Fernsehen und fürs Kino als extrem spannend empfand. Ein sehr visueller Sport, für den man einfach gute Bilder finden kann.«

Danksagung

Das Vertrauen und die Hilfe vieler Menschen hat dieses Buch ermöglicht.

Uli Mayer war mir dabei die wertvollste Hilfe. Als mein Coach hat sie mit ihrem feinen Gespür für das rechte Wort und viel Zeit, mit ihren Anregungen, ihrer Kritik und ihrem bezaubernden Lachen zum Gelingen des Buches wesentlich beigetragen.

Christian Zertz hat, indem er mich der Film-Produktionsfirma für die Recherche zum Drehbuch für *Die Bubi Scholz Story* vorgeschlug, die Voraussetzung für dieses Buch geschaffen.

Andreas Bareiß hat mir als Herausgeber sein Vertrauen geschenkt. Christiane Teichgräber hat die Projektidee und die Umsetzung mit ihrem unermüdlichen Engagement vorangetrieben.

Viele Zeitzeugen, die ein Stück ihres Lebensweges mit Bubi Scholz geteilt haben, beantworteten geduldig meine Fragen: Bubis Schwester Frau Schmetterling gab mir vor allem Einblick in die frühen Jahre der Familie, sein Trainer Lado Taubeneck erinnerte sich an die lange Phase der Zusammenarbeit, sein ehemaliger Sparringspartner Freddy Teichmann erzählte von den Kampfvorbereitungen, sein Freund Heinz Henschel ließ die rauschenden Feste Revue passieren, der Sportreporter Gerhard Reimann gab Anregungen zu den Kämpfen von Bubi Scholz.

Ihnen allen und noch vielen Ungenannten gilt mein herzlicher Dank für dieses Buch.

Guido Neubert

Die Autoren

Guido Neubert ist gebürtiger Münchener, studierte spanische und amerikanische Literaturgeschichte sowie Theaterwissenschaften. Nach der Arbeit als Theaterdramaturg wechselte er als technischer Redakteur in die Wirtschaft. Die Beschäftigung mit Texten verschiedenster Art führte ihn über Madrid nach Berlin, wo er seit drei Jahren als freier Journalist und Übersetzer arbeitet. Die Recherchearbeiten für das Drehbuch *Die Bubi Scholz Story* von Uwe Timm gaben den Anstoß, die Biografie des Boxidols Bubi Scholz zu schreiben.

Gerhard Reimann entwickelte den Berufswunsch Sportjournalist nach dem Erlebnis der Olympischen Spiele 1936. Mit Kollegen erstellte er 1948/49 das ›Boxbrevier‹ und war von 1959 bis 1966 Mitherausgeber deutscher Box-Jahrbücher. Die Sportredaktion des Berliner *Tagesspiegel* leitete er von 1952 bis 1991. Er war und ist Mitarbeiter nationaler und internationaler Boxfachblätter.

Gebhard Hölzl und Thomas Lassonczyk firmieren in München als ›Misfits‹ und betätigen sich als Film-Journalisten und -Publizisten (bei Heyne erschienen Bände über Sharon Stone und Armin Mueller-Stahl). Sie verfaßten außerdem das umfangreiche Presseheft zu dem ARD-Zweiteiler *Die Bubi Scholz Story.*